"十四五"职业教育国家规划教材

商务礼仪与职业形象
（第五版）

新世纪高等职业教育教材编审委员会 组编
主　编　杨　丽
副主编　宇卫昕　张　臻
　　　　叶　廷

大连理工大学出版社

图书在版编目(CIP)数据

商务礼仪与职业形象 / 杨丽主编. -- 5 版. -- 大连：大连理工大学出版社，2021.11(2025.7重印)

ISBN 978-7-5685-3483-3

Ⅰ. ①商… Ⅱ. ①杨… Ⅲ. ①商务－礼仪－高等职业教育－教材②商业工作者－形象－设计－高等职业教育－教材 Ⅳ. ①F718

中国版本图书馆 CIP 数据核字(2021)第 252600 号

大连理工大学出版社出版

地址：大连市软件园路 80 号　邮政编码：116023
营销中心：0411-84707410　84708842
E-mail：dutp@dutp.cn　URL：https://www.dutp.cn
沈阳市永鑫彩印厂印刷　大连理工大学出版社发行

幅面尺寸：185mm×260mm　印张：14.5　字数：335 千字
2008 年 12 月第 1 版　　　　　　　　2021 年 11 月第 5 版
2025 年 7 月第 8 次印刷

责任编辑：夏圆圆　　　　　　　　　责任校对：刘丹丹
封面设计：对岸书影

ISBN 978-7-5685-3483-3　　　　　　　　定　价：45.00 元

本书如有印装质量问题，请与我社营销中心联系更换。

前　言

《商务礼仪与职业形象》（第五版）是"十四五"职业教育国家规划教材、"十二五"职业教育国家规划教材，也是国家精品在线开放课程配套教材之一。

《商务礼仪与职业形象》教材于2008年12月第一次出版。本教材的主要编写团队建设了省级精品课程"商务礼仪"、省级精品资源开放课程"商务礼仪"、主持职业教育国际贸易专业教学资源库"国际商务礼仪"课程建设，在中国大学MOOC网上线"国际商务礼仪"课程，"国际商务礼仪"被评为国家精品在线开放课程……教材建设和课程建设相互融通，共建共享，共同进步。

教材修订以习近平新时代中国特色社会主义思想为指导，全面贯彻党的二十大精神，对教材内容进行动态更新完善。主要修订情况如下：

1. 融入中华优秀传统文化。在教材正文中，结合教材内容，将中华优秀传统礼仪规范和习俗融入其中；在资料卡、名人说礼仪等栏目，增加传统礼仪故事、古代圣贤说礼仪等内容，让读者感受中华优秀礼仪文化的精妙，增加文化自信。

2. 融入美育元素。在教材的每个项目中，都提出美育的素质点，让学习者通过教材内容领会中华优秀传统礼仪习俗之美、仪式之美、交往细节之美、饮食之美、仪态与服饰之美……在学习中进行美育的熏陶。

3. 融入礼仪最新实践。随着我国对外开放的不断扩大和国家整体实力的不断增强，在涉外交往中担任"主方"的礼仪实践活动越来越多，基于此，本教材侧重于"主方"在礼仪规范和操作细节上进行了修订，体现了礼仪实践的现实要求。

4. 融入职业素养。礼仪和职业素养密不可分，一定意义上礼仪是职业素养的重要组成部分，所以在项目六中增加了职业素养，强化社会主义职业道德培养，进一步提高对礼仪的认识和学习动力，做到内修外展，知行合一。

5. 教材体例鲜活，配套资源丰富。有随手记录阅读心得的

课程笔记、拓展知识的小看板,有微课、动画、图片等数字化资源,通过扫描二维码即可获取。这些资源有的是对教材重点内容的强化,有的是拓展补充,教师好用,学生好学。使用本教材时可以登录"爱课程"(http://www.icourses.cn)平台上中国职教MOOC频道开设的"国际商务礼仪"课程,使用其中丰富的课件、微课、视频、图片、案例、习题、实训等立体化资源。

本教材由广州华夏职业学院杨丽担任主编,天津商务职业学院宇卫昕、深圳职业技术学院张臻、广州华夏职业学院叶廷担任副主编,天津商务职业学院句超、广州华夏职业学院李景红、东方瑞通(北京)咨询服务有限公司副总裁韩飞飞任参编。具体分工如下:杨丽修订项目一、项目六并进行全书统稿,叶廷、韩飞飞负责修订项目二,张臻、韩飞飞负责修订项目三,宇卫昕、叶廷负责修订项目四,句超、李景红负责修订项目五,所有编者都参加了微课等数字化资源制作。

在编写本教材的过程中,我们参考了许多专家、学者的论文和专著,在此一并致以深深谢意!请相关著作权人看到本教材后与出版社联系,出版社将按照相关法律的规定支付稿酬。

由于编写组的水平有限,本教材中难免有不足之处,敬请同行专家和广大读者批评指正。

编　者

所有意见和建议请发往:dutpgz@163.com
欢迎访问职教数字化服务平台:https://www.dutp.cn/sve/
联系电话:0411-84706671　84707492

目 录

项目一　认识商务礼仪 ··· 1
　任务一　了解礼仪的基本含义 ··· 3
　　　　　思考与训练 ·· 10
　任务二　了解商务礼仪的基本知识 ·· 11
　　　　　思考与训练 ·· 16
　任务三　熟悉商务活动中的尊位与位次排序 ······························· 17
　　　　　思考与训练 ·· 22

项目二　商务会议礼仪 ··· 23
　任务一　掌握公司会议礼仪 ·· 25
　　　　　思考与训练 ·· 38
　任务二　掌握商务谈判礼仪 ·· 39
　　　　　思考与训练 ·· 51
　任务三　掌握签字仪式礼仪 ·· 52
　　　　　思考与训练 ·· 60

项目三　商务交往礼仪 ··· 61
　任务一　掌握接待礼仪 ··· 63
　　　　　思考与训练 ·· 71
　任务二　掌握交际礼仪 ··· 72
　　　　　思考与训练 ·· 92
　任务三　了解拜访礼仪 ··· 93
　　　　　思考与训练 ·· 104

项目四　商务宴请礼仪 ··· 105
　任务一　掌握中餐礼仪 ··· 107
　　　　　思考与训练 ·· 122
　任务二　掌握西餐礼仪 ··· 123
　　　　　思考与训练 ·· 137
　任务三　掌握自助餐礼仪 ··· 138
　　　　　思考与训练 ·· 146

项目五　职业形象礼仪 ……………………………………………………… 147
　　任务一　掌握仪容仪态礼仪 ………………………………………… 149
　　　　　　思考与训练 ………………………………………………… 166
　　任务二　掌握着装礼仪 ……………………………………………… 168
　　　　　　思考与训练 ………………………………………………… 182

项目六　职业素养与沟通 ……………………………………………………… 183
　　任务一　职业素养 …………………………………………………… 185
　　　　　　思考与训练 ………………………………………………… 190
　　任务二　掌握沟通技巧 ……………………………………………… 191
　　　　　　思考与训练 ………………………………………………… 210
　　任务二　掌握求职面试礼仪 ………………………………………… 211
　　　　　　思考与训练 ………………………………………………… 224

参考文献 …………………………………………………………………………… 226

01
RENSHISHANGWULIYI

项目一
认识商务礼仪

素质点

◆ 了解礼仪对于社会发展与稳定、人际关系和谐友善的重要意义。

◆ 了解中华优秀传统礼仪文化，知行合一提高自身礼仪素养。

◆ 在商务礼仪的基本原则中领会诚实守信、尊重他人的职业要求。

◆ 了解中外礼仪规范的差异，树立文化自信。

◆ 发现中华优秀传统礼仪习俗之美。

项目一　认识商务礼仪　　3

任务一　了解礼仪的基本含义

张小礼的思考

张小礼是本书的主人公之一,大学毕业后应聘到一家企业工作,公司业务涉及多个领域,业务伙伴遍及世界各地。她被分配到业务部见习,在这个崭新的环境里,张小礼踌躇满志,渴望自己的知识和才能得到充分发挥,渴望得到更多的成长机会。

部门陈经理和张小礼进行了入职谈话,告诉她"不学礼,无以立",想要把事情做好,一定要了解和掌握必要的礼仪规范,要懂礼仪、知进退,在礼仪细节中培养尊重他人、服务他人、诚实守信的职业素养。

张小礼想:看来走上职场仅仅有专业知识还不够呀,一定要在工作中好好补上礼仪这一课。

任务目标

☆ 了解礼仪的特点和功能
☆ 掌握提高自身礼仪修养的途径和方法

课堂笔记

一、礼仪的含义

(一)礼、礼貌、礼节和礼仪的含义

1. 礼

礼是表示敬意的通称。在《中国礼仪大辞典》中,"礼"被定义为:特定的民族、人群或国家基于客观历史传统而形成的价值观念、道德规范以及与之相适应的典章制度和行为方式。

2. 礼貌

礼貌是人们在交往过程中相互表示敬意和友好的行为准则和精神风貌,是一个人在待人接物时的外在表现。它通过仪表及言谈举止来表示对交往对象的尊重,反映了时代风尚与道德水准,体现了人们的文化层次和文明程度。

课堂笔记

微课：etiquette 的由来

资料卡

在我国古代，"礼"主要有三层含义：一是政治制度，二是礼貌和礼节，三是礼物。"仪"也有三层含义：一是指容貌和外表，二是指仪式和礼节，三是指准则和法度。

3. 礼节

礼节是指人们在日常生活中，特别是在交际场合中，相互表示问候、敬意、祝愿、慰问以及给予必要的协助与照料的惯用形式。礼节是礼貌的具体表现，具有形式化的特点，主要是指日常生活中的个体礼貌行为。

4. 礼仪

礼仪是指人们在各种具体的社会交往活动中，为了相互尊重，在仪容仪表、言谈举止等方面约定俗成、共同认可的规范和秩序。

从广义的角度看，礼仪泛指人们在社会交往中的行为规范和交际艺术；从狭义的角度看，礼仪通常是指在较大或隆重的正式场合，为表示敬意、尊重、重视等所举行的合乎社交规范和道德规范的仪式。

（二）礼、礼貌、礼节和礼仪之间的联系

礼貌、礼节、礼仪都属于礼的范畴。

礼貌是表示尊重的言行规范；礼节是表示尊重的惯用形式和具体表现；礼仪是由一系列具体表示礼貌的礼节所构成的完整过程。礼貌、礼节、礼仪三者尽管名称不同，但都是人们在相互交往中表示尊敬、友好的行为，其本质都是尊重人、关心人。三者相辅相成，密不可分。礼貌是礼仪的基础，礼节是礼仪的基本组成部分，礼仪在层次上要高于礼貌和礼节，其内涵更深、更广，它是由一系列具体的礼貌和礼节构成的。礼节只是一种具体的做法，而礼仪则是一个表示礼貌的系统、完整的过程。有礼貌而不懂礼节，往往容易失礼；谙熟礼节却流于形式，则只是一种虚伪的客套。

我们对礼仪的理解可以归纳为以下几点：

（1）礼仪在中国作为社会秩序的一部分而受到中华民族历代贤良的广泛重视和提倡。

（2）礼仪是为维系和发展人际关系而产生的，并随着人际关系和其他社会关系的发展而发展变化的，它不仅是社会交往的产物，也是国际文化交流的产物。

（3）礼仪是施礼者与受礼者的情感互动过程。

（4）礼仪是一种程序，有一定的规则，不是毫无联系的某些行为的堆积组合。

（5）礼仪规范和程序是一定社会的人们约定俗成、共同认可的。

（6）遵守礼仪是现代人文明的重要组成部分，是人际交往的重要手段和途径。

二、礼仪的功能

（一）沟通功能

礼仪行为是一种信息性很强的行为，每一种礼仪行为都表达了一种甚至多种信息。在人际交往中，交往双方只有按照礼仪的规范行事，才能更有效地向交往对象表达自己的尊敬、敬佩、善意和友好等信息，人际交往才可以顺利进行和延续。热情的问候、友善的目光、亲切的微笑、文雅的谈吐、得体的举止等，不仅能唤起人们的沟通欲望，建立彼此的好感和信任，而且可以促成交流的成功和交流范围的扩大，进而有助于事业的发展。

（二）协调功能

在人际交往中，礼仪承担着十分重要的"润滑剂"作用。礼仪的原则和规范，约束着人们的言行，指导着人们立身处世的行为方式。如果交往的双方都能够按照礼仪的规范约束自己的言行，不仅可以避免某些不必要的感情对立与矛盾冲突，还有助于建立和加强人与人之间相互尊重、友好合作的新型关系，进而使人际关系更加和谐，社会秩序更加井然。

（三）维护功能

礼仪作为一种社会行为规范，是人们必须共同遵守的一系列言行及仪式的标准。其基本精神是对他人权益的尊重和认可，是对利益分配结果的一种确认。礼仪与道德、法律一起构成维护社会稳定的三个最有力的工具。它受到社会主流文化的支持和宣扬，获得社会大多数成员的效仿和认可，对人们的行为有很强的约束力。社会的发展与稳定、家庭的和谐与安宁、邻里的和睦相处以及同事之间的信任合作，都依赖于人们共同遵守礼仪的规范与要求。

（四）教育功能

礼仪的教育功能体现在它能够从整体上提高国民的综合素质。礼仪通过评价、劝阻、示范等教育形式纠正人们不正确的行为习惯，指导人们按礼仪规范的要求去协调人际关系，维持社会正常秩序。礼仪讲究和谐，重视内在美和外在美的统一。礼仪在行为美学方面指导着人们不断地修正自我行为，从而使人们的谈吐越来越文明，举止仪态越来越优雅，并符合大众的审美原则，体现出时代特色和精神风貌。

名人说礼仪

礼之于正国家也，如权衡之于轻重也，如绳墨之于曲直也。故人无礼不生，事无礼不成，国家无礼不宁。

——荀子

三、礼仪的内容

(一)礼仪的基本要素

礼仪是由礼仪的主体、礼仪的客体、礼仪的媒体、礼仪的环境四个基本要素构成的。

1. 礼仪的主体

礼仪的主体指的是礼仪活动的操作者和实施者。它既可以是个人,也可以是组织。当礼仪活动规模较小、较为简单时,其主体通常是个人;当礼仪活动规模较大、较为复杂时,其主体通常是组织甚至是国家。没有礼仪的主体,礼仪活动就不可能进行,礼仪也就无从谈起。

2. 礼仪的客体

礼仪的客体又称为礼仪的对象,它指的是礼仪活动的具体指向者和承受者。礼仪的客体可以是人,也可以是组织;可以是物质的,也可以是精神的;可以是有形的,也可以是无形的。

3. 礼仪的媒体

礼仪的媒体指的是礼仪活动所依托的一定的媒介,由人体礼仪媒体、物体礼仪媒体等构成。在具体操作时,这些不同的礼仪媒体往往是交叉、配合使用的。

4. 礼仪的环境

礼仪的环境指的是礼仪活动特定的时空条件,分为礼仪的自然环境和礼仪的社会环境。礼仪的环境经常决定着礼仪规范和方式的选择,决定着礼仪的具体实施方法。

(二)礼仪的分类

礼仪依据其适用对象、适用范围的不同,可以分为政务礼仪、商务礼仪、服务礼仪、社交礼仪、涉外礼仪五种形式。

1. 政务礼仪

政务礼仪亦称国家公务员礼仪,它是国家公务员在行使国家权力和管理职能时所必须遵守的礼仪规范。

2. 商务礼仪

商务礼仪是人们在商务活动中应该遵守的礼仪原则和方法。

3. 服务礼仪

服务礼仪是指各类服务人员按照规章制度,在自己的工作岗位上向服务对象提供服务时标准的、正确的做法。

4. 社交礼仪

社交礼仪亦称交际礼仪,泛指人们在社会交往活动过程中

形成的并应共同遵守的行为规范和准则。

5. 涉外礼仪

涉外礼仪是指人们在对外交往中,用以向交往对象表示尊敬与友好的约定俗成的习惯做法和规范。

(三)礼仪的表现形式

从不同的角度看,礼仪有不同的表现形式,具体有以下六种:

(1)从个人修养的角度来看。礼仪是一个人的内在修养和素质的外在表现,是人际交往过程中对礼节的认知和应用。

(2)从道德的角度来看。礼仪是为人处世的行为规范与行为准则。

(3)从交际的角度来看。礼仪是人际交往中适用的一种艺术,也可以说是一种交际方式。

(4)从民俗的角度来看。礼仪是人际交往中约定俗成的对他人表示尊重、友好的习惯行为,是待人接物的一种惯例。

(5)从传播的角度来看。礼仪是一种在人际交往中进行相互沟通的技巧。

(6)从审美的角度来看。礼仪是一种形式美,是人的心灵美的外在表现。

四、礼仪的特点

(一)普遍认同性

礼仪的普遍认同性,主要源于共同的经济生活和文化生活。经济共同性的改变必然导致礼仪的变化。比如,现代经济的快节奏、高效率,使现代礼仪向简洁、务实的方向发展。礼仪的普遍认同性表明社会中的规范和准则必须得到全社会成员的认同,才能在社会中通用,它是全社会约定俗成、共同认可、普遍遵守的规范和准则。一般来说,礼仪代表一个国家、一个民族、一个地区的文化习俗特征。但我们也看到不少礼仪是全世界通用的,具有全人类的共同性。例如,问候、打招呼、礼貌用语、各种庆典仪式、签字仪式等,基本都是世界通用的。

(二)规范性

礼仪在一定程度上具有规范性,这是因为礼仪是人们在各种具体的社会交往活动中,为了表示相互尊重,在仪容仪表、言谈举止等方面约定俗成的、共同认可的规范和准则。例如,在西方国家,戒指的戴法就是一种符号,把戒指戴在不同的手指上所代表的意义是不同的,如果执意要违反这个规范,就会在和他人

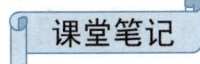

课堂笔记

课堂笔记

交往时传达错误的信息,轻则使自己陷入尴尬的境地,重则伤害他人的感情。因此,人们要想在交际场合表现得得体恰当、彬彬有礼,就必须严格遵守各项礼仪规范。

礼仪的规范性,不仅规定和约束着人们在交际场合的言谈举止,而且也是人们在交际场合采用的一种"通用语言"和衡量尺度。

(三)可变性

世界上任何事物都是发展变化的,礼仪虽然有较强的相对独立性和稳定性,但也毫不例外地随着时代的发展而变化。其变化体现在以下两个方面:

(1)随着时代的变化而变化。礼仪作为一种文化,具有浓厚的时代特色。任何时代的礼仪由于其时代的特性和内容不同,往往决定了它的表现形式也不同。例如,过去的跪拜礼,现代用点头、握手、鞠躬等来代替。

(2)随着社会交往的扩大,各国民族的礼仪文化互相渗透,尤其是西方礼仪文化被引入中国,使中华礼仪在保持传统民族特色的基础上,发生了更文明、简洁、实用的变化。

(四)实践性

礼仪不是纸上谈兵,它既有总体上的礼仪原则、礼仪规范,又在具体的细节上用一系列的仪式与程序,细致而周详地对礼仪原则、礼仪规范加以贯彻,把它们落到实处,使之简便易行、容易操作。

(五)传承性

作为人类的文明成果,礼仪将人们在交际应酬之中的习惯做法固定下来,流传下去,并逐渐形成具有本民族特色的礼仪规范。任何国家的礼仪都具有本国鲜明的民族特色,都是在本国礼仪历史的基础上继承、发展起来的。离开了对本国、本民族既往礼仪成果的传承、扬弃,就不可能形成当代礼仪。

(六)审美性

审美性是礼仪的突出特点,礼仪各种规范的表现形式都具有很高的审美品位,给人视觉、听觉、嗅觉、感觉等带来立体的、全方位的审美享受,所以礼仪教育也是美育教育。

(七)差异性

俗话说:"十里不同风,百里不同俗",不同的文化背景,产生不同的地域文化,不同的地域文化决定着各地礼仪有不同的内容和形式。例如,不同国家、不同地区、不同民族见面问候致意

的形式就大不一样,有脱帽点头致意的,有拥抱的,有双手合十的,有手抚胸口的,更多的还是握手致意。

礼仪的差异性还表现在礼仪的等级差别上,对不同身份、地位的对象施以不同的礼仪。例如,各种宴会因招待对象的身份、地位高低的差别而形式有所不同。

五、提高礼仪修养的途径和方法

(一)加强道德品质修养

道德品质是指一定社会的道德原则和规范在个人思想行动中所表现出的某种比较稳定的特征和倾向。道德品质的修养和礼仪行为的养成有着密切的联系,二者是相辅相成、统一的过程。礼仪行为从广义上说就是一种道德行为,处处渗透和体现着一种道德精神。一个人要想在礼仪方面达到较高的造诣,离开了道德品质方面的修养是不可能的;一个人要想形成一种高尚的道德品质,就应该从日常礼仪规范这一基础的层次做起。

(二)提高文化素质

礼仪学是一门综合性较强的行为科学,它和公共关系学、传播学、美学、民俗学、社会学等许多学科都有密切联系。一个人只有具备广博的文化知识,才能深刻理解礼仪的原则和规范;只有具备较高的文化素质,才能在不同场合灵活自如地运用礼仪。因此,要提高自己的礼仪修养,必须有意识地广泛学习多种科学文化知识,使自己具备系统的综合知识素养和文学、艺术鉴赏能力及审美能力。这样,自己就会有意无意地按照美的规律来认识生活和改造周围的环境,同时,在人际交往中,自己的言行也更具美感。

(三)自觉学习礼仪知识,接受礼仪教育

世界各国的礼仪风俗千差万别,我国各个民族的礼节习俗也各不相同。在涉外交往和商务活动中,如果对其他国家或某一具体活动的礼仪知识不了解,会影响工作效果,甚至造成误解。因此,我们应该注意学习和领会各种礼仪知识,以便在实践中运用,久而久之,不但在礼仪方面博闻多识,而且在礼仪修养的实践上也能提高到新的境界。

课堂笔记

(四)注重在细节中提高,从观察中学习

提高礼仪修养的很多机会都存在于那些不引人注目的细节中,如吃饭、穿衣、走路、站立等,这些看起来平凡,无关大局的细节其实都是提高礼仪修养的基础。因此,对礼仪知识的学习,仅仅停留在从理论上弄清礼仪的含义和内容,而不在实践中运用是远远不够的,必须要以积极的态度、理论联系实际的精神,将自己学到的礼仪知识积极运用于社会实践的各个方面。要时时处处自觉从大处着眼、小处着手,以礼仪的规范来要求自己的言谈举止,在社交场所多听、多看、多学,把礼仪规范变成自身个性中的稳定成分,以便能在各种交际场合自然而然地遵守礼仪要求。

张小礼的成长

"做人先学礼",良好的礼仪形象是步入职场的名片,是人际交往的通行证,是个人形象和企业形象的展现,是社会文明进步的载体。让我们跟着张小礼的脚步,认识商务礼仪的常识与规律,掌握商务礼仪的程序与规范,从职场新人演变为职场达人。

思考与训练

1. 礼仪的功能有哪些?这些功能在日常生活中有哪些体现?
2. 小组讨论,每个小组向同学们展示一个日常生活中体现中华民族传统美德的小故事。

项目一 认识商务礼仪 11

任务二 了解商务礼仪的基本知识

张小礼的思考

这一天,陈经理让张小礼给外埠的一家客户写封致歉信,因为疫情原因,原计划的拜访活动暂时取消了。张小礼按照要求拟好邮件,一边发给陈经理审阅一边心里想,疫情原因大家都是可以理解的啊,为什么还要正式写封致歉信呢?

任务目标

☆ 了解商务礼仪的含义与特征
☆ 理解商务礼仪的基本原则
☆ 了解商务礼仪的功能

课堂笔记

一、商务礼仪的含义与特征

(一)商务礼仪的含义

商务礼仪是指人们在商务活动中应当遵守的礼仪原则与规范。现代商务活动的主要类型包括商务会议与商务谈判、各种商务仪式、客户接待与拜访、商务宴请等。为了保证商务活动的有序进行,在长期的商务交往中结合各国、各地的习俗,根据一些约定俗成的惯例,逐渐形成了商务礼仪。商务礼仪是针对从事商务活动的人员而言的,其主体是从事商务交往活动的组织和个人,是用以维护企业形象和个人形象,对交往对象表示尊重与友好的行为规范和惯例。在商务交往中通过行使规范的商务礼仪,可保证商务活动以更加体面和友好的方式顺利完成。

随着经济全球化的发展,我国的商务活动特别是涉外商务活动日益频繁,商务礼仪也扮演着越来越重要的角色,它用于指导人们的商务活动,以减少失误和误会,为企业赢得更多的商机和利润。

课堂笔记

(二)商务礼仪的特征

商务礼仪除了具备礼仪的普遍认同性、规范性、可变性、实践性、传承性、审美性、差异性等特征外,还有其自身的突出特征,就是以商务活动为载体,有着浓厚的商务文化特点。例如,在国际贸易中有一条不成文的规则,为了顺利达成交易,通常卖方要主动适应和遵循买方的礼仪惯例,以便增进双方的理解和沟通,有助于卖方更好地向买方传达友好合作意向。在国际商务活动中,一般遵循国际惯例,最明显的表现就是在国际商务活动中按照"以右为尊"的原则来确定尊位。

二、商务礼仪的基本原则

商务礼仪的原则是凝结在商务礼仪具体表现形式之中的根本宗旨,是我们在实践和操作每一项商务礼仪规则时应该遵守的基本原则,也是衡量我们在不同场合、不同文化背景下的礼仪是否正确得体的标准。商务活动的内容包罗万象,参与活动的人物与组织来自不同的国家和地区,具有不同的文化背景,涉及各地不同民族的礼仪习俗,不可能把每一个细节和规范都规定出来。如何在不同的文化背景下,在纷繁复杂的商务活动中把握正确、得体的礼仪尺度,就要掌握商务礼仪的一些基本原则,做到应对自如。

(一)维护形象原则

在商务交往之中,人们普遍对交往对象的个人形象倍加关注,并且都十分重视按照规范的方式塑造与维护个人形象,以体现自我尊重和对交往对象的重视与尊重。维护形象原则具体体现在仪容仪表、言谈举止等礼仪细节中。

(二)守时守信原则

守时守信原则是指在商务交往过程中,必须认真而严格地遵守自己的承诺,说话务必要算数,承诺一定要兑现,约会必须要如约而至。

守时守信原则包括四个方面的内容和要求:

1. 约见要守时

在商务活动中特别强调时间观念,一切与时间有关的约定一定要遵守。例如,按时到达谈判地点、按时出席会议、按约定时间去拜访客户等,这些都能体现出现代人对于时间观念的重视和对交往对象的尊重。

2. 承诺要谨慎

在商务场合，人们的承诺都代表了一定的利益关系，特别是在商务谈判等活动中，对于谈判对手提出的要求一定要深思熟虑，考虑周全，不要轻易答应对方的要求。在一般的商务活动中，也不要轻易承诺，不管是答应对方所提出的要求，还是自己主动向对方提出建议，或者是向对方承诺，都要从自己的实际能力以及客观条件出发，切忌草率行事，轻易承诺，以免导致将来无法兑现。

3. 承诺要兑现

承诺一旦做出就必须要兑现；约定已经做出，就必须如约而行。真正做到"言必信，行必果"，只有这样，才会赢得对方的信任和好感。

4. 失约要道歉

万一由于难以抗拒的因素，致使自己单方面失约，或是有约难行，需要尽早向有关人员进行通报，如实地解释，并且要郑重地为此向对方致歉，同时按照规定和惯例主动承担因此给对方造成的相关损失。

(三) 尊重隐私原则

尊重隐私原则主要是指尊重他人隐私，对私人信息保密。

在商务活动中，特别是涉外商务交往中要遵守"尊重隐私"原则。在言谈中，涉及对方个人隐私的问题，应该自觉地、有意识地予以回避。

(四) 求同存异原则

世界上各个国家、各个地区、各个民族，在其历史发展的具体进程中，形成了各自的宗教、语言、文化、风俗和习惯。求同存异是指在商务交往中既要对交往对象所在国家和地区的礼仪与习俗有所了解，并予以尊重，更要对国际上通行的礼仪惯例认真遵守。

在国际商务交往中如何正确把握求同存异原则呢？一般有以下三种做法：

(1) 以我为主。所谓以我为主，即在涉外商务交往中基本上采用本国礼仪规范。

(2) 兼及他方。所谓兼及他方，即在涉外商务交往中基本采用本国礼仪规范的同时，适当地采用一些交往对象所在国的礼仪规范。

(3)遵守国际礼仪惯例。在涉外商务交往中为了减少麻烦，避免误会，更方便于人们沟通以达成共识，最为简捷的办法就是遵守国际上通行的礼仪惯例。

(五)入乡随俗原则

入乡随俗原则是指在涉外商务交往中要注意尊重国外客人所特有的习俗，这样容易增进双方之间的理解和沟通，有助于更好地、恰如其分地向国外的合作伙伴表达我方的友好合作意向。入乡随俗原则有以下三个方面的含义：

1. 入境问俗

入境问俗要注意两个问题：一是充分了解对方所特有的礼仪习俗，所谓"入境而问禁，入国而问俗，入门而问讳"；二是对交往对象的礼仪习俗予以充分尊重。例如，与阿拉伯人打交道时，就必须对其忌食猪肉、忌酒、忌用左手与人接触、忌送雕塑玩偶以及在斋月期间禁食的习俗表示尊重，否则就会冒犯对方。

2. 客随主便

当自己作为客人时，要讲究客随主便，即客人必须遵守主人所在地域的礼仪规范，按照主方的礼仪习惯来完成商务活动。例如，在用餐之时，东亚国家的人多用筷子，欧美国家的人爱用刀叉。因此，到欧美国家参考商务宴请，要适应用刀叉用餐。

3. 主随客意

当自己作为东道主时，为了表达对客人的诚挚之情，可以沿用客方的礼仪习俗以体现对客人的欢迎和尊重，这就是现代礼仪的交往艺术。在许多礼仪行为和礼仪活动中，都体现出了"主随客意"的艺术。例如，在中式宴请时，宴会上会同时摆放筷子和刀叉，以示尊重和方便西方客人。

(六)热情有度原则

人们在参与国际商务交往、同外国客人打交道时，不仅要待人热情友好，更为重要的是要把握好待人热情友好的具体分寸，做到不卑不亢，从容得体。把握好各种情况下的交往距离及彼此间的感情尺度。

(七)不宜先为原则

不宜先为原则的基本要求是在商务交往中，面对自己一时难以应付、举棋不定或者不知道到底怎样做才恰当的情况时，如果有可能，就尽量不要急于采取行动，不妨先观察一下周围人的举动，并与之采取一致的行动。不先为、不落后，以便同当时绝大多数在场者保持行动一致，避免唐突和失礼。

三、商务礼仪的功能

(一) 规范行为

商务礼仪对商务场合的各种行为提出了规范化的要求,其具体表现形式是一系列约定俗成、为商界所公认的行为规范和活动程序。个人和组织在商务活动中,通过行使这些行为规范和活动程序,一方面对交往对象表示尊重和友好,另一方面也使商务活动按照一定的次序以更加体面和友好的方式进行。例如,着装礼仪对出席正式商务场合的男士与女士的着装提出了基本的要求,深色西装、白色衬衣、领带、西装套裙,这些典型的商务场合着装元素,保证了商务场合的相对一致性和正式性,提高了商务场合的仪式感和隆重感。

在一些商务仪式中,其规范和程序就显得越发重要,例如,签字仪式、剪彩仪式等都有其约定俗成的程序,在商务礼仪中规定了这些活动具体的操作程序和要求。

(二) 沟通信息

不同的礼仪行为,表达了不同的信息,人们可以通过言语、行动、表情、礼品馈赠等礼仪形式,传递信息,表达感情。比如面带微笑向对方问候"您好",通过表情加语言,向对方传递了"很高兴见到您"的信息。

在商务活动中,馈赠礼品也是人们经常用来表达感情,传递信息的方式。商务馈赠是生意双方一种商务上的友好表示,表达的是一种职业联系,既是友好的、礼节性的,又是公务性的。商务交往中的礼品,常常超出了物质的范畴,成为精神的寄托,对方可以从中看到己方的品位、智慧以及心意。

(三) 塑造形象

学习商务礼仪,运用商务礼仪,无疑将有益于人们更好地打造个人商务形象、提升个人商务形象,符合社会对商务人士的定位和要求。商务人员的个人形象在一定程度上透露了所在企业的文明程度、管理风格和道德水准。良好的个人形象无疑为企业传递了无声的商业信息,宣传了企业形象。在现代市场竞争中,形象竞争也是一个重要的竞争层面。一个具有良好信誉和形象的企业,容易获得社会各方的信任和支持。

课堂笔记

课堂笔记

商务礼仪也是企业文化的重要组成部分，是企业形象的主要附着点。许多国际化的企业，对于礼仪都有高标准的要求，都把礼仪作为企业文化的重要内容。所以从组织的角度来看，商务礼仪可以塑造企业形象，提高企业的知名度和美誉度，最终达到提升企业经济效益和社会效益的目的。

（四）联络感情

良好的礼仪规范就是在向交往对象传达一种敬意，整洁的衣着、得体的谈吐、优雅的举止、谦让的风度在商务交往中容易使双方互相吸引，增进感情，利于良好人际关系的建立和发展。反之，如果不讲礼仪，粗俗不堪，那么就容易产生感情排斥，造成人际关系紧张，给对方造成不好的印象。因此，礼仪不仅表示一种礼数，也是为了联络双方的感情，为个人或组织营造一个和睦的人际环境和顺畅的社会氛围。

张小礼的成长

守时守信是商务礼仪的基本原则，在所有的商务交往过程中，都必须认真遵守自己的承诺，说话要算数，承诺要兑现，约会要如约而至。万一由于难以抗拒的因素，致使自己单方面失约，或是有约难行，要尽早向对方如实通报，并且要郑重地为此向对方致歉，同时按照规定和惯例主动承担因此给对方造成的相关损失。

所以即使因为疫情的原因不能赴约，陈经理也要给对方发一份邮件表达歉意，以示己方守时守信和对他人的尊重。

思考与训练

1. 商务礼仪的特点有哪些？
2. 商务礼仪的基本原则有哪些？分小组讨论，以故事、实例或小品的方式展示商务礼仪的基本原则在日常生活中的体现。

任务三　熟悉商务活动中的尊位与位次排序

张小礼的思考

第一次去会议室开会,张小礼早早就到了,可坐在哪个位子让她犯了难,靠门、靠窗、靠左还是靠右？终于选了一个位子坐下来,结果每个来开会的人都用奇怪的眼神看她,一场会议如坐针毡,张小礼想下次一定要做好功课再来开会啊！

任务目标

☆ 了解尊位的含义与起源
☆ 了解位次排序的意义
☆ 掌握位次排序的基本原则

课堂笔记

一、尊位的含义

（一）尊位的概念

一切商务活动都是在一定的空间内开展的,这个空间可能是会议室、宴会厅、谈判间、签字厅、机场等。商务活动按照什么方位开展,如何安排好参与商务活动的每个人的次序与位置是非常重要的问题。这个问题解决了,商务活动的方向和坐标就确定了,商务活动就能在一个有序的空间里正常开展。

在一次礼仪活动中最重要、最尊贵的位置,我们称之为"尊位"。尊位可以是座位,也可以是"站位"；可以是静止的,也可以是动态的。尊位在不同场所、不同文化背景和不同的历史阶段有着不同的确定标准。

微课：商务活动中的尊位

> **课堂笔记**

(二) 尊位的特征

尊位是一场礼仪活动中最重要、最尊贵的位置,它具有以下几个特征:

(1) 在空间上居于具有中心意义的位置。

(2) 应具有最佳视野,即在尊位观察的空间范围最大,效果最清晰。

(3) 应具有行动上的最便利条件。

二、尊位的起源

(一)"以左为尊"的起源及应用

我国古人认为"左吉右凶",《礼记》中说:"左为阳,阳,吉也;右为阴,阴,丧所凶也。"左主吉,右主凶。颜师古《〈汉书〉注》中说:"乘车之法,尊者居左,御者居中,又有一人处车之右,以备倾侧。"《史记·魏公子列传》中说:"公子于是乃置酒大会宾客。坐定,公子从车骑,虚左,自迎夷门侯生。"虚左,就是空出左边尊位,以示敬让,成语"虚左以待"即缘此而产生。车上座次,左为尊位,也有安全方面的原因:御者一般用右手握鞭策马,挥鞭驾车时难免伤及右边的乘者,左边则相对安全。

在《红楼梦》中也有关于尊位和位次的描述。例如,林黛玉进贾府时,贾母正面榻上独坐,两边四张空椅,熙凤忙拉了黛玉在左边第一张椅上坐了,黛玉十分推让。贾母笑道:"你舅母、嫂子们不在这里吃饭。你是客,原应如此坐的⋯⋯"

在我国政务场合的礼仪实践中,普遍遵循"以左为尊"的做法。政府机关、国有企业召开会议、布置会场、安排主席台座位时讲究"以左为尊"。

(二)"以右为尊"的起源及应用

西方的传统是"以右为尊",其起源有两个:

一是源于基督教义。在新约的《马太福音》里,记载着"万民受审"的典故:众神降临人间,坐于荣耀的宝座上。万民聚集于神前,接受神的审判。神让善人站在右边,让恶人站在左边。站在右边的善人进了天堂,获得永生;而站在左边的恶人则下了地狱,饱受煎熬。所以,在基督教国家里,祝福和画十字都是用右手进行;基督教里的人物常常是右手向上指,那里是天堂,代表

微课:红楼梦中的位次礼仪

> **资料卡**
>
> 在我国汉代,尊位是根据方向确定的,其中"东向"(即坐西朝东)座位最尊,其次是"南向"座位,然后是"北向"座位,最后是"西向"座位。《史记·项羽本纪》中鸿门宴的座次就符合这一规范:"项王、项伯东向坐,亚父南向坐,亚父者,范增也。沛公北向坐,张良西向坐。"
>
> 顾炎武认为"古人之座,以东向为尊"是指"室"内设宴的座礼,而在位于宫室主要建筑物前部中央坐北朝南的"堂"上,则是以南向为尊,次之为西向,再次为东向。

永生,而左手则指向地下,代表的是地狱和煎熬。

二是源于古老的希腊神话,宙斯将低贱的工作派发给左手边的人做,相反,宙斯拿闪电的手是右手;命运女神用来纺织生命之线的手也是右手。

还有一种说法是,古代君主为防暗杀而不许近臣带刀,但君主本人腰间戴剑。由于剑的手柄指向右,因此,君主为了安全,总将最信任的人安排在自己的右手边,这样就形成了"以右为尊"的习俗。

在涉外正式场合,一般采用"以右为尊"的做法,以示遵循国际惯例,表达对客人的尊重。

三、位次排序

(一)位次的概念

位次是指在商务活动中人员座位的次序和出场的顺序,这种次序和顺序是一种优先权的获得和体现的过程,即位次高的人比位次低的人、先出场的人比后出场的人具有各方面的优先权。位次排序是一个比较严肃、技术性较强而且很敏感的问题。在正式的国际政务和商务活动中,位次排序主要依据利益关系而定。如果处理不当,就容易引发一些不必要的矛盾和纠纷,在国际关系中尤为如此。

阅读材料

1946年5月,远东国际军事法庭审判以东条英机为首的28名日本甲级战犯,11个参与国的法官们因排序、座次而展开了异常激烈的争论。中国法官理应排在庭长左边的第二把椅子上,可是由于中国国力不强,而被各强权国否定。在这种情况下,唯一出庭的中国法官梅汝璈与列强展开了一场机智的舌战。他首先从正面阐明:排座位应按日本投降时各受降国的签字顺序排列,这是唯一的原则。接着他微微一笑说:"当然,如果各位同仁不赞成这一方法,我们不妨找个体重器来,依体重的大小排座,重者居中,轻者居旁。"各国法官听了,忍俊不禁。庭长笑着说:"您的建议很好,但它只适用于拳击比赛。"梅法官接着回答说:"若不以受降国签字顺序排座,那就按体重排座。这样纵使我置末座也心安理得,并且对我的国家也有所交代,一旦他们认为我坐在边上不合适,可以换另一名比我胖的来。"这一回答引得法官们大笑起来,梅法官也终于坐到应坐的位置上。

> 课堂笔记

(二) 商务活动中位次排序的意义

商务活动中的位次排序反映了参与商务活动的各方的利益情况,这种利益是一种综合影响力,体现在经济实力、拥有的资源、社会影响力与社会地位、被东道主的认可程度、与参与活动各方利益的关联程度等方面,位次越靠前,说明该人士所代表的组织或企业在本次商务活动中越受重视,越有分量。

(三) 位次排序的原则

商务活动中的位次排序应遵守以下几个方面的原则:

1. 主客双方对等原则

在现代国际商务活动中,主客双方在地位上应该是平等的。但在具体的排序过程中,一般将这种平等的关系转化为在相同或相似职位上的对等排序原则。也就是说,相同或相似职位上的主客双方在商务活动中的礼仪位次是基本平行的。总经理与总经理或副总经理在一个位次平台上,部门经理和部门经理在一个位次平台上。这种排序实际上也为同一决策层面的人提供了一个有共同语言的交流平台,因为相同或相似职位的主客双方掌握的信息是对等的,所以他们有共同语言,可以在同一个位次平台上进行交流,这可以看成在位次排序横切面上的一种排序方法。

2. 按职位排序原则

职位排序原则是指按照职位的高低来排定座位和次序的原则。在排定出场顺序时,按照职位高低排序,职位高的人优先出场;在商务会见等场合排定位次时,按照职位高低,以尊位为基点,由近及远、由高到低排列。

在具体的实践中,由于各企业内部机构设置不同,所以不容易把握客方人员的职位高低顺序。这时,最好的办法是让对方拟出一个按照职位排序的名单,再照此排序,就可以避免出现问题。

在社交礼仪中,位次排序往往会遵守女士优先、资历优先等原则。

3. 利益排序原则

在现代商务活动中,往往不是一对一的简单交往,而是涉及社会各个层面,包括政府部门、国际组织、相关企业、民间社团

等。因此，商务活动中的主客双方往往都混有不同的成分。这时，简单地用"按职排位"的方法是行不通的，往往需要考虑按利益关系排序。

组织者为保证一项活动顺利完成或是一个项目成功运作，应尽可能地在位次排序上将重要关系部门的代表安排在靠前位置。这样，在整个活动中，有可能某个职位较低的年轻人，由于其代表的单位与这一项目能否成功关系密切，他的位次就排在了其他许多人的前面，这就是利益排序原则的一个重要体现。

4. 荣誉特例原则

荣誉特例原则是指在政治家、艺术家、社会名流等出席活动的情况下，为了表示对其社会威望的尊重，而特别将其位次超前排列，甚至排在尊位席。

> **课堂笔记**

阅读材料

北京奥运会开幕式入场顺序

历届奥运会都是以举办国家的字母表顺序确定开幕式各代表团的入场顺序。1988年首尔奥运会时，各代表团就是按照韩语字母表顺序入场，首先入场的是希腊，之后依次是加纳和加蓬。在2008年4月举行的国家奥委会联合会（ANOC）全体会议上，北京奥组委表示，由于汉字是表意文字，不存在字母顺序，因此按汉字笔画制定顺序。

北京奥运会开幕式首次按照各代表团的汉字笔画安排入场顺序。因此，除了按惯例第一个出场的希腊代表团和最后一个出场的东道主中国代表团次序不变外，其他代表团大多有了与往届奥运会开幕式不同的出场顺序。

张小礼的成长

位次反映了参与商务活动各方的次序及利益关系，正式的场合需要首先确定尊位，然后按职位排序确定位次。如果对位次排列不能确定或存在疑问的话，可以先向活动组织者进行询问后再入座。在公司内部会议上，也要注意位次排序，距离尊位越近的座位，位次就越高，也就意味着就座者在公司的职位越高，不可随便"越位"。

思考与训练

1. 为什么要确定商务活动中的尊位？如何确定？
2. 分析商务活动中位次排序的意义？
3. 小组讨论位次排序的原则有哪些？这些原则分别适用于哪些情况？

02
SHANGWUHUIYILIYI

项目二
商务会议礼仪

素质点

◆ 培养严谨的工作态度。

◆ 了解沟通与协调能力在工作中的重要性。

◆ 学会运用商务礼仪的基本原则，协调商务活动中主客双方的利益，以实现互惠、互利、双赢。

◆ 在会议和商务庆典活动中自觉遵守八项规定。

◆ 发现礼仪仪式之美。

项目二 商务会议礼仪　25

任务一　掌握公司会议礼仪

张小礼的思考

张小礼跟着陈经理去参加一次行业会议,几百人的会场非常壮观,从签到、领取资料、入位到主持人串场、嘉宾发言、茶歇,还有若干分会场会议,都由统一着装的工作人员引导安排,这么多人的流动井井有条,他们是怎么做到的?

任务目标

☆ 了解会议的基本要素
☆ 熟悉公司会议的工作流程
☆ 掌握公司大小型会议的座次安排规范
☆ 掌握各类参会人员的礼仪规范

课堂笔记

一、会议的内涵

(一)会议的概念及基本要素

1. 会议的概念

会议是把人们组织起来讨论和研究问题的一种形式。根据《现代汉语词典》的解释,会议一词有两种含义:

一是指有组织有领导地商议事情的集会,如全体会议、厂务会议、工作会议等。

二是指一种经常商讨并处理重要事务的常设机构或组织,如中国人民政治协商会议、部长会议等。

商务会议特指第一种含义的会议。

2. 会议的基本要素

我们不能简单随意地将任何一种聚合或会合都看成真正意义上的会议。只有具备了会议的基本要素,集体的活动或聚会

资料卡

美国《韦氏新世界大学词典》中把会议解释为"一种会晤的行为或过程",指的是把众多的人员聚集起来讨论问题的社会活动方式。

才能称之为会议。只有明确了构成会议的基本要素,才能从整体上把握整个会议的全部工作,推动会议的顺利开展。

构成会议的十大基本要素如下:

(1)会议名称。

(2)会议时间。会议时间包括会议的开始时间、结束时间和每项议程时间。

(3)会议地点。会议地点是指会议的具体地点。

(4)会议主持者。会议主持者是指主办单位主持会议的领导人。

(5)会议参与者。会议参与者是指会议的出席者、列席者或者因讨论具体事项而特别要参会的人员。

(6)会议议题。会议议题分为会议的主要议题和其他要讨论的问题。

(7)会议的形式。会议的形式是指会议进行的具体方式方法,如讨论、座谈或者协商。

(8)会议的文书。会议的文书是指包括书面会议通知在内的一切会议书面材料。

(9)会议的结果。会议的结果是指会议形成的结论、具体议题的解决办法以及具体实施步骤等。

(10)会议的费用。会议的费用是指用于会议的必要支出。

(二)会议的分类

1. 按照会议的规模划分

按照会议的规模,可将会议分为大型会议、中型会议和小型会议。大型会议是指数千人参加的会议。中型会议是指数百人参加的会议。小型会议是指数十人参加的会议。

2. 按照会议的内容含量划分

按照会议的内容含量,可将会议分为综合性会议和专题性会议。

(1)综合性会议,即一次会议要讨论和研究多方面的问题。这一类会议往往因为内容含量大、涉及面广,所以准备工作要做得扎实、细致,会议召开的时间也较长。

(2)专题性会议,即一次会议只集中解决一方面的问题,讨论研究一方面的工作或事情。会议议题具有单一性或专一性,如××经验交流会、××节日庆祝活动会、高校招生工作会议等。当然,这类会议在一个集中的议题下,根据所涉及具体问

题、工作、事情的不同,可以分若干方面进行讨论和研究。

3. 按照会议召开的时间划分

按照会议召开的时间,可将会议分为定期会议和不定期会议。

(1)定期会议,即按照一定的时间间隔或一定的循环周期固定召开的会议,亦称例会,如办公例会、各种定期召开的经验交流会、学术讨论会等。

(2)不定期会议,即根据组织开展工作的需要,随时召开的会议。如防汛紧急会、抗灾紧急会、××工作布置会、研讨会等。

4. 按照会议的级别划分

按照会议的级别划分,是指依据从中央到地方或企业从总部到分公司的不同等级划分会议的种类,如中央级会议及省、市、自治区级会议或跨国公司总部会议、总公司会议、分公司会议、部门会议等。

5. 按照会议的性质划分

按照会议的性质,可以把会议分为决策性会议和非决策性会议。决策性会议,包括立法性会议、党务性会议、行政性会议等。非决策性会议,包括业务性会议、动员宣传布置性会议、纪念性会议、娱乐性会议、新闻性会议等。

6. 按照会议与会人员集中或分散的情况划分

按照会议与会人员集中或分散的情况,可将会议划分为集中性会议和非集中性会议。由于现代会议形式的出现,有了与传统的集中于一处开会不同的异地开会形式,因而也就有了与集中性会议对应的非集中性会议形式。非集中性会议是指借助现代通信技术举行的本地或异地会议,包括电话会议、电视会议、网络会议等,统称为电子会议。

二、公司会议的流程

公司会议是人们从事各类有组织的商务活动的一种形式,也是一种重要的商务沟通模式。一般而言,公司会议都有一套相对完整的流程,它保证了会议管理的科学性和规范性,有利于会议目标的实现。公司会议的流程包括以下环节:

(一)确定会议主题与名称

1. 确定会议主题

会议主题是指会议要研究的问题或要达到的目的,如果是综合性会议,会议需要研讨的问题较多,可以通过会议议题对会议主题进行细化分解。

2. 确定会议名称

(1)有的会议名称由"公司名称＋会议内容"构成,如"瑞安公司新产品推广会",其中"瑞安公司"即公司名称,"新产品推广会"即会议内容。

(2)有的会议名称由"公司名称＋年度＋会议内容"构成,如"鸿丰集团2021年总结表彰大会"。

(3)有的会议名称由"公司名称＋届次＋会议内容"构成,如"博汇纸业股份有限公司第四届董事会议"。

会议名称必须用正确、规范的文字表达,要契合主题。会议名称既不宜太长,也不能随便简化。

(二)确定会议规模与规格、会议时间与会期

1. 确定会议规模与规格

确定会议规模与规格的主要依据是会议的内容和主题,同时本着精简高效的原则。会议的规模主要体现在参会人数上,会议的规格主要体现在参会代表特别是主宾的职位高低上。

2. 确定会议时间与会期

确定会议的最佳时间,要考虑主要领导是否能出席;要根据会议的内容确定会期的长短。

会议时间的确定通常有以下惯例:

(1)一年一度的职工代表会议,宜于年初召开。既利于总结上年的工作和生产成果,又利于讨论、部署新一年的工作、生产计划,讨论各种预算等。

(2)每周一次的工作例会,通常放在周五的下午。一周即将结束,下一周就要开始,有承上启下的作用。

(3)每日的工作例会,可以定在上班后半小时或下班前半小时。

(三)成立会议组织机构,确定与会人员名单

1. 成立会议组织机构

一般大型会议,如展览会、产品发布会、企业职工代表大会、年终总结会等,都是由大会秘书处负责整个会议的组织协调工作。秘书处下设:

(1)秘书组,负责会议的日程和人员安排以及文件、简报、档案等文字性工作。

资料卡

会议时间安排

据心理学家测定,成年人能集中精力的平均时间为45至60分钟,超过45分钟,人就容易精神分散,超过90分钟,普遍感到疲倦。因此,每次会议的时间最好不要超过一小时。如果需要更长时间,应该安排中间休息。

会议时间的安排要考虑到人们的生理规律。一般上午9:00～11:00,下午14:30～16:30,人们的办事效率较高。

(2)总务组,负责会场、接待、食宿、交通、卫生、文娱和其他后勤工作。会议总务组负责会务工作时,往往有必要对一些会议所涉及的具体细节问题,做好充分的准备工作。

(3)保卫组,负责大会的安全保卫工作。

根据会议的规模大小、性质的不同还可以增设其他必要的小组,如宣传组、文件组、接待组等。

2. 确定与会人员名单

根据会议的性质、议题、任务来确定出席会议和列席会议的有关人员名单。

(四)制订会议预算方案

会议经费包括以下内容,在编制会议经费时,要遵守中央和国家有关会议费管理办法相关要求。

(1)文件资料费,包括文件资料和证件票卡的制作费、印刷费等支出费用。

(2)邮电通信费用,如发会议通知时通过电报、传真、电传或打电话进行联络的费用;若召开电视、电话等远程会议,则使用有关会议设备系统的费用也应计算在内。

(3)会议设备和用品费,如各种会议设备的购置和租用费、会议所需办公用品的支出费用,会场布置所需要的费用等。

(4)会议场所租用费,如会议室、大会会场的租金以及其他会议活动场所的租金。

(5)会议宣传交际费,如现场录像的费用,与媒体等有关方面协作的费用。

(6)会议交通费。会议交通费是指与会人员交通往返的费用,如果此费用由会议主办单位承担,则应列入预算;会议期间的各项活动如需使用车辆等交通工具,其费用也应列入预算。

《中央和国家机关会议费管理办法》(2016年)中规定的会议费综合定额标准见表2-1。

表2-1　　　　会议费综合定额标准　　　　单位:元/人天

会议类别	住宿费	伙食费	其他费用	合 计
一类会议	500	150	110	760
二类会议	400	150	100	650
三、四类会议	340	130	80	550

综合定额标准是会议费开支的上限。各单位应在综合定额标准以内结算报销。

(7)其他开支,包括各种不可预见的临时性开支。

资料卡

中共中央政治局关于改进工作作风密切联系群众的规定

(1)要改进调查研究,到基层调研要深入了解真实情况,总结经验、研究问题、解决困难、指导工作,向群众学习、向实践学习,多同群众座谈,多同干部谈心,多商量讨论,多解剖典型,多到困难和矛盾集中、群众意见多的地方去,切忌走过场、搞形式主义;要轻车简从、减少陪同、简化接待,不张贴悬挂标语横幅,不安排群众迎送,不铺设迎宾地毯,不摆放花草,不安排宴请。

(2)要精简会议活动,切实改进会风,严格控制以中央名义召开的各类全国性会议和举行的重大活动,不开泛泛部署工作和提要求的会,未经中央批准一律不出席各类剪彩、奠基活动和庆祝会、纪念会、表彰会、博览会、研讨会及各类论坛;提高会议实效,开短会、讲短话,力戒空话、套话。

(3)要精简文件简报,切实改进文风。没有实质内容、可发可不发的文件、简报一律不发。

(4)要规范出访活动,从外交工作大局需要出发合理安排出访活动,严格控制出访随行人员,严格按照规定乘坐交通工具,一般不安排中资机构、华侨华人、留学生代表等到机场迎送。

(5)要改进警卫工作,坚持有利于联系群众的原则,减少交通管制,一般情况下不得封路、不清场闭馆。

(6)要改进新闻报道,中央政治局同志出席会议和活动应根据工作需要、新闻价值、社会效果决定是否报道,进一步压缩报道的数量、字数、时长。

(7)要严格文稿发表,除中央统一安排外,个人不公开出版著作、讲话单行本,不发信函、贺电,不题词、题字。

(8)要厉行勤俭节约,严格遵守廉洁从政有关规定,严格执行住房、车辆配备等有关工作和生活待遇的规定。

> 课堂笔记

（五）选择会场与准备设备

1. 选择会场

会场的选择包括两个方面：一是选择会议召开的地区；二是选择会议召开的具体场所。为了使会议取得预期效果，选择最佳会址时需考虑以下因素：

（1）应根据不同的会议类型来选择地点。如小型的、经常性的会议就安排在单位的会议室。会议室尽可能不要紧靠生产车间、营业部等人声嘈杂的地方，以免受到干扰。

（2）应考虑交通是否便利，同时要考虑有无停车场所和安全设施等问题。

（3）会场的大小应与会议规模相符。一般来说，每人平均应有2～3平方米的活动空间。同时应考虑会议时间的长短，对于时间长的会议，选择的场地不妨大些。

（4）如果是租借场地，场地的租借费用要合理。

2. 准备设备

桌椅家具、通风设备、照明设备、空调设备、音像设备等要尽量齐全。同时应根据会议的需要检查有无需要租用的特殊设备，如演示板、电子白板、放映设备、音像设备、录音机、投影仪、计算机、麦克风等。一些常用会议用品，如纸张、本册、笔具、文件夹、姓名卡、座位签、黑白板、万能笔、粉笔、板擦、签到簿、名册、签字笔以及饮料、水杯等需要备足。

（六）安排会议议程与会议日程

1. 安排会议议程

会议议程是对会议所要通过的文件、所要解决的问题的概略安排，并冠以序号将其清晰地表示出来。它是为完成议题而做出的顺序计划，是对会议所要讨论、解决的问题的大致安排，会议主持人要根据会议议程主持会议。拟定会议议程是秘书人员的职责，通常由秘书拟写议程草稿，交由上司批准后，在会前复印分发给所有与会者。

2. 安排会议日程

会议日程是指会议在一定时间内的具体安排。一般采用简短文字或表格形式将会议时间分别固定在每天上午、下午、晚上三个时间单元里，使人一目了然，如有说明可附于表后。会议日程需在会前发给与会者。会议日程是根据会议议程逐日做出的具体安排，它以天为单位，包括会议全程的各项活动，是与会者安排个人时间的依据。会议日程表的制定要明确具体，准确无误。

3. 安排会议议程和会议日程要注意的问题

(1)把握会议目的,了解会议召开的原因。先安排关键人物的时间,要保证重要人物能够出席会议。根据多数人的意见安排日程,保证尽可能多的人员都有时间参加会议。

(2)会议如果有多个议题,应按其重要程度排列,最重要的议题排列在最前面。安排会议议程和日程时,一般要把全体会议安排在上午,分组讨论安排在下午或晚上。

(七)制发会议通知

按常规,举行正式会议均应提前向与会者下发会议通知。会议通知是指由会议的主办单位发给所有与会单位或全体与会者的书面文件,同时还包括向有关单位或嘉宾发出的邀请函件。

会议通知的拟发由秘书处负责,会议书面通知或邀请函件的内容包括:

(1)会议的主题(或名称)。
(2)召开会议的目的。
(3)与会人员(会议出席人)。
(4)会议的日程及期限。
(5)召开会议的地点。
(6)报到时间、地点以及路线。
(7)与会要求(如服装要求、应准备什么等)。
(8)需携带的材料和个人支付的费用。
(9)主办单位。
(10)联系人姓名和电话等。

下发会议通知,应设法保证其及时送达,不得耽搁延误。与会人员接到通知后,应向大会报名,告知将参加会议,以便大会发证、排座、安排食宿等。

三、会议座次安排规范

举行正式会议时,通常应该事先排定与会者,尤其是主宾的会议座次。越是重要的会议,其座次安排往往越受到关注。会议的座次安排要遵守一定的礼仪原则和规范。一般的公司会议在会议室召开即可,以会议桌为中心,与会者围桌而坐,有些大型的会议需要在礼堂召开,会场设立主席台。在安排会议座次时,我们可以根据会场是否设立主席台来进行不同的座次安排。

(一)不设主席台的会议座次安排

小型会议一般不设主席台,会场里面放置圆形会议桌或者方形会议桌,大家围桌而坐,有利于相互交换意见。这种会议形式在公司最常见,如公司例会、产品研发专题会、分公司经理会等。

微课:会议的座次安排

这种不设主席台的会议形式,在确定尊位、安排座次时,有两个原则可以参照:

1. 面门设座原则

所谓面门设座,就是把尊位安排在面对会议室正门的一方,以面对会议室正门之位为会议主席之座。面门设座如图2-1所示。

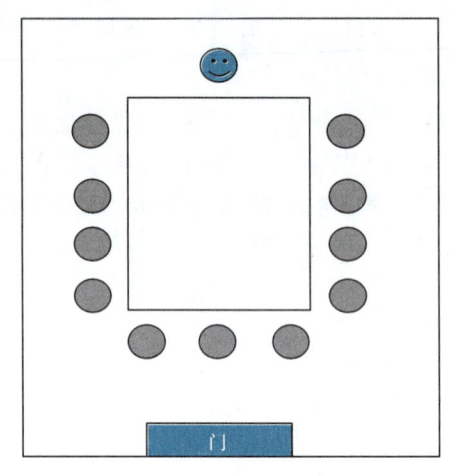

图2-1　面门设座
☺表示尊位:主席(或会议主持人)

2. 依景设座原则

所谓依景设座,是指当举办会议的会议室里面设置了一面背景墙(这个背景墙或者是以悬挂的字画为背景,或者是以屏风为背景)时,会议尊位可以安排在背靠背景墙之下。依景设座如图2-2所示。

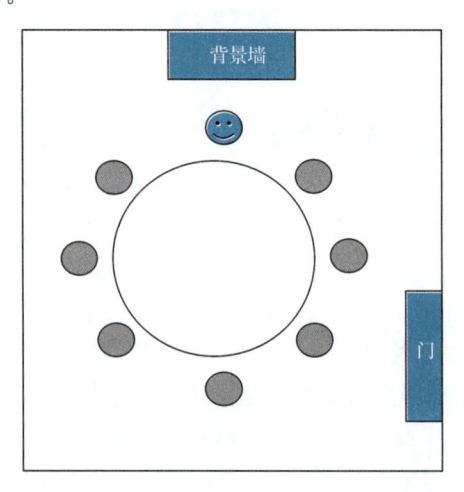

图2-2　依景设座
☺表示尊位:主席(或会议主持人)

(二)设主席台的会议座次安排

召开规模较大的职工代表大会、报告会、经验交流会、新闻发布会、庆祝会等会议时,会场上要设主席台与群众席。主席台的座次安排更为重要。

1. 主席台排座

大型会场的主席台,一般应面对会场主入口。在主席台上就座的全体人员称为主席团。按照国内的惯例,排定主席台座次的基本规则有三个:一是前排高于后排,二是中间高于两侧,三是左侧高于右侧。判断左右的基准是顺着主席台上就座人员的视线,而不是观众视线。具体来讲,主席台排座又有单数与双数的区分,主席台人员为单数的排座如图 2-3 所示,主席台人员为双数的排座如图 2-4 所示。

图 2-3 主席台人员为单数的排座

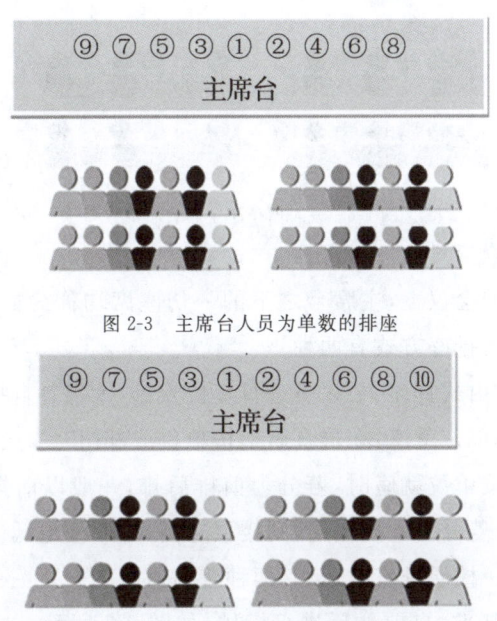

图 2-4 主席台人员为双数的排座

在主席台上要安排会议主持人席位,会议主持人的座位安排根据情况可以居于前排正中央,也可以居于前排的左右两侧,或者按主持人具体的身份排座,但不要安排在后排。

在主席台上,发言者发言时要安排专门的发言席,这个位置可以设在主席台的正前方,如图 2-5 所示;或者主席台的右前方,如图 2-6 所示。

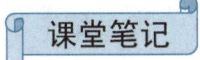

课堂笔记

图 2-5　发言席位于主席台正前方

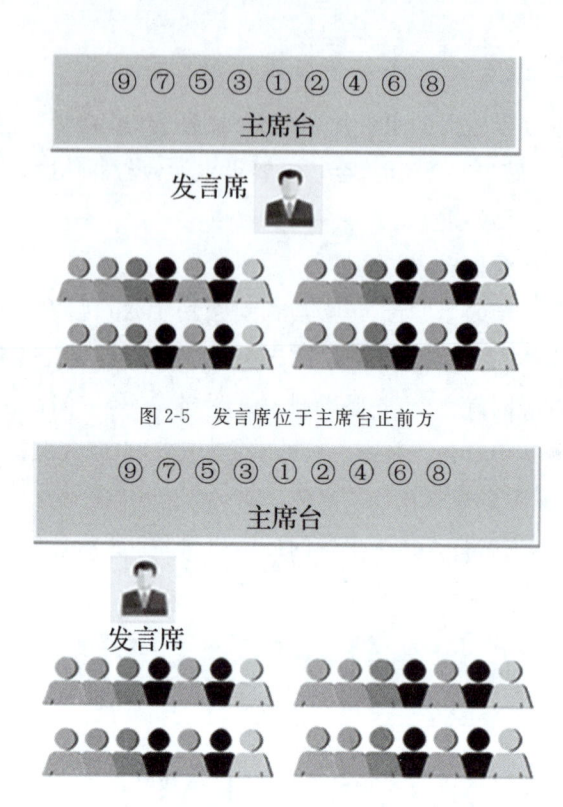

图 2-6　发言席位于主席台右前方

2. 群众席排座

在大型会议上,主席台之下的一切座席均称为群众席。群众席的具体排座方式有两种:

(1)自由式择座:会议不进行座位安排,大家各自择位而坐。

(2)按单位就座:在群众席上按单位或部门对参会者进行座位安排。按单位就座时,若分为前排后排,一般以前排为高,以后排为低;若分为不同楼层,则楼层越高,排序便越低。

在同一楼层排座时,又有两种普遍通行的方式:一是以面对主席台为基准,自前往后进行横排,如图 2-7 所示;二是以面对主席台为基准,自左往右进行竖排,如图 2-8 所示。

图 2-7　横排

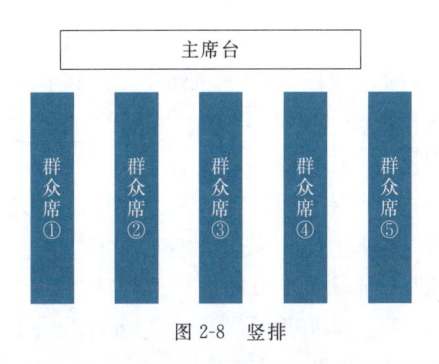

```
            主席台
┌──┐ ┌──┐ ┌──┐ ┌──┐ ┌──┐
│群│ │群│ │群│ │群│ │群│
│众│ │众│ │众│ │众│ │众│
│席│ │席│ │席│ │席│ │席│
│①│ │②│ │③│ │④│ │⑤│
└──┘ └──┘ └──┘ └──┘ └──┘
```

图 2-8　竖排

四、各类参会人员礼仪规范

（一）会议主持人礼仪

会议的主持人是整个会议的中心。一般由具有一定职位的人来担任，主持人应该善于控制会议的气氛和进程，促使会议达到预期目的。

1. 主持人着装与仪态

（1）会议主持人的着装要与会议主题和会场气氛相符合，会议主题越正式越严肃，主持人着装的正式程度就要越高。正式会议上，男性主持人要穿深色的两件套西装，女性主持人最好穿西装套裙。

（2）会议主持人要保持仪态端庄。主持过程中，切忌出现搔头、揉眼等不雅动作。

（3）会议主持人要说普通话，语言表达应该规范准确、简明扼要。

（4）会议主持人的风格应根据会议性质进行调节，或庄重，或热烈。

2. 会议主持的注意事项

（1）正式的会议，会议主持人要按照会议议程进行主持。

（2）会议主持人要按照位次顺序介绍参会的主要嘉宾。

（3）主持人可以做简单自我介绍。

（4）会议结束时，主持人应对会议做简要的总结。如果就某些问题大家达成了一致的意见，在会议结束前应予以重申。

（5）会议结束时，主持人应对前来出席会议的人员、会议组织单位和会议工作人员表示感谢。

（二）会议发言人礼仪

会议发言人或演讲者是会场的中心人物，在演讲前后和演讲时对听众的礼节要注意以下几个方面：

1. 进入会场时的礼仪

当有人陪同会议发言人步入会场时，听众如果起立、鼓掌，

> **课堂笔记**

> **资料卡**
>
> **例会礼仪**
>
> 例会是一种制度化的会议，开会时间、地点、人员均固定，以讨论工作、沟通信息等为会议内容。例会的一般程序与礼仪如下：
>
> （1）与会者应准时参加。例会不发通知和告示，与会者如遇意外不能参加，一定要事先请假，以免他人无端等候，如果因事取消或推迟会议则要通知有关人员。
>
> （2）会议室布置宜紧凑。会议桌通常是用圆桌，与会者可团团围坐，显得集中。
>
> （3）会议时间要简短，议题要明确。"短小精悍"是例会的基本风格，与会者发言时应一个接着一个，不要冷场，讨论工作时议题要集中，主持人应及时控制会议的节奏和内容，使会议议题不要岔出主题，切忌把例会开成"马拉松"式的长会。

发言人应边走边举手表示谢意。如果几位发言人同时进入会场，不要在门口推托谦让，而应按照服务人员的引导或职务顺序进入会场。如果听众还没有完全入场，会议发言人可以寻找靠近讲台的边座坐好，不要在门口观望。

2. 落座前后的礼仪

会议发言人要按照会议安排的座位落座，在进场时寻找自己名字的桌签或座位卡即可，如果是多人同时进场，应该和其他发言人大致同时落座。坐好后不要回头左顾右盼找熟人打招呼。

3. 被介绍时的礼仪

演讲前主持人要向听众介绍发言人。当主持人提到名字时，发言人应主动站起来面向听众，微笑致意，再转身坐下。如果当主持人介绍发言人的成就和事迹后，听众反响特别强烈，发言人应再次起身向听众致谢。

4. 上下讲台时的礼仪

当主持人邀请发言人走上讲台时，发言人应站起身来，先向主持人点头致意，然后走向讲台。走路时，目视前方，走上讲台后慢步自然转弯，面向听众站好，正面扫视全场，与听众进行目光交流，然后以诚恳、恭敬的态度向听众致鞠躬礼或点头致意礼，稍稍稳定一下之后再开始演讲。

演讲完毕，要向听众敬礼，向主持人致意。如果听到掌声，应再次向听众表示谢意，然后回到原座位。

（三）参会者礼仪

1. 合适的着装

参会者的着装要与会议主题符合，正式的着装体现了对会议主题的重视、对会议主办方和会议主持人的尊重，所以不能穿得太休闲、太随意，如果会议对参会者的服装有要求，如深色西装或浅色衬衣，则参会者一定要遵守要求。

2. 遵守会议纪律

遵守会议纪律是每个参会者应做到的，这既是对会议组织者的尊重，也是对其他与会者的尊重。会议纪律通常包括以下几个方面：

（1）按时到会和离会，中途不要随意进出，确实必须离开时，应当向有关人员讲明原因，离席时要弯腰、侧身，尽量少影响他人，并表示歉意。

（2）听报告时集中注意力，不交头接耳、不打瞌睡、不随意翻阅资料。

（3）保持会场安静，不大声喧哗，不接打手机，控制咳嗽声、哈欠声。

（4）保持端正的体态，不仰靠椅背，不斜倚扶手。

课堂笔记

小看板

时间的控制

有经验的演讲者发现，每经过一定的时间，听众就会产生一种注意力危机，一般发生在演讲（发言）开始后的 15~20 分钟的时候，第二次发生在 30~35 分钟的时候，为了克服这些"危机"，演讲者应善于根据规定的发言时间来安排演讲的内容。

大多数国际会议的发言时间是 10 分钟；各种仪式上安排的演讲，时间最好不要超过 5 分钟。

3. 尊重主持人、演讲者及其他参会者

参会者要服从会议组织者的安排，对主持人的提议做出积极的回应，当演讲者演讲结束时，参会者应报以热烈的掌声表示赞赏和感谢。

（四）会议服务人员礼仪

1. 会议例行服务

在会议举行期间，会议服务人员要负责迎送、引导、陪同参会人员等例行服务，对参会的贵宾还要进行重点照顾。对于参会者的正当要求，要有求必应。

2. 会议签到

一般大型会议或重要会议，通常要求参会者在入场时签名报到，以掌握到会人数，严肃会议纪律。会议服务人员负责签到工作，并将签到情况及时向会议负责人汇报。

会议签到的方式一般有三种：

（1）簿式签到。参会人员在会议服务人员预先备好的签到簿上按要求签署自己的姓名，表示到会。签到簿上的内容一般有姓名、职务、所代表的单位等。簿式签到的优点是利于保存，便于查找。缺点是这种方法只适用于小型会议，一些大型会议中参加会议的人数很多，簿式签到就不好操作了。

（2）证卡签到。会议服务人员将印好的签证卡事先发给每位参会者，签证卡上一般印有会议的名称、日期、座次号、编号等，参会者在签证卡上写好自己的姓名，进入会场时，将签证卡交给会议服务人员，表示到会。证卡签到多用于参会人数较多的大中型会议。

（3）电脑签到。电脑签到快速、准确、简便，参加会议的人员进入会场时，只要把特制的卡片放到签到机内，签到机就将参会人员的姓名、号码传到中心，然后将签到卡退还本人，参会者的签到手续在几秒钟内即办完，参加会议人员到会结果由电脑统计生成。电脑签到是先进的签到手段，准确、快捷、方便。

根据会议要求，会议服务人员要将签到后的汇总结果形成会议通信录，会议结束时发给每位参会者。

3. 餐饮安排

会议服务人员还要为参会者提供饮水、会议期间的茶歇等服务，时间较长的会议还要提供工作餐等会议餐饮服务。

4. 文字及相关服务

会议服务人员要承担会议的文字服务工作，包括现场记录、录音、录像、打印等。在会议结束后要对会议所有相关的图文、声像材料进行细致的收集、整理、汇总、存档。应该回收的材料，一定要如数回收，应该销毁的材料，一定要仔细销毁。会后要形

课堂笔记

成会议决议、会议纪要等,要求尽快形成,会议一结束就要下发或公布。

5. 协助返程

会议结束后,会议服务人员要为外地来的参会者提供返程的便利。要主动为对方联系或提供交通工具,或是替对方订购、确认返程的机票、船票、车票。当团队参会者或参会的重要来宾离会时,要安排专人送行,并帮助托运行李。

张小礼的成长

一场会议特别是大型会议的成功举办,需要活动组织者按照科学的方式认真筹备和策划,要注重每一个细节,多次演练和调整,以满足参会各方的需求,所以往往我们看到的有序的活动背后都凝结了很多人的辛勤付出。

思考与训练

1. 华光公司准备于12月26日召开年度销售总结会,参加会议的人员为公司全部业务人员、全国各地经销商代表、主要合作网站代表,地点在华光大酒店国际会议中心,请补充细节,拟定一份会议通知。

2. 华光公司准备召开经销商大会,请安排主席台成员的座位,把对应的人员字母画到相应位置。

主席台

观众席

A. 董事长
B. 总经理
C. 常务副总经理
D. 副总经理
E. 营销总监

3. 参加公司会议需要注意哪些礼仪细节?

任务二　掌握商务谈判礼仪

张小礼的思考

张小礼的公司要和一家日本公司进行一场商务谈判,为了这场谈判,大家已经加了很多天的班,准备各种需要的资料,敲定各种谈判方案。到了谈判的那天,张小礼发现一直负责谈判准备工作的陈经理甘当"幕后配角",出现在谈判桌上的是公司另一位副总,一位成熟稳健的男性经理王洋。张小礼很为陈经理鸣不平,认为是王洋抢了陈经理的风头。她悄悄观察陈经理,发现陈经理一点也不介意,依然在谈判桌下和王洋密切沟通,分析情况,调整谈判策略。这是为什么呢?

任务目标

☆ 掌握各种商务会见与会谈的会场布置规范
☆ 掌握各种商务会见与会谈的座次安排规范
☆ 了解和日本商人谈判的礼仪规范与禁忌
☆ 了解和美国商人谈判的礼仪规范与禁忌
☆ 了解和英国商人谈判的礼仪规范与禁忌

课堂笔记

一、商务会见与会谈礼仪

为了融洽双边或多边的关系,促进彼此之间的了解与合作,或为达成某种合作意向或协议,商务人员经常需要在公司或主客双方约定的地点,与自己的业务伙伴及其他来往的客商进行会见与会谈。会见与会谈是比较正式的商务活动,它既具有礼仪性又具有实质性,并有广泛的适用范围,可以在不同的层次和各个不同方面的人员中进行。

> **课堂笔记**
>
> 微课：会谈与会见的几种座位安排

（一）会见与会谈的形式

1. 会见的形式

会见是指人们在某些正式场合的见面。按照国际惯例，身份高的人士会见身份低的，一般称为接见或召见；身份低的人士会见身份高的，或是客人会见主人，一般称为拜会或拜见。

(1) 礼节性的会见时间较短，话题较为广泛，一般不涉及具体的实质性问题，重在沟通信息，联络感情。

(2) 政治性会见一般涉及双边关系、国际局势等重大问题，时间可长可短。

(3) 事务性会见一般涉及外交交涉、业务商谈等，时间较长，也较严肃。

2. 会谈的形式

会谈是指双方或多方就实质性的问题交换意见、进行讨论、阐述各自的立场，或为求得某些具体问题的解决而进行的严肃、正式的商谈。如各国贸易代表、各国企业之间关于商务、经济合作等方面的会谈。会谈的内容一般较为正式，专业性较强。会谈可按照不同的方式进行分类。

(1) 按照会谈首席代表的身份、地位，可分为最高层次会谈、专业人员会谈。

(2) 按照会谈内容的性质，可分为实质性会谈和技术性会谈。

(3) 按照会谈程序，可分为预备性会谈、正式性会谈和善后性会谈。

（二）会见与会谈中的尊位及位次排序

1. 会见与会谈座位的安排

会见通常安排在会客室或办公室。会见座位的安排有多种形式，有主宾和主人各坐一方，其他人员分排两边落座的形式，也有宾主穿插，分别作陪的形式。会见大型团体时，如果人数过多，可以在大型会客室或会见大厅安排多层的扇形座位。在确定尊位时依据"面门设座"（图2-9）或"依景设座"（图2-10）原则，在位次排序方面，按照"职位排序"的原则。

在会见时，翻译在主人的身后居中而坐，便于为双方翻译，如果主客双方都有翻译，也是分别在主宾和主人身后居中而坐。

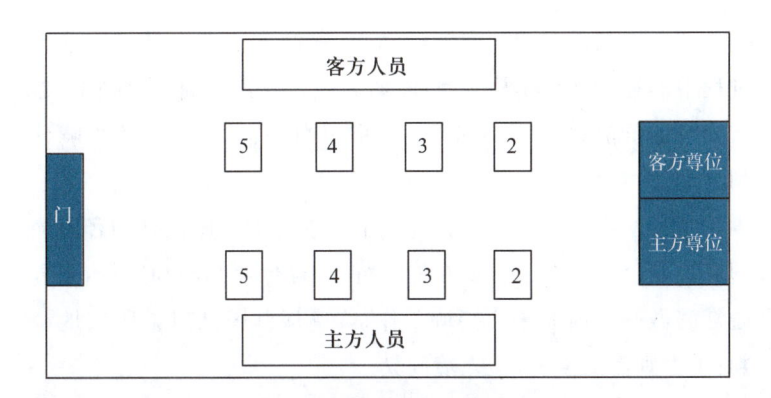

图 2-9　会见与会谈座位安排（面门设座）

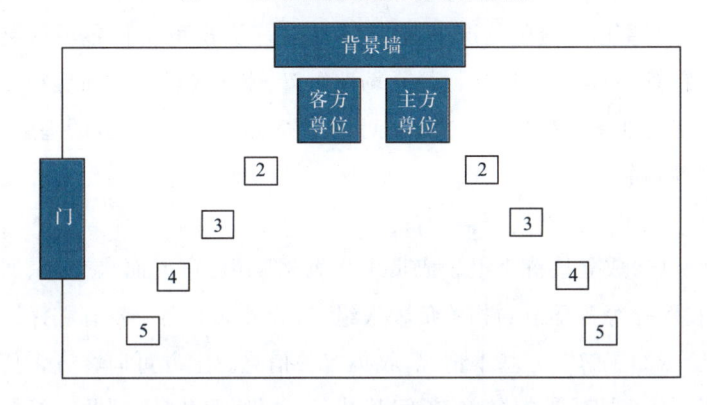

图 2-10　会见与会谈座位安排（依景设座）

2. 合影时的位次安排

在会见与会谈的过程中，一般都安排合影留念，因此主方要事先安排好椅凳（人数不多时可站立拍照）。位次的安排，按礼宾常规，双方的主宾居中间位置。如果是多边会见，应注意各方代表的人员比例和其代表性。代表人数众多时，要分成多排，注意每排人数应大体相等，主方人员一般尽量靠边站立，如图 2-11 所示。

| 主方人员……来宾……来宾……来宾……主方人员 |

| 主方人员　来宾　副主人　主宾　主人　副主宾　副主人　来宾　主方人员 |

图 2-11　会见与会谈合影位次排序

二、商务谈判礼仪

商务谈判礼仪是指商务人员在商务谈判过程中所必须遵守的、用来维护组织形象和对谈判对手表示尊重与友好的惯例以及形式。

商务谈判是重要的商务活动之一,商务谈判人员遵守谈判过程中的礼仪规范是极为重要的,尤其是在涉外商务谈判中,参与人员的价值观念、宗教信仰、风俗习惯等不同,会直接影响谈判活动。

主场谈判和客场谈判在礼仪上习惯称为主座谈判和客座谈判。主座谈判因在主方所在地进行,为确保谈判顺利进行,主方通常需做一系列准备和接待工作;客座谈判因到对方所在地谈判,主方则需入乡随俗,入境问禁。

（一）主座谈判的礼仪

在主座谈判的情况下,作为东道主一方出面安排各项谈判事宜时,一定要在迎送、款待、场地布置、座次安排等方面做精心周密的准备,尽量做到主随客便、主应客求,以获得客方的理解、信赖和尊重。

1. 主座谈判的接待准备

（1）成立接待小组。成员由后勤保障（食宿方面）、交通、通信、医疗等各环节的相关负责人组成,涉外谈判还应备有翻译。

（2）了解客方基本情况,收集有关信息。主方可向客方索要谈判代表团成员的名单,了解其姓名、性别、职务、级别及一行人数等,以此作为确定接待规格和食宿安排的依据。了解客方对谈判的目的要求、食宿标准、参观访问、观光游览等愿望。掌握客方抵达、离开的具体时间、地点、交通方式,以安排迎送的车辆和人员及预订、预购返程车票、船票或飞机票。

（3）拟订接待方案。根据客方的意图、情况和主方的实际,拟订出接待计划和日程安排表。日程安排表拟出后,可发传真或 E-mail 给客方征询意见,待客方无异议后,方可打印分发。

如果是涉外谈判,则要将日程安排表译成客方文字,以便于双方沟通。日程安排表可在客方抵达后交由客方副领队分发,亦可将其放在客方成员住房的桌上。主座谈判时,东道主可根据实际情况举行接风、送行、庆祝签约等相关的宴会或招待会。客方谈判代表在谈判期间的费用通常都是由其自理的,当然,主方主动邀请并事先说明承担费用的情况例外。

重大项目谈判,如有必要,还应做好客方谈判代表团的安全保卫和文件资料保密的准备工作,安排好新闻报道工作。根据实际情况安排好礼品、纪念品发放的准备工作。

2. 主座谈判的迎送工作

根据商界对等接待的原则，主方应确定与客方谈判代表团的身份与职位对等、人数相等的接待陪同人员，并通知他们准时迎送。

准确掌握对方抵达、离开的时间，如果客方是远道而来的，主方应主动到机场、车站、码头迎接，一般要在班机、火车、轮船到达前15分钟赶到，接站时为方便双方确认，最好准备接站牌。

迎接的客人较多的时候，主方迎接人员可以按身份职位的高低顺序列队迎接，并由主方领导先将前来迎接的人员介绍给客方人员，再由客方领导介绍其随行人员，双方人员互相握手致意，问候寒暄。

客方抵达或离开，主方应有迎送人员陪同乘车，关照好客方的人员和行李的安全。

（二）客座谈判的礼仪

客座谈判是在对方所在地进行的，通常谈判程序、日程安排等均由主方确定，因此，客方在选择性方面受限制较大，再加上对异地他乡的文化背景、社会风俗等情况不熟悉，心理情绪上也需调整适应。但客座谈判时，需谨记"入乡随俗、客随主便"，主动配合对方接待，对一些非原则性问题采取宽容的态度，以保证谈判的顺利进行。在客座谈判时客方应该做的工作主要包括：

1. 告知信息

要把己方代表团的来意目的、成员人数、成员组成、抵达和离开的具体时间、航班车次、食宿标准等提前告知主方，以方便主方的接待安排。其间如有人员变动、时间更改等，也应及时通知主方。可与主方协商提出自己的参观访问、游览观光等活动要求，但应尊重主方安排。

2. 服从安排

谈判期间，对主方安排的各项活动要准时参加，通常应在约定时间的5分钟之前到达约定地点，到主方公司做公务拜访或有私人访问时要先预约，不做不速之客。

客座谈判有时也可视双方的情况安排活动，除谈判的日程外，客方可自行安排食宿、交通、访问、游览等活动。

3. 表示感谢

对主方的接待，客方应在适当的时间以适当的方式表示感谢。

(三)谈判场所的选择与布置

1. 谈判场所的选择

(1)谈判场所可以是主方会议室或者是客方下榻宾馆租用的会议室。若在外出差,宾馆的咖啡厅、套房的外间都可以作为谈判场所,甚至旅行途中、参观现场等实际上都可以。只是要注意不同的场合要用不同的谈判方式。例如,在参观现场等场合较适宜交流、沟通,而在会议室则更适合相互讨价还价。

(2)若客方来到主方所在城市,则一定要在主方单位安排至少一次谈判。对合作伙伴来说,这是一次综合性感受。虽然这种感受是表面的,但同样可以通过诸多细节对其实力、组织、管理、员工素质等做出一个初步判断。这时候,主方安排活动就不能仅仅以安排谈判本身作为唯一重点,还要考虑给对方留下较好的综合印象。

(3)若因各种原因,客方不方便前往主方所在城市,需要主方前往客方停留的城市,则谈判场所一般可以安排在客方下榻的酒店,具体地点可以根据具体情况决定。如果双方参加人数很多,或者谈判内容十分重要、正式,也可以考虑在酒店租用一间临时会议室。一般情况下,不要在客方下榻客房举行正式谈判。主方也可以请客方在下榻酒店安排合适的谈判场所,但可以提出由主方承担相关场地租赁等费用。

(4)若是安排在主方单位或客方下榻酒店以外的地方谈判,则要适当考虑一下交通、周围环境、项目的关联性以及下一步活动的衔接性等问题。

(5)除了精心安排的正式谈判外,其实还有许多让人容易忽略的非正式谈判。例如,在接机后前往宾馆的途中,可以借机向客人介绍当地的基本情况;在展览会上,可以适时地和客人探讨有关技术和市场方面的问题;在考察项目时,可以现场办公、召开现场会议,尽量让客人多看一些对主方有利的东西。经过精心安排和策划,这样一些非正式谈判也可以起到很好的沟通效果,这种非正式场合是最容易"交朋友"的。一旦成为朋友,便可以比较清楚地了解对方的想法,使谈判进程向有利的方向发展。

2. 谈判场所的布置

谈判场所的布置要以庄重、严肃为基本原则,必要时可以制作一些简单大方的横幅或标语,准备好各种会议设备和文具。

如白板、幻灯机或多媒体投影仪以及记录用的纸张、签字笔或铅笔等,有时候还要配置录像设备、影碟播放设备。可以为客人准备中国茶,但最好同时也准备矿泉水。如果接待单位的条件比较差,就不要将谈判场所安排得过分豪华,以免和简单的办公、生产环境形成巨大的反差,给人一种华而不实的印象。但保持整洁,布置有条理仍然是十分重要的。

(四)谈判座次的安排

谈判中的座次位序包含两层含义:一是谈判双方的座次位置;二是谈判一方内部的座次位置。一个敏锐的谈判行家,会有意识地安排谈判人员的座次位置,并借以进行对己方最有利的谈判。

如何安排双方人员的谈判座位,对谈判结果颇有影响。恰当的座次安排,能够充分发挥谈判人员最佳的传播功能,使双方的言语交往与非言语沟通起到最佳的效果。

1. 谈判座次安排的基本原则

安排座次时,按照职位的次序,首先要考虑主人、主宾和翻译的位置。在大多数情况下,主人、主宾的位置确定后,主方、客方的其他人员可以自行入座。双方参加人员提前确定时,可以预先准备好座位卡。

涉外谈判安排座次时,遵守"以右为尊"的原则。在主宾的位置确定后,其他人员的安排一般是越重要的人员离主人、主宾就越近(翻译一般紧靠主人或主宾,在其旁边或身后就座)。

我国的惯例是翻译坐在主人的右边,对方的翻译和我方的翻译相对而坐。

2. 不同环境下的谈判座次安排

正式的谈判一般安排在会议室进行,会场的布置要营造一种庄重、专业、正式的气氛。涉外谈判时,会议桌上通常摆放两国国旗。最好将座位卡放在桌上,这样每位谈判人员都清楚自己应该坐在哪个位置。座位卡要用中文、外文两种文字两面书写,以便于谈判人员互相认识。

(1)会议桌的摆放和会议室的正门平行时,在这种情形下,宾主相对而坐,以正门为准,主方人员入座背门一侧,客方人员面向正门就座,如图2-12所示。

课堂笔记

微课:谈判座位的安排

课堂笔记

资料卡

圆桌会议

所谓圆桌会议，是指一种平等对话的协商会议形式，是一种与会者围圆桌而坐的会议。在国际会议的实践中，主席和各国代表的席位不分上下尊卑，圆桌会议可避免其他排座方式出现一些代表席位居前、居中，另一些代表席位居后、居侧的矛盾，更好地体现各国平等原则和协商精神。

据说，圆桌会议形式来源于英国国王亚瑟的传说。5世纪，英国国王亚瑟在与他的骑士们共商国是时，大家围坐在一张圆形的桌子周围，骑士和国王之间不排座次。圆桌会议由此得名。至今，在英国的温切斯特堡还保留着一张这样的圆桌。关于国王亚瑟和圆桌骑士的传说虽然有着各种各样的版本，但圆桌会议的精神却一直延续下来。第一次世界大战之后，这种形式被国际会议广泛采用。

直到今天，"圆桌会议"已成为平等交流、意见开放的代名词，也是国家之间以及国家内部之间的一种重要的协商和讨论形式。

微课：和日本人谈判的礼仪规范

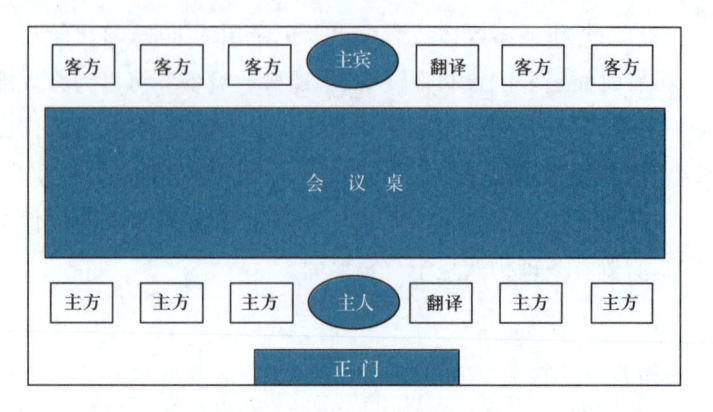

图 2-12　会议桌平行于正门时会议室的座次安排

（2）会议桌的摆放和会议室的正门垂直时，则以入门方向为准，面向会议室内，右手边为客方人员，左手边为主方人员，如图 2-13 所示。

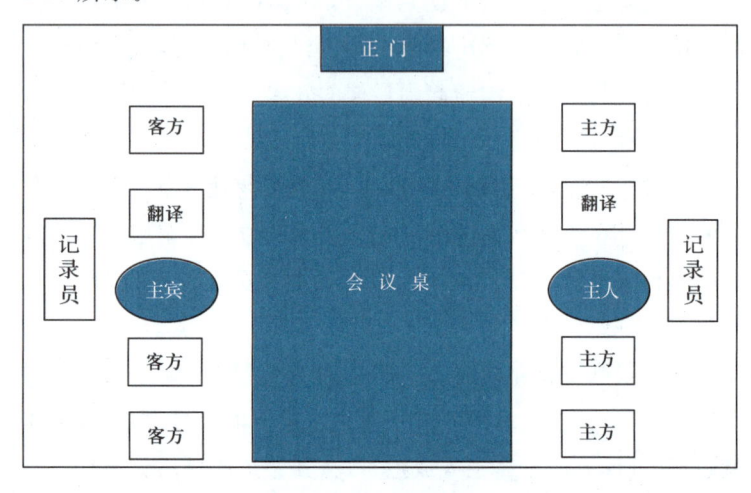

图 2-13　会议桌垂直于正门时会议室的座次安排

三、国际商务谈判的礼仪规范与禁忌

国际商务谈判是谈判中的一种，实际上是中外之间的一种对话。除了具备一般谈判的特性之外，国际商务谈判参与方由于文化习惯、语言和价值观的不同，相互间的沟通常会出现意想不到的情况，有时还会因为礼仪习惯不同，而导致理解结果截然不同的尴尬局面，所以国际商务谈判对谈判参与人员提出了更高的礼仪要求。

（一）和日本商人谈判的礼仪规范

1. 选择合适的中间人引荐

如果是初次与日本公司打交道，最好通过熟人或中间人去办，日本人对直截了当、硬性推销的做法会感到不自在。因此，

要想排除最初的障碍,最好找一位中间人。选择中间人时要注意:

(1)最好是男性,因为日本公司是男性占统治地位的机构。

(2)中间人要对己方的公司、产品、服务以及进行的交易比较了解。

(3)中间人一定要是第三方,既非己方,又非日方的成员,而是双方均熟悉并得到日方信任的人。可以挑选某个很有信誉的贸易公司代表、某个贸易代理人、某个同日方做过生意的公司代表或某一位受日方尊敬的工业或贸易协会的代表等。

(4)中间人的地位要同将与之打交道的日方代表地位相同。如果地位太高或太低,那么在一开始或在他以后进行社交时,都会造成一些不自然的紧张局面。

(5)一般而言,中间人应同中层管理人员接洽,而不是同高层人物接洽。因为在日本公司里,一个决定的形成是从中下层开始的,并一级一级地向上传。因此,中间人应将己方的打算告知日方的某位中层管理人员,他会与他的同事讨论并向上汇报。从这一步开始就慢慢向真正谈判的阶段迈进了。

(6)中间人与日方首次接触一定要采取面谈的形式,与之相比,通信或电话联系一般都行不通,而且面谈场所最好是在某一中立场所,如饭店等。

2. 谈判时要有足够的耐心等候

一旦发出邀请,己方就要耐心等待。日本人会通过其信息网络来了解己方的情况,他们要对己方的介绍信和委托书进行核查,要了解己方公司的情况,了解己方公司与哪些公司有贸易往来,直到满意为止。最好的办法是让日方相信己方时间非常宽裕,因为急躁和没有耐心在日本人看来是软弱的表现。在等待的时间里,己方可以自己做些调查,从别处尽量多地了解对方的情况。

3. 谈判时准备充分的材料

与日方谈判,日文文字说明材料的作用极大。日方的决策过程可能涉及数十人,如果不能提供一流的日文翻译材料,那么只会使慢得令人心焦的谈判过程变得更慢。

对翻译好的日文材料,除了给日本谈判小组每个成员一套以外,还要多准备一些,以备送给日本公司的有关人员(不仅是主管,还有每个相关的业务人员),以加速其集体讨论的决策进程。

> **小看板**
>
> 日本商人十分重视看得见的东西。因此,直观材料,包括样品、图解、图表、图片等,都有助于说明、强调甚至代替书面材料来说明己方的观点。
>
> 此外,如果放映幻灯片、影片或录像带等,就要准备把这些文件及放映设备保留下来,以便让日方所有有关成员在以后查看。

课堂笔记

4. 公司高层不要参加谈判的最初阶段

与高层人物比较,那些没有权威的人反而能更容易令人心悦诚服地达成交易。因为在谈判的最初阶段,重要的是交换意见,讨论条件与要求,并随时准备做出让步。如果让公司的总裁或高级行政官员来做这些事,未免太大材小用了。

重要的是,双方谈判人员在授权上要平衡。如果一方的谈判人员的职务及其在本公司内的权力和影响超过另一方,那么这种不平等会对谈判产生不利影响。因此在与日方谈判时,必须清楚对手有多大权力,能做出什么决定,然后再来挑选己方的谈判人员。

5. 不要在谈判过程中增加人数

日方愿意自己一方人多,除了心理作用——人多会使对方感到紧张,另一个更直接的原因是,日本人在做出决定时,需要各个部门、各个层次的雇员参加。参加谈判的人越多,那些以后做出决定的负责人也就越容易达成一致意见。

6. 谈判小组中忌用律师、会计师和其他职业顾问

日方代表团不会包括这些人,许多日本人对律师总是抱着怀疑的态度,他们觉得那些每走一步都要先同律师商量的人是不值得信赖的。因此,只要可以不用律师做主要谈判人员,就不要带律师。此外,会计师和其他职业顾问也会妨碍与日方谈判的顺利进行。

7. 代表团中尽可能不包括年轻人和女性

在日本,一般情况下一个人只有为某个公司工作 15 年到 20 年以后,才会被授予代表其公司的权利。因此,日本人不愿意和对方的年轻人谈判,这除了受到日本社会上的年龄偏见的影响外,还有另外一个因素,就是日本人很难相信年轻的谈判者会有决策大权。他们感到和年轻人谈判是浪费时间,是有失尊严的。另外,由于很多日本企业奉行大男子主义,代表团中最好不要包括女性。

8. 忌中途更换谈判人员

日本人认为中途更换谈判人员,意味着缺乏一致性和诚意。他们觉得没有必要回到了解对方的第一阶段。

9. 低调

介绍情况应当低调,切忌夸张。

10. 不要当面或公开批评

注意不要当面或公开批评,如果他们在同事和对方面前丢了脸,会感到羞辱和不安。

有什么问题使对方感到不安或需要澄清,最好是在会谈之外正式提出来,如果属于棘手问题,就让中间人来提,这样会得

到较好的答复。

无休止的讨论、出于礼貌的保全面子、围绕问题谈来谈去和旁敲侧击等，都是日本人谈判准则的重要成分。在与日本人谈判的过程中，如果集体和谐的条件被破坏，谈判就会遭受失败。如果日本人觉得对方的行为对他们的和谐观念形成威胁，他们就不会信任对方，而把对方看成一个不可靠的贸易伙伴。

（二）和美国商人谈判的礼仪规范

美国是一个多种族、多文化的国家，但还是有它主流的商业文化。

1. 商务语言是美式英语

如果己方的英语水平不能应付复杂的商务谈判，最好雇用一名英语翻译。

2. 可以与美国商人直接进行接触，而不必通过中间人介绍

多数美国商人习惯与陌生人做生意。即使没有得到引见或者介绍，通常也能够直接进行预期的接触与合作。

一般来说，和美国客户打交道时，可以直接用英语发送一封信或电子邮件，介绍公司和产品的基本情况，陈述希望进一步接触和合作的愿望，并进行约定。之后打电话请求两三星期之后会晤。对方一般就会和己方约定时间和地点。

3. 注重生意

任务导向型的美国商人在谈判过程中更容易建立起信任和友善，因此，第一次和商务伙伴会面后，美国商人通常马上就开始谈生意。

4. 遵守时间

美国人的时间观念很强，遵守时间，珍惜时间，因而保证了谈判的高效率。因此与美国商人谈判必须遵守时间，办事必须高效。

美国商人或谈判代表注重预约，不喜欢事先没有联系，与突然闯进来的"不速之客"去洽谈生意。

5. 重视律师和合同的作用

美国商人非常重视律师和合同的作用。在谈判过程中，他们会尽可能地让律师参与其中。注重合同，严守合同信用，重视律师的作用和签订合同是美国人谈判的要诀，这既可以保证谈判的成功，又可以防患于未然。美国商人不相信人际关系，只承认白纸黑字、有法律保障的合同契约。

因此，同美国商人谈判时，要带上己方的律师。签订合同时也应当小心谨慎，考虑周全。美国的法律纷繁复杂，法律的执行也极为严格。因此，参加谈判的律师一定要熟悉美国法律。

课堂笔记

微课：和美国人谈判的礼仪规范

课堂笔记

微课：和英国人谈判的礼仪规范

资料卡

英国的办公时间

银行：星期一至星期五 09:30~15:30。

公司：星期一至星期五 09:00~17:00。

政府机关 星期一至星期五 08:00~13:00,14:00~17:30。

英国所有在职工作人员每年可享受6周的夏令假，休假时间从6月21日到9月8日。许多人都在七八月份外出旅游。因此，商务活动安排在2月至6月、9月中旬至11月最佳。如果其他时间前往贸易访问，需事先与有关公司和当事人联系，在圣诞节和复活节前后两星期要避免约见。

（三）和英国商人谈判的礼仪规范

与英国商人洽谈，要注意不卑不亢，并且以礼相待，遵守外交礼节，注意言谈举止的风度，因情制宜，灵活反应，这样，就可以逐渐缩短双方的距离。在谈判桌上，英国人建立人际关系的方式比较独特，开始时往往保持一定距离，而后才慢慢接近融洽。

1. 决策程序自上而下

英国商人比较看重秩序、纪律与责任，组织中的权力自上而下流动，等级性很强，决策多来自于高层。在对外商务交往中，英国人的等级观念使他们比较注重对方的身份、经历、业绩、背景，而不像美国人那样更看重对手在谈判中的表现。所以，在必要的情况下，派较有身份地位的人参加与英国人的谈判，会有一定的积极作用。

2. 时间观念强

英国人的时间观念很强，拜会或洽谈生意一定要提前预约，并准时到达，如果提前几分钟更好，这样会得到英国人的信任和敬重，因为英国人有按日程或计划办事的习惯与传统。在商务活动中英国人讲究效率，谈判大多进行得较紧凑、不拖沓。

3. 握手之后，递交名片

英国人名片上的头衔，不完全代表其实权地位，有些人虽挂名重要官员职衔，但不一定具有决策权。英国是个很重视资格的国家，通过有资格的人士介绍情况、联系业务以及进行人际往来，效果更佳。

4. 举止礼仪规范

除了握手以外，大多数英国人都避免在公共场合跟别人接触。例如，像美国一些习惯性的拍背、抓胳膊肘和搂肩膀的行为在英国都被认为是粗鲁的行为。非常直接的注视可能会被认为是鲁莽和冒昧的。

在称呼方面，初次与英国商人会面时，要使用先生、夫人和小姐等称呼。

5. 注意言谈

英国人很保守，沉默寡言，流行的谈话题目是天气。在同英国商人交谈时，忌讳涉及"爱尔兰前途"等敏感的政治话题。在与英国人谈判时，注意不要只管滔滔不绝地讲下去。因为按他们的文化习俗，打断别人的讲话是不礼貌的。当他们被迫听下去时，往往显得局促不安，眼睛发呆。此外，英国人素有绅士风度，谈判中即使形势对他们不利，仍然彬彬有礼。因此不能只看其表面上的风度而做出错误估计。

把英语作为母语的英国人总有点傲慢自负。因此，和英国人谈判时，最好是讲英语或带英语翻译。

项目二　商务会议礼仪　51

张小礼的成长

日本企业是男性占统治地位的机构，日本企业中大男子主义盛行，所以和日本企业谈判时，以男性负责人出面为佳。由于各国在历史、文化、宗教信仰等方面的差异，礼仪习俗也多有不同，所以在与不同国家和地区的商人打交道时，要知己知彼，了解和尊重对方的礼仪习俗，使商务活动以体面和友好的方式进行。

思考与训练

1.日本的钢铁和煤炭资源短缺，而澳大利亚盛产铁和煤，按理说，日方的谈判地位低，澳方在谈判桌上可以占据主动。日本的谈判代表把澳大利亚的谈判代表请到日本谈生意。到了日本，日本的谈判代表非常谨慎，讲究礼仪，让澳大利亚的谈判代表很满意，因而日本方面和澳大利亚方面在谈判中的相对地位就发生了显著的变化，澳大利亚的谈判代表过惯了富裕的舒畅生活，到了日本之后不过几天，就急于想回去，所以在谈判桌上常常表现出急躁的情绪，但是日本的谈判代表却不慌不忙地讨价还价，掌握了谈判中的主动权，结果日本方面仅仅花费了少量款待做"诱饵"就钓到了"大鱼"，取得了大量一般难以取得的成果。

分析日本方面取得大的谈判成果的原因是什么。

2.模拟谈判训练

任务背景：

天服进出口贸易公司与美国三一贸易公司进行有关童装出口的业务洽谈，双方的谈判准备在公司的会议室进行。主客双方主要参与谈判的人员各5名，天服进出口贸易公司要为此次谈判做一个周密的安排。

任务要求：

(1)布置谈判场景。

(2)根据谈判场景的变化做出主客双方的座次安排。

(3)为了顺利完成此次谈判，天服进出口贸易公司在礼仪方面要注意哪些问题？

任务三　掌握签字仪式礼仪

张小礼的思考

上次和日本公司的谈判很成功,为了表示重视,双方要举行一个签字仪式。陈经理安排张小礼担任助签,主要任务是站在己方签字者身旁,翻开文件指明签字处,并为已签署的文件吸墨防洇。看似简单的工作却让张小礼非常紧张,因为陈经理一再嘱咐她,一定要正确指明签字处,一旦签错位置文件就作废了。张小礼不明白,两个文件、四个签字,为何非要换来换去,文件不都一样吗?

任务目标

课堂笔记

☆ 了解签字仪式的基本内容及签字文本的准备过程
☆ 掌握签字厅的布置与座次安排原则
☆ 掌握出席签字仪式的人员安排方法
☆ 了解签字仪式的流程

一、签字仪式的基本内容及签字文本的准备

(一)签字仪式的基本内容

1. 签字仪式的概念

签字仪式通常是指订立合同、协议的各方在合同、协议正式签署时所正式举行的仪式。举行签字仪式,不仅是对谈判成果的一种公开化、固定化,而且也是相关各方对自己履行合同、协议所做出的一种正式承诺。签字仪式是一种比较隆重、正式的礼仪,礼仪规范比较严格。

2. 签字仪式的作用

(1)确认会谈文件的效力。签字是对特定的书面意见表示确认的行为。会谈中产生的正式文件只有经过会谈各方的签字

后才能生效。因此,会谈的最后文件一般都要举行签字仪式正式签署,以示确认并据此生效。从这一点上说,签字仪式是谈判型会议的延续。当然,并不是所有会谈的最后文件都需要举行签字仪式,文件只要签字和盖章,就具有了同样的法律效力。

(2)体现各方对会谈成果的重视。签字仪式是对会谈文件进行签字确认的一种比较隆重的形式,有时各方还会派出身份较高的领导出席,因此,只有在会谈各方对会谈成果满意时才会举行。

(3)见证和扩大影响。举行签字仪式时,签字各方都要派代表参加,有时还邀请第三方作为见证人,邀请记者前来采访并做宣传报道,既强化了见证作用,又扩大了影响,有利于树立签字各方的形象。

(二)签字文本的准备

签字文本是指记载各方达成共识和协议的文本,是签字仪式的主要对象。洽谈或谈判结束之后,双方应指派专人按达成的协议做好文本的定稿、确定使用的语言文字、确定正本和副本、核对、盖章、装订等工作,因为文本一旦签署即具备法律效力,所以,对待签字文本的准备工作要慎重严肃。

1. 定稿

定稿,即通过谈判和磋商的结果来确定文本及其表述,这是文本准备的前提。在会谈过程中,各方都可以提出会谈文件的草案,也都可以对具体条款和表述提出修改意见。因此,谈判的过程就是定稿的过程。只有在文本定稿后,才能举行签字仪式。

2. 确定使用的语言文字

对于涉外双方缔约,如果双方使用不同的语言文字,签字文本应当用双方的文字写成。按照主权平等的原则,两种文字书写印刷的文本具有同等的法律效力。必要时也可以使用第三种文字。根据《中华人民共和国缔结条约程序法》的规定,如我国与其他国家签订双边条约,双方均不大熟悉对方的语言,除了用双方的语言制作文本外,还可以用双方共同熟悉的第三种语言增加一种文本,并同样具有法律效力。例如,《中国尼泊尔边界条约》就是用中文、尼泊尔文、英文三种语言文字书写的,三种文本具有同等法律效力。

一些技术性较强的专门文件,经各方同意也可只用某一国

课堂笔记

资料卡

签字的种类

签字既是一种非常常见和实用的仪式,又是一种纯礼仪仪式。

(1) 从礼仪角度考虑,国家间通过谈判就政治、军事、经济、科技等某一领域的问题相互达成某项协议,缔结条约或公约,一般需要举行签字仪式。

(2) 当一国领导人访问他国,经双方商定达成共识,发表联合公报,有时也举行签字仪式。

(3) 各地区、各单位在与国外各部门的交往中,通过会谈、谈判,最终达成的有关合作项目的协议、备忘录、合同书等,通常也举行签字仪式。

(4) 业务部门之间签订的协议,一般不举行签字仪式。

际通用语言书写。

3. 确定正本和副本

(1)正本的确定。正本,即签字文本,它与文字文本是两个不同的概念。国际性多边会谈的最后文本可以使用多种文字书写和印刷,形成多个文字文本。缔约各方可以在每一种文字文本上签字,也可以仅在一个共同商定的文字文本上签字。因此,文字文本不一定都能成为签字文本。例如,《保护工业产权巴黎公约》的文字文本有法、英、德、意、葡、俄、西班牙文等,但签字文本只有法文文本一个。

(2)副本的确定。正本用于签字后由各方各自保存,或由专门的机构保存。但有时为了方便工作,也可以印制若干副本。副本的法律效力、印制数量和各方保存的份数,由缔约各方根据实际需要协商确定,并在条款中加以说明。一般情况下,副本不用签字、盖章,或者只盖章、不签字。

4. 核对

在准备过程中,除了要核对协议条件与文本的一致性以外,还要核对各种批件、许可证及相关文件是否齐全,合同内容与批件内容是否相符等。在审核文本时,必须对照原稿件,做到一字不漏,如果在审核过程中发现问题要及时通报,直到问题解决,并相应调整签约时间。协议涉及几个利益方就要为签字仪式准备几份文本,如有必要,还应为每一方提供一份副本。

5. 盖章

为了保证文本在签字后立即生效,一般在举行签字仪式前,应先在签字文本上盖上双方印章,这样,文本一经签字便具有了法律效力。

6. 装订

签字文本应该装订成册,其规格一般是大八开,以示郑重。

二、签字厅的布置与座次安排

(一)签字厅的布置

1. 签字场地的选择

签字场地一般安排在会议厅、会客室。场地的大小与规格视参加签字仪式的人员身份、人数以及协议中内容的重要程度来确定。场地的选择应征询各方的意见。

2. 签字厅的布置要求

布置签字厅的原则是庄重、整洁、安静。

(1)签字厅的陈设

一间标准的签字厅,室内应当铺满地毯,除了签字必要的桌椅外,其他的一切陈设都不需要,正规的签字桌应为长桌,桌上最好铺设深绿色的台布。

(2)签字桌椅的摆放

签字桌应面向媒体或观众摆放,后面可根据签署协议的人数摆放适量的座椅。签署双边性合同、协议时,可放置两张座椅,供签字人就座。签署多边性合同、协议时,可以仅放一张座椅,供各方签字人签字时轮流就座,也可为每位签字人都提供一张座椅。

(3)待签文件及相关物品的摆放

在签字桌上,应事先摆放好待签文件以及签字笔、吸墨器等签字时所用的文具。签字桌上可放置各方签字人的席卡。席卡一般写明签约的国家或组织的名称、签字人的职务及姓名。涉外签字仪式应当用中英文两种文字标示。

(4)国旗的插放

与外商签署涉外商务合同时,需在签字桌上插放有关各方的国旗。插放国旗的位置与顺序,必须依照礼宾顺序而行。例如,签署双边性合同、协议时,有关各方的国旗需插放在该方签字人座椅的正前方。如签署多边性合同、协议等,各方的国旗应依一定的礼宾顺序插放在各方签字人的身后。

(5)会标

签字仪式的会标要求醒目,一般写法有以下两种:

①由签约双方名称、签字文本标题和"签字仪式"或"签约仪式"构成。

②由签约各方的名称、签约内容和"签约仪式"构成。

(二)签字厅的座次安排

1. 出席的人数与身份要求

参加签字仪式的双方(或多方)人数应大体相当。除了签字人以外,为了体现对此次商务活动、签订协议的重视,一般会邀请更高级或更多的领导人和相关人员参加签字仪式,这时双方参加的人数和出席者的身份应协商确定,大致相同。

2. 签字场所的桌台设置和座次安排

签字场所的桌台设置和座次安排通常有以下几种：

(1)在签字厅内设置一张长条桌作为签字桌，桌后为签字人员准备两把或多把座椅，注意按照国际惯例，排位方式为主左客右。如果是涉外签字仪式，还应在签字桌中央摆放一旗架，上面悬挂或插放签字双方的小国旗。其余参加签字仪式的主客方代表依身份高低分别站于己方签字人的座位后面，如图 2-14 所示。在我国，签字仪式多采用这种形式。

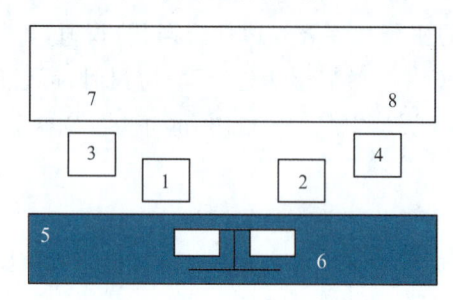

图 2-14　签字厅的座次安排(1)

1—客方签字人　2—主方签字人　3—客方助签人
4—主方助签人　5—签字桌　6—双方国旗
7—客方参加签字仪式人员　8—主方参加签字仪式人员

(2)与第一种形式不同的是双方的国旗分别悬挂在各自签字人员的座位后面，其余参加签字仪式的人员依身份高低分坐于己方签字人的对面，如图 2-15 所示。

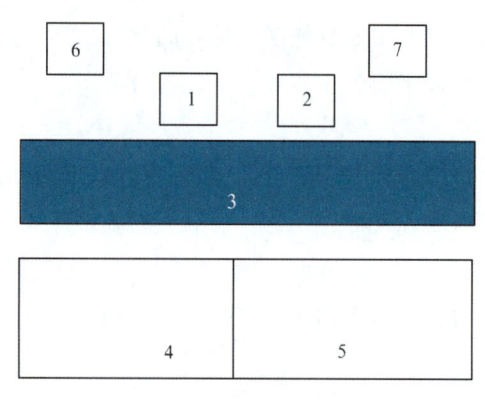

图 2-15　签字厅的座次安排(2)

1—客方签字人　2—主方签字人　3—签字桌
4—客方参加签字仪式人员　5—主方参加签字仪式人员
6—客方国旗　7—主方国旗

（3）签字厅内设两张或多张桌子为签字桌，按照国际惯例，主左客右，双方签字人各坐一桌，小国旗分别悬挂在各自的签字桌上。参加签字仪式的人员依顺序分坐于己方签字人的对面，如图 2-16 所示。

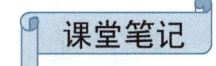

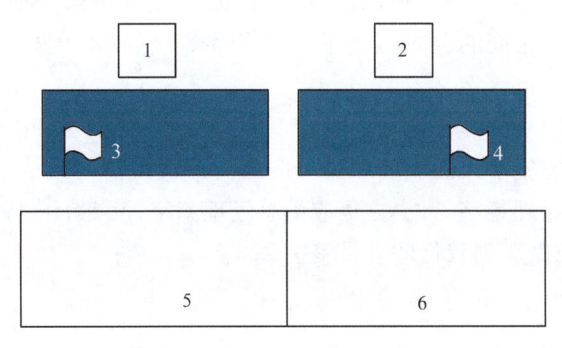

图 2-16　签字厅的座次安排（3）
1—客方签字人　2—主方签字人　3—客方国旗
4—主方国旗　5—客方参加签字仪式人员
6—主方参加签字仪式人员

（4）多边签字时，只签 1 份正本。签字人员座次可按国家英文名称开头字母顺序排列。排列最前的国家居中，其余按先右后左的顺序向两边排开。参加人员按身份高低从前向后就座，如图 2-17 所示。

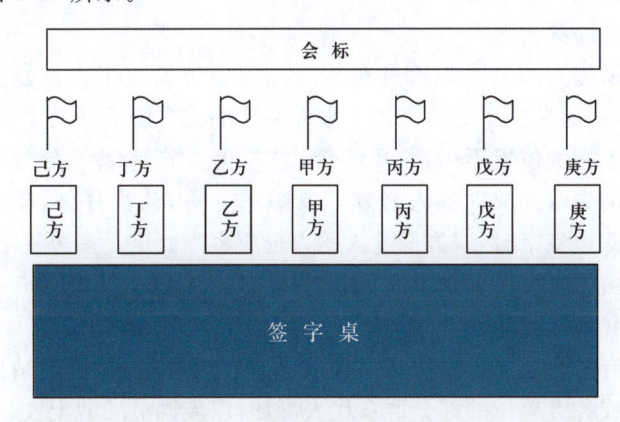

图 2-17　签字厅的座次安排（4）

在整个签字仪式完成之前，参加仪式的各方人员都应平和微笑并直立站好，不宜互相走动谈话。

三、出席签字仪式的人员安排

在举行签字仪式之前，有关各方应预先确定好参加签字仪式的人员，客方尤其要将自己一方出席签字仪式的人数提前告知主方，以便主方安排。

> 课堂笔记

(一) 签字人

签字人要符合以下条件:

1. 具有法定资格

各方签字人必须具有代表一级政府或一个组织的法定资格。企业之间的合同,必须由法人代表签字,或者由法人代表所委托的人员签字。

2. 规格相等

各方签字人的职务和身份应当一致或大体一致。例如,一方由总经理签字,另一方也应由总经理签字,没有十分特殊的情况,不应派级别较低的人员签字。

(二) 其他参加签字的人员

1. 领导人

为了表示对谈判成果的重视和庆贺,签约各方也可以派出身份较高的领导人出席签字仪式,但应当注意各方领导人的身份和职位大体一致。

2. 见证人

见证人主要是指参加会谈的人员,各方人数应当大致相等。有时也可邀请保证人、协调人、律师、公证机关的公证人员等参加。

3. 助签人

助签人的主要职责是在签字过程中帮助签字人员翻揭文本,指明需要签字之处。由于涉外签字的文本由不同文字印成,各方签字的位置不一,一旦签错,文本就会作废,甚至导致签字仪式的失败。故助签人必须非常熟悉业务,认真仔细,忠实可靠。双边签字时,双方助签人的人选应事先商定。多边签字时,也可由主方派一名助签人,依次协助各方签字。

4. 群众代表

有时为了充分发挥签字仪式的宣传教育作用,可邀请主办单位或各方单位的部分群众代表参加,以鼓舞员工的士气。

5. 主持人

如果签字仪式中安排了各方领导致辞等活动,应当同时安排一位主持人,通过他来向全体参加人员介绍致辞人的身份。主持人一般由主办单位一方的人员担任,但应当同其他各方协商主持人的确定情况。

四、签字仪式的流程

签字仪式阶段是双方最为关注的阶段,虽然签字仪式的时间不长,但它是合同、协议签署的高潮,其程序规范、庄重而热烈。签字仪式的流程如图 2-18 所示。

出席签字仪式的人员入席 → 签字人签署文本 → 交换合同文本 → 合影留念 → 有秩序退场

图 2-18 签字仪式的流程

(一)出席签字仪式的人员入席

(1)有关各方人员进入签字厅后,在指定的位置上坐好。按照国际惯例,签字者按照主居左、客居右的位置入座,其他陪同人员则分为主客双方,以各自职位、身份高低为序,自左向右(客方)或自右向左(主方)排列,站于己方签字人之后,或坐在己方签字人的对面。

(2)双方助签人分别站在己方签字人的外侧,协助翻揭文本,指明签字处,并为已签署的文件吸墨防洇。

(二)签字人签署文本

1. 两国间举行签字仪式

两国间举行签字仪式时,先在本国保管的文本上签字。由本国代表优先在本国保存的文本上方签字的形式称为"优先签字"。

一般来讲,签字人签署文本通常的做法是先签署己方保存的合同文本,再接着签署对方保存的合同文本,这一做法在礼仪上称为"轮换制",它的含义是:在位次排列上,轮流使有关各方有机会居于首位一次,以显示机会均等,各方平等。

在对方文本上签字后,由己方签字人和对方签字人互换文本,而不是由助签人代办。

2. 多国间举行签字仪式

多国间举行签字仪式时,通常按国家英文名称的开头字母排列顺序进行。

(1)本国代表应优先在本国保存的文本上签字,位置在签字处的最上方。

(2)各国签字人必须分别在每个国家的文本上签字。

(三)交换合同文本

双方签字人在正式交换已经有各方正式签署的文本后,应热烈握手，互致祝贺，并相互交换各自使用过的签字笔，以示纪念。这时全场人员应该热烈鼓掌，表示祝贺。

(四)合影留念

有的签字仪式允许从头至尾的拍照，但有的只允许拍摄其中某一场面。不论哪种要求，在会见外宾时如安排中外双方人员合影留念，一般应请双方人员排成一排，客方人员按其身份自左至右居于右侧，主方人员按其身份自右至左居于左侧。若一行站不开，则可参照"前高后低"的规则，排成两排或三排。

(五)有秩序退场

合影留念之后先请双方最高领导人及客方退场，然后东道主再退场。整个签字仪式的时间以半小时为宜。

张小礼的成长

交换文本是签字仪式中的重要环节，通过交换文本，双方一方面交替在文件签署中的位置，另一方面也体现了友好尊重、互相合作的态度，体现了利益共享、公正公平的交往原则。

思考与训练

1. 简述签字文本的准备过程及注意事项。
2. 模拟签字仪式训练。

任务背景：

天升公司准备与远道而来的俄罗斯客商签订一份合作协议，作为主方，你将组织这次签字仪式。

(1) 你将对签字厅的陈设与布置提出哪些要求？

(2) 学生分别扮演签字双方相关角色，然后根据签字仪式的一般程序模拟举行签字仪式，其他同学运用所学知识加以点评。

03

SHANGWUJIAOWANGLIYI

项目三
商务交往礼仪

素质点

◆ 培养服务意识，学会尊重他人、体谅他人、换位思考。

◆ 把握"尊者优先"原则在各种商务交际场合的应用技巧。

◆ 认识个人礼仪修养对于塑造良好企业形象、营造和谐工作氛围的重要性。

◆ 发现中华优秀传统交往礼仪细节之美。

项目三　商务交往礼仪　63

任务一　掌握接待礼仪

张小礼的思考

张小礼带着公司的司机到机场迎接一位来访客户及他的助理，上车时张小礼主动打开车门让客户坐在副驾驶的位子上，自己和他的助理坐在后排。到了公司以后，不知道为什么张小礼感觉客户不太高兴，哪里出了什么问题吗？

任务目标

☆ 了解接待前的各项准备工作
☆ 掌握客户接待各环节的礼仪规范
☆ 了解乘车座次礼仪
☆ 掌握会晤接待的座次安排

课堂笔记

"有朋自远方来，不亦乐乎"，接待来访的客户是企业商务活动最基本的形式和重要的环节，是表达主人情谊、体现礼貌素养和企业形象的重要方面。礼貌迎接客户，让来访的客户感到备受尊重，能给对方留下良好的第一印象，为下一步深入接触打下基础。良好的接待礼仪能为企业留住"回头客"，广交朋友，为企业建立良好的公共关系。

一、接待前的准备工作

（一）拥有积极心态

对来访的客户要有"感谢光临"的积极心态。无论来访的客户是有预约的还是未预约的，是易于沟通的还是脾气急躁的，接待人员都要通过自己的言行举止让客户感到自己是受到欢迎和重视的。每一个接待人员在客户眼中都代表着企业，所以接待

> 课堂笔记

人员要有职业素养和专业精神,善于控制自己的情绪,学会理解他人,换位思考。

(二)了解来宾的基本情况

对来宾的具体人数、负责人,来宾(特别是主宾)的姓名、国别、性别、年龄、单位、部门、职务、职称、专业、专长、兴趣爱好等信息,了解得越详细,越有利于做好接待工作。

如果是以前接待过的老客户,那么在接待规格等方面要注意前后一致。

对来宾来访的目的、时间、行程、公务之外的安排等信息要尽早了解,这样在安排活动时能够有所兼顾。

(三)了解自己和对方企业的情况

接待人员要熟悉本企业的发展历史、产品特点、规格、种类、各部门设置及领导、职工的情况;准备与接待有关的各项资料:如当地宾馆、名胜古迹、游览路线、娱乐场所的名称和地点以及本市的政治、经济、文化等情况。了解对方所在国家或所在城市的风土人情、所在企业的企业文化、主要产品等知识,能够让对方感到亲切,产生好感,也为接待过程提供"谈资"。

(四)布置好接待环境

接待环境包括前台、会客室、办公室、走廊、楼梯等处,应该保持清洁、整齐、明亮、美观,无异味。会客室桌椅要摆放整齐,桌面清洁,没有水渍、污渍。桌上可摆放一些介绍企业情况的资料。茶具、茶叶、水要准备齐全。会客室的照明及空调设备要处于正常状态。会客室的最佳温度是 24℃ 左右,一般不要低于 18℃,不要高于 30℃,湿度最佳在 50% 左右。

客户走后,要及时清理会客室,清洗茶具、烟灰缸,换空气,然后关好门,为迎接下一批客户做好准备。

(五)确定接待规格

在接待来宾之前应明确接待规格。

(1)一般情况下,主陪和主宾的级别应该相当。

(2)主陪级别高于主宾级别,接待方通过这种方式表达对来访客户的高度重视。

(3)主陪级别低于主宾级别,一般在上级领导或总公司负责人视察下级分公司的工作时,接待方的级别显然要低于来宾的级别,对于这样的情况,要更加充分做好准备工作。

(六)制订接待计划

对于重要的来访,要制订详细的接待计划,包括迎送方式、交通工具、食宿安排、工作日程、会谈会见、经费开支、人员安排等。

阅读材料

接待的类型

根据不同的标准，可将接待工作划分为不同的类型。

(1)按来访者的国别分类，接待可分为内宾接待和外宾接待。

内宾接待是指接待国内的来访者，包括本系统内外的所有个人或集体来访者。内宾接待工作一般由秘书人员或专职接待人员负责，如果有重要的来访者，本单位领导应出面接待。

外宾接待是指接待境外来访者，包括接待海外侨胞和港澳台同胞。接待对象可能是政府官员、代表团，也可能是商人、专家或学者。外宾接待，事先应有计划并报上级主管部门批准。接待工作一般由领导负责，秘书人员协助。在接待过程中，秘书人员要注意礼仪，生活安排也要顾及外宾的民族或地区的风俗和饮食习惯。

(2)按来访者事先是否预约分类，接待可分为有约接待和无约接待。

有约接待是指对事先与本单位有约定的来访者的接待。这种接待应该比较正规，在程序上应周密布置，在人力、财力、物力上应有充分准备，不应该遗忘或出现差错。

无约接待是指对事先与本单位无约定的来访者的接待。在无约接待中，秘书要随机应变、灵活处理，既不失礼貌风度，又不能让无约来访者耽误领导和自己的正常工作。

二、见面中的礼节

课堂笔记

（一）迎接

接待人员看到来访的客户进来时，应马上放下手中的工作，站起来，面带微笑，有礼貌地向来访者问候。见到客户的第一时间，应该马上做出如下的动作表情，我们简称为3"S"：Stand up（站起来）、See（注视对方）、Smile（微笑）。

1.基本的迎客语言

"您好，欢迎您！"

"您好，我能为您做些什么？"

"您好，希望我能帮助您。"

对于来访的客户，无论是事先预约的，还是未预约的，都应该亲切欢迎，给客户一个良好的印象。

2.在办公场合迎接客户时

如果客户进门时接待人员正在接打电话或正在与其他的客户交谈，应用眼神、点头、伸手表示请进等肢体语言表达已看到对方，并请对方稍候，不能不闻不问或面无表情。

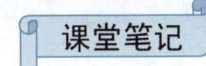

课堂笔记

小看板
接机小常识

客人经过长时间的飞行,下机后一般比较疲惫,特别是从国外来的客人还有时差的问题,所以陪同客人坐车时不要滔滔不绝、过于热情,但是也不能一言不发或者只和司机聊天,可以稍微寒暄几句,然后让客人休息,快到目的地时再提醒客人。长途飞行后为客人准备矿泉水比较适宜。

小看板
接待中的茶礼

泡茶,使用干净的茶杯,倒入三分之二热水,给多人泡茶时注意大家的茶叶量与水量一致。切忌茶水太满。

上茶,双手端出,从客人正面上茶时,茶杯放置在客人中间靠右手边,从客人后面上茶时,从客人右肩端出放置右手边,距离桌边十厘米左右,以免碰落。为客人上茶时切忌把茶杯从客人的头上掠过,或者把茶杯放在客人的资料上。

续茶,洽谈开始后 30 分钟～40 分钟从客人右边续茶,洽谈时间超过一个半小时,可更换茶叶。

如果手头正在处理紧急事情,可以先告诉对方:"对不起,我手头有紧急事情必须马上处理,请稍候",以免对方觉得受到冷遇。

3. 在机场等地迎接客户时

如果需要在机场、车站等地迎接客户,要使用接站牌便于客户识别,见到客户后要主动自我介绍,主动寒暄:"您好,欢迎光临!""您好,路上辛苦了!""很高兴再次见面!"等,帮助客户提大件行李,客户随身的小包和外套不要随便代拿。把客户送至接站的车辆或帮助客户叫好出租车。

(二) 引领

接待人员在问清来访者的身份、来意后,需要上司出面会见或其他部门人员出面会见的,接待人员要在请示上司并得到同意后,为其引见。

(1) 接待人员在带领来访者时,要配合对方的步幅,在对方左侧前一米处引导。在引路时,上身稍向右转,侧身向着对方,保持两三步距离,可边走边向对方介绍相关情况。转弯或上楼梯时,要有提示。

(2) 如要乘电梯,则应先告诉客户楼层,然后在电梯侧面按住按钮,请客户先入电梯,接待人员进去后再按楼层键;下电梯时也应请客户先行。

(3) 到达会客室或上司办公室前要指明"这是会客室"或先说声"这里就是……"进门前应先叩门表示礼貌。得到允许后,把门打开,示意"请进"。如果门是向外开的,接待人员拉开门后,侧身在门旁,用手按住门,让客户先进入;如果门是向内开的,接待人员推开门后,自己先进入,按住门后再请客户进入,等客户进入后再关上门。

(4) 到会客室或办公室后,要引导客户就座,用手势示意客户,请客户坐在上座。一般离门较远的座为上座。长沙发和单人沙发中,长沙发为上座。

(5) 客户落座后,接待人员要用干净水杯为客户倒好茶水并双手递上,手指不能触及杯口,并有礼貌地说:"请用茶"。

接待人员引领来访者进入会客室或办公室后,当上司与来访者双方见面时,如果是第一次来访的客人,应由秘书将双方的职务、姓名、来访者的单位和来访的主要目的做简单的介绍。如果双方已是熟人,多次见面打过交道,则可免去这一过程。

(三)送别

当接待人员与来访者交谈完毕或上司与来访客户会见结束后,接待人员要礼貌地送别客户。"出迎三步,身送七步"是迎送宾客最基本的礼仪。

当客户起身告辞时,应马上站起来相送。一般的客户送到楼梯口或电梯口即可,重要的客户则应送到办公楼外或单位门口。主动帮助宾客确认并拿取所携带的行李物品,安放好行李后,向宾客做一下交代,并帮助宾客小心提送到车上。接待人员和上司一起送客时,要比上司稍后一步。要施礼感谢光临和致告别语,如"祝您旅途愉快,欢迎下次再来!""祝您一路平安,同时希望我们合作愉快!"等。帮助客户关好车门后,不能马上转身就走,而应等客户的车辆启动时,面带微笑,挥手告别,目送车子离开后才能离开。

如果以小轿车送客,还要注意乘车的座次。

三、乘车座次礼仪

在商务迎送活动中,主客乘坐轿车也有一定的礼仪规范。乘车出行时,对座位的安排原则上以后排为尊,并排时以右座为尊。按照开车人的身份和车的类型不同又有不同的安排方式。

(一)由专职司机驾驶

由专职司机驾驶时,车辆座位安排由高而低的顺序排列如图 3-1 所示,以数字代表位次,位次从高到低依次为 1、2、3、4……

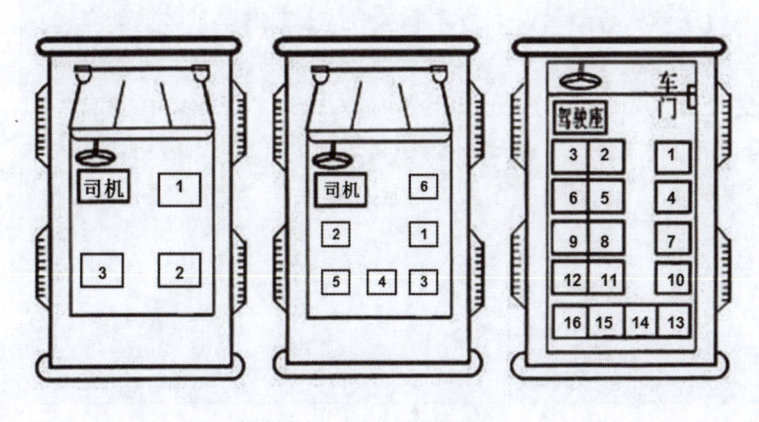

图 3-1 由专职司机驾驶

课堂笔记

小看板

如果主人夫妇开车接送客人夫妇，则男女主人坐在前排，请客人夫妇坐在后排。若主人一人开车接送一对夫妇，则男宾应就座于副驾驶座上，而请其夫人坐在后排。

（二）主人亲自驾驶

若主人亲自驾驶，客人应以礼回敬，此时客方位次最高的客人应主动就座于副驾驶的位置。这样体现了地位平等、友好尊重之意。按照主人驾车的情况，座位安排以数字代表位次，如图 3-2 所示。

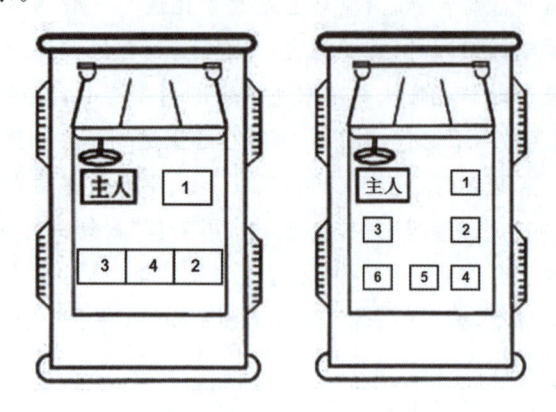

图 3-2 主人亲自驾驶

（三）宾主不同车时

宾主不乘坐同一辆轿车时，依照礼仪规范，主人的车应行驶在前，目的是开道和带路。若宾主双方的车辆不止一辆，依旧是主人的车辆在前，客人的车辆居后。如果是多辆轿车同行，主方要派一辆车跟在车队的最后面行驶，以防止客方的车辆掉队。

阅读材料

苏东坡轶事

一年秋天，被贬黄州的苏东坡到一座山上的寺庙里游玩。接待他的方丈说了一声"坐"，又吩咐小和尚"茶"。俩人谈了一会，方丈觉得面前的施主谈吐不俗，才华峥嵘，便又恭敬了一回，说"请坐"，又吩咐小和尚"上茶"。俩人又谈了一会儿，当方丈听说面前的人就是大名鼎鼎的苏东坡时，不由大加恭敬，连声说"请上坐"，吩咐小和尚"上香茶"。后来苏东坡要回去了，方丈便求字。苏东坡拿起毛笔，饱蘸浓墨，在白纸上写下：

坐，请坐，请上坐。
茶，上茶，上香茶。

四、会晤接待的座次安排

会晤时的座位安排是接待工作中很重要的一个细节。处理这一问题时,一方面要注意把"上座"让给来宾就座;另一方面,在就座之时,为了表示对客人的敬意,主人应请客人先行入座。所谓"上座",通常是指:

(1)主客并排就座时的右座(在涉外商务活动中)。
(2)距离房门较远的座位。
(3)宾主对面就座时面对正门的座位。
(4)居于中间的座位。
(5)安放在会议室背景墙下的座位。
(6)较为舒适的座位,如沙发和椅子,则沙发为"上座"。

(一)相对式

相对式排座,指的是宾主双方面对面就座。此种方式显得主次分明,往往利于宾主双方公事公办,保持适当距离。它多用于公务性会晤,具体又分为以下两种情况:

1. 面门为上

双方就座后,一方面对正门,另一方则背对正门。此时讲究"面门为上",即面对正门之座为上座,应请客方就座;背对正门之座为下座,宜由主方就座,如图3-3所示。

图3-3 面门为上

2. 以右为上

进门时以右侧之座为上座,应请客方就座;主方就座在左侧,如图3-4所示。

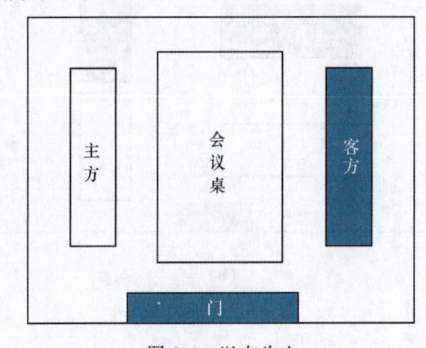

图3-4 以右为上

> 课堂笔记

(二)并列式

并列式排座,指的是主客双方并排就座,以暗示彼此双方"平起平坐",地位相仿,关系密切。它多适用于礼节性会晤,分为以下两种情况:

1. 双方一同面门而坐

涉外活动时讲究座位"以右为上",即主人宜请来宾就座于自己的右侧。若双方人员不止一名时,其他人员可各自分别在主人或客人一侧按其地位、身份的高低,依次就座,如图 3-5 所示。

图 3-5 双方一同面门而坐

2. 以远为上

这种情况是宾主双方一同在会议室内的右侧或左侧就座。此时讲究"以远为上"或"内侧高于外侧",即应以距门较远之座为上座,将其留给来宾;以距门较近之座为下座,而将其留给主人,如图 3-6 所示。

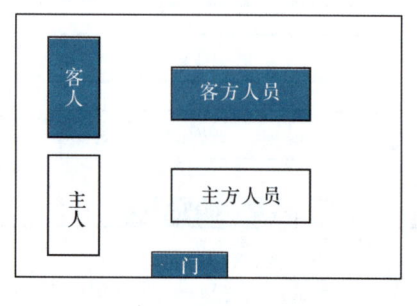

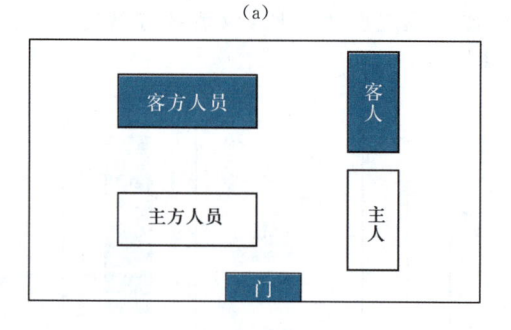

(a)

(b)

图 3-6 以远为上

(三)主席式

主席式会见是指主方在同一时间、同一地点正式会见两方或两方以上的来宾。主人坐在长桌或椭圆桌的尽头,而请其他来宾就座于桌子的两侧,如图3-7所示。

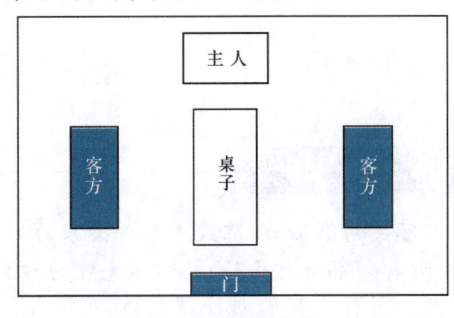

```
        ┌──────┐
        │ 主人 │
        └──────┘
    ┌──┐ ┌──┐ ┌──┐
    │客│ │桌│ │客│
    │方│ │子│ │方│
    └──┘ └──┘ └──┘
         ┌──┐
         │门│
         └──┘
```

图3-7 主席式会见

(四)自由式

自由式排座是指进行具体会晤之时不进行正式的座次排位,而由主宾各方的全体人员自由择座。它多适用于各类非正式会晤或者非正式举行的多边性会晤。

> **张小礼的成长**
>
> 汽车上的位次礼仪以安全便利为原则,如果是主人亲自开的车,那么副驾驶的位置是尊位,可以安排重要的客人。但如果是专职司机开车,则后排右侧是尊位。在这次接待中,主宾被安排在了专职司机的旁边,感受不好,也许会影响后面的商务活动。

思考与训练

1. 如果有几个重要客户要来你的公司拜访,公司派你做接待,你应该事先了解哪些情况?提前做哪些方面的准备?
2. 学生分为几组,分别扮演拜访方成员与接待方成员,模拟演示以下情境:
(1)在门口迎接客人;
(2)引导客人前往接待室;
(3)为客人奉送热茶;
(4)送别客人。
演示结束后,可互换角色再次演示,教师进行点评。
3. 完成以下几种情境时的乘车座次安排。
(1)客方经理1人,接待方经理1人,秘书1人,司机1人。
(2)客方经理1人,秘书1人,接待方经理1人并负责驾车。

任务二　掌握交际礼仪

张小礼的思考

张小礼所在部门的人际关系很融洽,陈经理称呼大家的时候,都把姓略去了,直呼其名。听着大家喊自己"小礼",张小礼的心里美美的、暖暖的。有一天,华光公司行政部的刘经理到访,张小礼给她倒茶的时候脑子一热,亲切地喊了一声"刘阿姨请喝茶"。刘经理和陈经理都轻轻皱了一下眉头,特别是刘经理感觉好像有点奇怪。张小礼看着和自己妈妈差不多年龄的刘经理,心想:"我哪儿做错了呢?"

任务目标

课堂笔记

☆ 掌握商务交际场合称谓礼仪规范
☆ 掌握商务交际场合介绍礼仪规范
☆ 掌握商务交际场合名片礼仪规范
☆ 掌握商务交际场合电话礼仪规范
☆ 掌握电子邮件礼仪规范
☆ 掌握办公室基本礼仪规范

在日常工作中,商务人士往往需要会见各式各样的客人。在会见客人时,称呼对方、相互介绍、递送名片是见面时几个相互联系的环节,每一个环节都有基本的礼仪规范。合乎礼仪的会面,是给对方留下良好第一印象的关键,能为人们的进一步交往打下良好基础。

一、称谓礼仪

人们在日常生活和社会交往中,与人碰面打招呼、登门拜访、为别人做介绍等首先遇到的问题就是如何称呼对方。在比较正式的场合,对别人称呼不得当,就显得有失礼貌,有时甚至会带来不利影响,一个恰当的称谓往往是成功交往的开始。在不同交际情境下,人们之间的称谓方式也各有不同,有的显得郑重其事,有的显得亲切自然。

(一)职务性称谓

这是一种比较正式的称谓方式,见面时以交往对象的职务相称,以示身份有别、敬意有加。

职务性称谓,一般有三种情况,见表3-1。

表3-1　　　　　　　　职务性称谓

职务性称谓类型	举　例
职　务	董事长、经理、主任
姓氏＋职务	赵经理、李主任
姓名＋职务	王××部长、李××总裁

在汉语中职务性称谓分得较细,部长、局长、处长、科长等各级别称谓不同,在英语中,职务性称谓比较简单,chief、director 和 president 是使用最为广泛的称谓语。

(二)职称性称谓

在工作场合,对于具有职称的客人,尤其是具有教授、总工程师等职称者,职称性称谓是最恰当的,如"冯教授""陈工程师"或简称"陈工"等,见表3-2。如果在职称前加上姓名全称,如冯×教授、陈××工程师,在正式场合显得郑重其事。

表3-2　　　　　　　　职称性称谓

职称性称谓类型	举　例
职　称	教授、律师、工程师
姓氏＋职称	冯教授、陈工程师(或简称陈工)
姓名＋职称	马××教授、杜××主任

汉语中的职称性称谓要多于英语,英语中最常用的职称性称谓是"教授",而汉语中除"教授"外,"工程师""研究员""编辑""医师"等职称也常被使用。

(三)学衔性称谓

以学衔作为称谓,可增加被称呼者的权威性,有助于增强现场的学术氛围。以学衔相称,一般有三种情况,学衔性称谓见表3-3。可以仅称学衔,如博士;可以在学衔前加上姓氏,如张博士;也可以在学衔前加上姓名,如方××博士。但称呼其学位时,除博士外,其他学位(如学士、硕士)不能作为称谓来用。如果将学衔具体化,则说明其所属学科,并在其后加上姓名,如工学博士方××。

表3-3　　　　　　　　　学衔性称谓

学衔性称谓类型	举　例
学　衔	博　士
姓氏＋学衔	方博士
姓名＋学衔	方××博士

(四)行业或职业称谓

在工作中,有时可以按交往对象所在行业和所从事的职业来称谓对方,见表3-4。如将医护人员称为医生或大夫、将教师称为老师。在汉语中,人们习惯将大众心目中有地位的职业当成称谓语,如老师、医生、工程师、律师、警官等。

表3-4　　　　　　　　　行业或职业称谓

行业或职业称谓类型	举　例
直接称呼职业	老师、大夫、警官
称呼姓氏＋职业	张老师、王大夫、刘警官
称呼姓名＋职业	张××老师、王××大夫、刘××警官

(五)性别性称谓

在商务交往(尤其是国际商务交往)以及其他一些社交场合和公文、公函中,一般约定俗成地按性别的不同分别称呼"小姐""女士""先生"等。其中,"小姐"是称未婚女性;"夫人"是称已婚女性;"女士"是对女性的一种尊称。有时性别前面还可以冠以职务、姓名、头衔等,例如,总经理先生、××夫人、市长先生。

在汉语中,除了上述与英语相同的性别性称谓外,还可用"同志""师傅"等中性称谓语,在非正式场合还可使用一些拟亲属称谓的性别性称谓,例如,对于与父母同辈的男性可称"叔叔"或"大伯",女性则可称"阿姨"。不同年龄的人此类称呼不同。拟亲属称谓是我国的传统习俗,体现了我们民族的文化内涵,能使被称呼者感到尊重和亲近,拉近交往双方的心理距离,从而收到良好的交际效果。

(六)姓名性称谓

在工作岗位上称呼姓名,一般限于同事、熟人之间。其具体方法有三种:一是直呼姓名;二是只呼其姓,不称其名,但要在其前面加上"老""小"等。如"老王""小李"等;三是只称其名,不呼其姓。通常限于上级称呼下级、长辈称呼晚辈之时,在亲友、同事、邻里之间,也可以使用这种称谓。

在人际交往中,选择正确、适当的称谓,不仅反映着自身的修养和对对方尊敬的程度,而且还体现着双方关系发展所达到的程度和社会风尚。

因此,选择称谓要合乎常规,要照顾被称呼者的个人习惯,并且入乡随俗。当不能确定哪种称谓比较适宜时可使用正式的称谓,也可直接问对方该怎样称呼为好。

课堂笔记

阅读材料

世界各国的姓名排序与用法

1. 姓前名后

姓前名后的形式多在朝鲜、越南、日本、蒙古、阿富汗、匈牙利及我国通行。朝鲜、越南的姓名习惯与我国相同,日本最常见的是四字组成的姓名,前二字为姓,后二字为名。一般口头称呼姓,正式场合称呼全名。

2. 名前姓后

名前姓后的形式多在欧美国家通行。口头称呼一般称姓,正式场合则用全称。大多数欧美人的姓是一个词,而名则由两个或更多的词组成。

法国人往往把自己尊重的知名人士或家中某一个人的名字加进自己的名字中以示敬重或纪念,但别人称呼或书写时则只用其为首的本名。例如,戴高乐的全名是夏尔·安德烈·约瑟夫·玛丽·戴高乐,但一般人都称他为夏尔·戴高乐。

3. 有名无姓

有名无姓的形式在缅甸、印度尼西亚最有代表性。

缅甸人有名无姓,但通常在名字前面加个称呼,表示此人的长幼、性别和社会地位。对年纪较大的人名前加"吴",意为"先生"和"伯叔";对平辈或青年人称"郭",即"大哥"的意思;对幼辈或少年称"貌",即"小弟"的意思;对年轻的姑娘,一般称"玛",为"姑娘、姐妹"的意思;对年纪较大或有地位的妇女称"杜",意为"姑、姨、婶"。

二、介绍礼仪

介绍是陌生人见面时相互了解的基本方式,在商务交往中,两个不相识的人要想彼此认识,最简单快捷的方法就是进行自我介绍。有时还要作为中间人,把自己的一个朋友介绍给另一个朋友,有的时候在聚会上要把自己介绍给大家,所以介绍礼仪不可不知。

(一) 自我介绍

自我介绍就是在必要的社交或商务场合,把自己介绍给他人,以使对方认识自己。恰当的自我介绍,不但能增进他人对自己的了解,而且还能产生出意料之外的效果。

1. 自我介绍的场合

自我介绍的场合主要有以下几种,如图 3-9 所示:

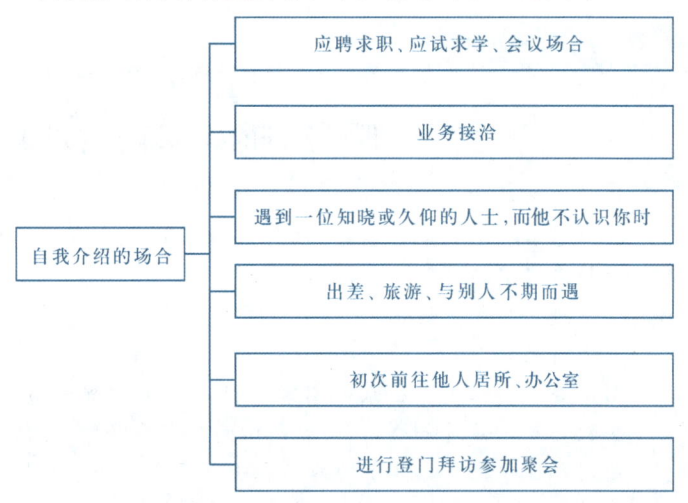

```
                        ┌──────────────────────────────────┐
                    ┌───┤ 应聘求职、应试求学、会议场合          │
                    │   └──────────────────────────────────┘
                    │   ┌──────────────────────────────────┐
                    ├───┤ 业务接洽                          │
                    │   └──────────────────────────────────┘
                    │   ┌──────────────────────────────────┐
┌──────────────┐    ├───┤ 遇到一位知晓或久仰的人士,而他不认识你时 │
│ 自我介绍的场合 ├────┤   └──────────────────────────────────┘
└──────────────┘    │   ┌──────────────────────────────────┐
                    ├───┤ 出差、旅游、与别人不期而遇            │
                    │   └──────────────────────────────────┘
                    │   ┌──────────────────────────────────┐
                    ├───┤ 初次前往他人居所、办公室              │
                    │   └──────────────────────────────────┘
                    │   ┌──────────────────────────────────┐
                    └───┤ 进行登门拜访参加聚会                 │
                        └──────────────────────────────────┘
```

图 3-9　自我介绍的场合

(1) 应聘求职、应试求学、会议场合可以做自我介绍。

(2) 因为业务关系需要与相关人士接洽时可以做自我介绍。

(3) 遇到一位知晓或久仰的人士,而他不认识自己时,可以做自我介绍。

(4) 出差、旅游、与别人不期而遇时,为了增加了解和信赖,可以做自我介绍。

(5) 初次前往他人居所、办公室,登门拜访时要做自我介绍,或事先打电话约见,在电话里应做自我介绍。

(6) 参加聚会时,主人不可能一一做细致的介绍,与会者可以与同席或身边的人相互自我介绍。

2. 自我介绍的方法

在社交场合，正确合理的自我介绍，不仅可以扩大自己的交际圈，广交朋友，而且有助于自我展示、自我宣传，在交往中消除误会、减少麻烦。

自我介绍时应先向对方点头致意，得到回应后再向对方介绍自己的姓名、身份、单位等。自我介绍的方法主要有五种，如图 3-10 所示，下面做具体说明：

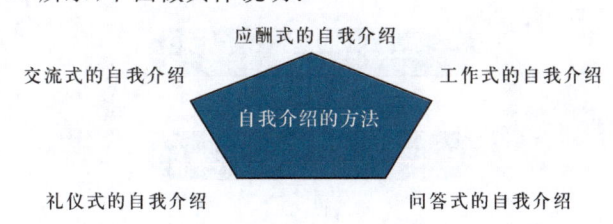

图 3-10　自我介绍的方法

（1）应酬式的自我介绍，适用于某些公共场合和一般性的社交场合，如途中邂逅、宴会现场、舞会、通电话时。这种自我介绍最为简洁，往往只介绍姓名一项即可。例如，"您好，我叫刘×""您好，我是迈克"。

（2）交流式的自我介绍，适用于社交活动中，希望与交往对象进一步交流与沟通时采用。它大体应包括介绍者的姓名、工作、单位、学历、兴趣与交往对象的某些熟人的关系等。例如，"我的名字叫王×，是××公司的副总裁。10 年前，我和您先生是大学同学。"

（3）礼仪式的自我介绍，适用于讲座、报告、演出、庆典、仪式等一些正规而隆重的场合。介绍内容包括姓名、单位、职务等，同时还应加入一些适当的谦辞、敬辞。例如，"各位来宾，大家好！我叫李×，我是××电脑公司的销售经理。我代表本公司热烈欢迎大家光临我们的展览会，希望大家……"

（4）问答式的自我介绍，适用于应试、应聘和公务交往。问答式的自我介绍应当是有问必答，问什么就答什么。在普通交际应酬场合，它也时有所见。例如，对方发问："这位先生贵姓？"回答："免贵姓李，木子李。"

（5）工作式的自我介绍，适用于工作场合，这种介绍包括本人姓名、供职的单位及部门、职务或从事的具体工作等。例如，"您好，我叫李×，是××电脑公司的销售经理。"

> 课堂笔记

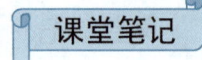

3. 自我介绍的顺序

自我介绍的顺序主要有以下五种,如图 3-11 所示:

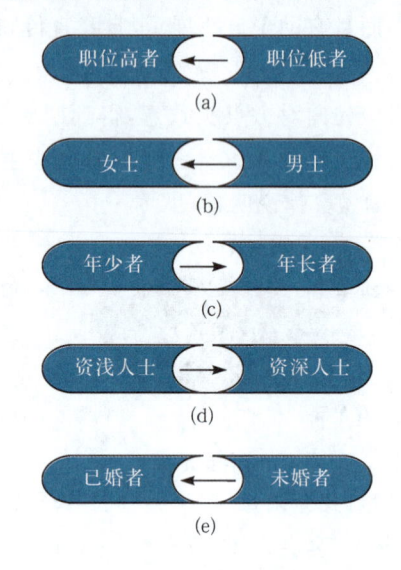

职位高者 ← 职位低者
(a)

女士 ← 男士
(b)

年少者 → 年长者
(c)

资浅人士 → 资深人士
(d)

已婚者 ← 未婚者
(e)

图 3-11 自我介绍的顺序

(1)职位高者与职位低者相识,职位低者应该先做自我介绍,图 3-11(a)。

(2)男士与女士相识,男士应该先做自我介绍,图 3-11(b)。

(3)年长者与年少者相识,年少者应该先做自我介绍,图 3-11(c)。

(4)资深人士与资浅人士相识,资浅人士应该先做自我介绍,图 3-11(d)。

(5)已婚者与未婚者相识,未婚者应该先做自我介绍,图 3-11(e)。

(二)经人介绍

经人介绍又称他人介绍或第三者介绍,是经第三者为彼此不相识的双方引荐、介绍的一种交际方式,经人介绍通常是双方的,即对被介绍的双方分别做一番介绍。为他人做介绍时,不仅要熟悉双方的情况,还要懂得介绍的礼仪规范。

1. 经人介绍的顺序

介绍两人相互认识时,总的要求是:位尊者优先了解对方的情况,即先把被介绍人介绍给身份和地位较高的一方,以表示对尊者的敬重。而在口头表达上,则是先称呼尊者,然后再做介

绍,如图 3-12 所示。

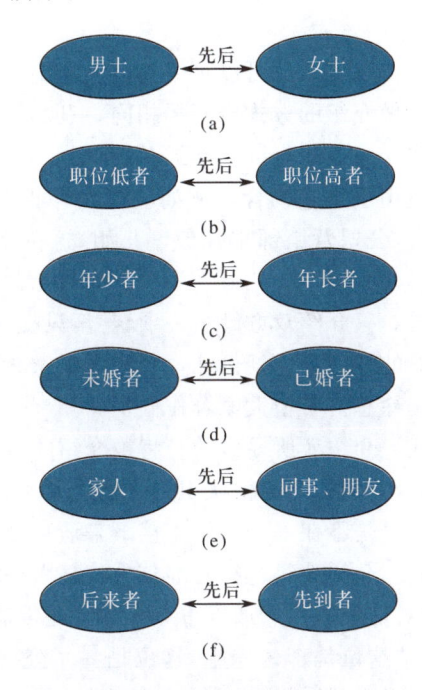

图 3-12 经人介绍的顺序

(1)在社交场合介绍女士与男士认识时,先介绍男士,后介绍女士,图 3-12(a)。例如,介绍王先生与李小姐认识,介绍人应说:"李小姐,我来给您介绍一下,这是王先生"。

(2)介绍职位高者与职位低者认识时,先介绍职位低者,后介绍职位高者,图 3-12(b)。具体操作时,先称呼一下职位高者,然后再做介绍。例如,"王总,这位是新来的销售经理小刘"。

(3)介绍年长者与年少者认识时,先介绍年少者,后介绍年长者,图 3-12(c)。例如,"王教授,让我来介绍一下,这位是我的同学张×"或者"张阿姨,这是我的表妹王×"。

(4)在社交场合介绍已婚者与未婚者认识时,先介绍未婚者,后介绍已婚者,图 3-12(d)。例如,"张太太,让我来介绍一下,这位是李小姐"。当社交场合无法辨别被介绍者是已婚还是未婚时,则不存在先介绍谁的问题,可以随意介绍,比如,"张女士,让我来介绍一下,这位是我的朋友李小姐"。

(5)介绍同事、朋友与家人认识时,先介绍家人,后介绍同事、朋友,图 3-12(e)。例如,"张先生,这是我的女儿小瑞,这是我的妻子李×"。介绍家人时,要说明介绍者与家人的关系以及家人的姓名,因为如果不介绍家人的姓名,对方就可能不知道该如何称呼介绍者的家人。

(6)在聚会上介绍先到者与后来者认识时,应先把后来者介

小看板

在日常聚会中,通常把与自己关系较近的一方先介绍给关系较疏的一方。在同客户交往时,应该先把同事介绍给客户,例如,"张先生您好,这是我的同事小李";带朋友去做客或参加某个聚会,通常应把朋友介绍给主人,例如,"王先生您好,这是我的朋友小江"。

绍给先到者,图 3-12(f)。

2. 经人介绍的方式

掌握介绍的顺序后,就可以正式为他人介绍了,由于实际情况不同,为他人做介绍的方式也不尽相同,一般有以下几种:

(1)一般式。一般式也称标准式,以介绍双方的姓名、单位、职务等为主,适用于正式场合。例如,"请允许我为两位引荐一下。这位是××公司营销部主任殷×小姐,这位是××化妆品公司副总陈××女士。"

(2)简单式。只介绍双方姓名一项,甚至只提到双方姓氏而已,适用于一般的社交场合。例如,"我来为大家介绍一下,这位是谢总,这位是徐总。希望大家合作愉快。"

(3)引见式。介绍者所要做的是将被介绍的双方引到一起,适用于普通场合。例如,"两位认识一下吧。大家其实都曾经在一个公司共事,只是不在一个部门。接下来请自己说吧。"

(4)推荐式。介绍者经过精心准备再将某人举荐给另一人,介绍时通常会对前者的优点加以重点介绍。通常适合比较正规的场合。例如,"这位是李×先生,这位是××公司的总经理程×。李×先生是经济学博士。程总,我想您一定有兴趣和他聊聊吧。"

(5)礼仪式。礼仪式是一种最为正规的经人介绍方式,适用于正式场合。其语气、表达、称呼上都更为规范和谦恭。例如,"孙小姐,您好！请允许我把××公司的公关部经理赵×先生介绍给您。赵先生,这位是××公司人力资源部经理孙×小姐。"

3. 经人介绍的注意事项

(1)为两个人做介绍时,可以配合一定的手势,介绍谁的时候,手自然地指向谁,注意不要用一个手指指点,而是用手掌示意,掌心向上手掌自然平伸,左手、右手都可以。

(2)主人应尽量把主宾介绍给所有其他宾客,在聚会上把应该介绍的宾客遗漏了是失礼的行为。

(3)一般情况下,在中间人做介绍时,介绍人和被介绍人都应该起立,以示尊重和礼貌;待介绍人介绍完毕后,被介绍双方应微笑点头示意或握手示意。但是在宴会、会议桌、谈判桌上,不方便起立时,介绍人和被介绍人可不必起立,被介绍双方可点头微笑示意;如果被介绍双方相隔很远,可举起右手致意,点头微笑致意。

(4)介绍完毕后,被介绍的双方应依照合乎礼仪的顺序握手,并彼此问候对方,必要时还可以进一步做自我介绍。

(三)集体介绍

1. 单向介绍

在演讲、报告、会议、会见时,往往只需要将主角介绍给广大参加者,即通常由主持人向与会者介绍报告人或演讲人的情况,而没有必要一一介绍广大参加者。

2. 少数服从多数

少数服从多数是指当被介绍者双方地位、身份大致相似,或者难以确定时,先介绍人数较少的一方或个人,后介绍人数较多的一方或多数人。例如,当新加入集体的成员初次与集体其他成员见面时,负责人要先将他介绍给集体,然后再向他介绍集体的主要成员。

3. 强调地位、身份

若被介绍双方的地位、身份之间存在明显差异时,则应遵守"尊者优先"原则,先介绍位次低的一方,再介绍位次高的一方,不考虑人数多少。

4. 多方的介绍

当被介绍的人员有两方以上时,需要对被介绍的各方进行位次排列。排列的具体方法如下:

(1)以其负责人身份高低为准。
(2)以其单位规模为准。
(3)以单位名称的英文开头字母顺序为准。
(4)以抵达时间的先后顺序为准。
(5)以座次顺序为准。
(6)以距离介绍者的远近为准。

三、使用名片礼仪

名片是商务交往中经常用到的工具,一般用来表示名片持有人的身份,记载其联系方式,方便初次见面时相互认识以及将来再次联络。名片已经成为现代交际中重要的沟通媒介,有人甚至把名片称为另一种形式的身份证。

(一)名片的用途

在现代社会中,名片不仅有自我介绍和保持联络的作用,而且还有其他多种用途。

1. 名片可以替代便函

常常有人在名片左下角处用小字简单寄言,用来对友人表示祝贺、感谢、介绍、辞行、慰问、馈赠以及吊唁等多种礼节。以名片代替便函,往往显得比较郑重。

小看板

把名片当成便函使用时,如果是本人亲自递交,要用铅笔写;投寄时,用钢笔书写。书写部位没有特殊规定,但通常是在姓名的左下方,可以写上国际通用的符号缩写,也可以写上几个字,或简短的一句话,如"谨致谢意。"

> **课堂笔记**

2. 名片可以替代礼单

当向友人寄送或托送礼物或鲜花时,可在礼品或花束中附上名片并写上祝福短语。

3. 名片可当成介绍信

在名片上方写上"兹介绍××先生"之类的话,或是在名片的左下角用铅笔写上"p.p.",名片就具有了介绍信的作用。在这种情况下,介绍人比较礼貌的做法是先用电话等方式告知对方:有人将拿我的写有××字样的名片前去见您。否则,对方会因突然见到名片而摸不着头脑,持名片的被介绍者也会因对方没接到任何通知而感到尴尬。

4. 名片可用于通报和留言

拜访生人或长辈时,先请人递上这样一张名片,作为通报之用,让对方考虑一下是否接见拜访者。若被访者不在,也可留下一张名片,以便下次联系。

5. 名片可用于业务宣传

在进行业务往来时,名片是企业的招牌,具有广告宣传的作用,可使对方了解自己所从事的业务。

6. 名片可用于通知变更

一旦调任、迁居或更换电话号码,送给至亲好友一张注明上述变动的名片,等于及时而又礼貌地打了招呼。

(二)名片的内容

名片直接承载着个人及企业的信息,担负着保持联络的重任,要使名片发挥的作用更充分,名片内容就要包括姓名,职务,学位和职称,企业名称,地址,联系方式,商标或服务标志,业务项目或产品企业口号,照片、祝福或格言等信息。

1. 个人信息

姓名是名片中最重要的部分,对于生僻字或者多音字,最好能在下面印上拼音或英文名字,以免对方读错。

应标明最重要或最主要的一至两项职务。学位和职称一般都是学历和资历的象征和证明,一旦获得就可以终生享用。博士和高职称一般都可以在名片上标明。

2. 企业信息

企业名称是名片的重要内容。书写企业名称一定要用全称,不能只写简称或缩写代码。

企业的地址是名片中的必备内容,一般应该标注企业的办公地址。在名片上应标注最主要的办公联系电话、传真号码、手机号码、电子邮件地址,另外二维码、微信号、QQ号等信息也可作为联系方式印到名片上,以方便联系。

> **资料卡**
>
> **二维码名片**
>
> 二维码名片把传统名片和二维码结合在一起,它不仅包含传统名片上的电话号码、邮箱、地址等联系方式,还加入了二维码信息,可以扫描添加微信好友、QQ好友,保存个人联系方式。在商务活动中,客户经理还可以通过二维码把公司业务、产品介绍、营销资料等统统放进名片,客户通过扫描二维码就可以快速了解商业信息。

商标或服务标志是企业文化的重要组成部分,现代企业大多在名片中印上自己专属的商标或服务标志,以传播企业形象。

业务项目或产品是名片的商业性表现,主要为了宣传和表明企业的业务项目或产品,起到宣传、促销作用,以创造商机。

名片上也可以印上企业口号,加深客户印象,提高企业知名度。

(三)名片的递送

1. 递送名片

递送名片也要遵守"尊者优先"的原则,即位次高的人可优先了解位次低的人的相关信息,所以在递送名片时也要按照一定的顺序进行。

(1)在公务场合,一般是职位低者先向职位高者递送名片;资历浅者先向资历深者递送名片;在位次相当时或一般聚会场合,男性先向女性递送名片,出于公务和商务的需要女性也可主动向男性递送名片。

(2)当对方不止一人时,应先将名片递给职位较高者或年龄较大者,如分不清职位高低和年龄大小时,可依照座次递送名片,应给对方在场的人每人一张,以免厚此薄彼,产生矛盾。

(3)递送名片时,应面带微笑,正视对方,用双手或左手拿住名片右上角以使名片上的姓名正对着对方,递给对方。

(4)如果是坐着,应起身或欠身递送,递送时应说"这是我的名片,请多关照"或"这是我的名片,欢迎常联系"等。

2. 接受名片

接受名片应注意以下几个方面的礼仪:

(1)接受他人名片时应起身或欠身,面带微笑,双手或右手接过,不要只用左手接过。

(2)接过名片后,要从头至尾将名片认真默读一遍,意在表示重视对方,不能确认的生僻字应主动向对方请教。根据需要可以将名片上重要的内容读出来,一般需要重读的是对方的职务、头衔、职称,以示仰慕。

(3)接受他人名片时,应使用谦辞敬语,如"能得到您的名片十分荣幸",如果对方地位较高或有一定知名度,则可道一句"久仰大名"。

(4)看完后应郑重地将名片放入名片夹中,并表示谢意。如果暂时放在会谈的桌子上以便使用,切忌在名片上放其他物品。

(5)接受他人名片后,一眼不看或是漫不经心地随手放入口袋,或是将名片拿在手中揉搓,都是对人失敬的表现。

> 课堂笔记

3. 交换名片

交换名片时应注意以下两个方面的礼仪：

（1）当对方递送名片后，如果自己没有名片或恰好没带名片或名片已用完，应向对方表示歉意，并说明原因。

（2）如果想要索取他人名片，可以委婉地说："以后怎么和您联系？"向尊长索要名片时，可以说："以后如何向您请教？"

四、电话礼仪

（一）拨打电话的礼仪

1. 打电话的时间与时差

（1）办公电话尽量在上班时间打。对于公事来讲，最好的通话时间应在办公时间段，即上午 9 点至 11 点和下午 2 点至 4 点，这段时间是人们办公效率最高的时间，在这段时间通话往往能够引起对方的重视，以便快速收到有效答复。如果太早通话，对方可能还处于上班前的准备工作状态，没有完全安顿下来；如果临近下班时间打电话，对方可能已经在做下班准备了，注意力可能会不集中，影响办事效率。

（2）私人电话尽量不要影响对方休息。特殊或紧急情况，即使因为私事打电话，时间也应尽量在早 8 点后、晚 10 点前。午餐时间也尽量不要打电话，否则会影响对方就餐，引起对方的不满。此外，还要注意上班时间不要拨打私人电话。

（3）控制通话时间。电话沟通要简明扼要，每次通话时间尽量控制在 5～10 分钟，如果需要较长的通话时间，在接通电话后应先简要说明，询问对方是否有足够的时间接听电话，然后再谈。如果有必要可以提前预约通话。

（4）打国际长途电话要考虑时差。时差是由于世界各国所处地理位置不同而引起的时间差异。例如，北京和纽约时差约 13 小时，如果在北京时间下午 2 点给美国纽约的人打电话，那么美国纽约当时是凌晨 3 点左右。因此如果不注意时差问题，就会在错误的时间段给对方打电话，从而引起对方的不满。在拨打国际长途电话之前，一定要考虑到时差问题。

2. 打电话时要考虑对方处境

（1）敏感话题要避人。如果需要通过电话和对方商量一些敏感话题，如人事变动等问题，一定要先询问对方是否方便通话，否则可能会出现准备和人事经理在电话里讨论小王的辞聘问题，而此时小王就坐在人事经理办公室的尴尬情况。

（2）准备通话提纲。给对方打电话商洽事情，最好提前准备

一个通话提纲,把通话要点一一列上,可以保证在通话时条理清楚,避免遗漏。

(3)通话时保持良好状态。通话时要保持良好的精神状态,最好面带微笑,通过微笑带动积极的心态和情绪,这样即使对方看不见打电话者,也能从振作的语调中感受到打电话者良好的精神状态,这样会给对方留下深刻、良好的印象。

3. 挂断电话要讲究

(1)让上司或长者先挂电话。通话完毕后请上司或长者先挂电话。如果是同级之间通话,一般情况下,如果是自己主动打出的电话,应该自己先挂电话;如果是被动接听的电话,应让对方先挂电话。也就是让主动打出电话的人先挂电话,这不仅是一种礼节,更能有效避免对方因为没说完而被挂断。

(2)铃响六声再挂电话。拨打电话时,如果对方无人接听,一般等对方电话铃响过六声后,再挂断电话。重要的电话应在第一次拨号后,两分钟之内再打过去一次。

(3)拨打电话时,不要让对方电话响过久,因为如果对方这时没在他的工作岗位上,那么持久的电话铃声会干扰其他人员工作,因此六声后,仍未有人接听则挂断电话。如果是其他人接听的电话,可请代接电话者帮忙叫一下,但一定要说声"谢谢"。

4. 拨错电话要道歉

在工作中难免会出错,如果不小心拨错了电话,一定要向对方道歉,切忌不声不响地挂断电话。

(二)接听电话的礼仪

接听电话的礼仪,可以分为本人受话礼仪、代接电话礼仪以及录音电话礼仪三种情况。

1. 本人受话礼仪

(1)电话铃响三声之内接听电话,拿起话筒后,首先要问好,然后自我介绍。

(2)重要的信息要记录,如时间、地点、联系事宜、需解决的问题等,电话记录一定要简洁、完备。

(3)如果目前的工作确实非常重要,要向来电者说明原因,表示歉意,并约一个具体时间,到时候自己再主动打过去。

2. 代接电话礼仪

(1)接电话的时候,假如对方所找的不是接电话者,接电话者不要在语气和言词里表现出失望和不愉快,也不要拒绝对方代找别人的请求,尤其是不要对对方所要找的人有"微词",因为有时别人也会为接电话者代接电话。

(2)上班时间打来的电话几乎都与工作有关,不可轻视,即

课堂笔记

使对方要找的人不在,切忌只说"不在"就把电话挂断。接听电话时要尽可能问清事由,避免误事,如自己无法处理,应该认真地记录下来。

(3)尊重隐私。不要向来电者询问对方和他所要找的人之间的关系。当打电话的人要求转达某事给某人的时候,要诚实守信、按照原意转告,并注意不要对不相干的人提及。

(4)在没有授权的情况下,不要随便说出对方所要找的人的行踪、私人手机号码等。

(5)准确记录。对于来电者要求转达的具体内容,最好认真做好记录。

3. 录音电话礼仪

(1)留言制作。使用录音电话时要制作一段录音留言。留言的常规内容有:问候语、电话机主的单位或姓名、致歉语、留言的原因、对来电者的要求以及道别语等。

(2)来电处理。对于录音电话上打进来的电话,要及时进行必要的处理。

如果遇到对方拨错号码时,不可大声怒斥或用力挂断电话,应礼貌地告知对方。

(三)接打电话的礼仪用语

1. 打出电话的礼仪用语

"您好!我是××公司××部的×××,我要找您公司经理×××先生。"

"您好!我是×××,我找×××经理。"

2. 接听电话的礼仪用语

"您好!××公司人力资源部×××,请讲。"

"您好!设计部,请讲。"

3. 电话留言的礼仪用语

"您好!这里是××公司××部。本部门工作人员现在因公外出,请您在提示音响过之后留言,或者留下您的姓名与电话号码。我们将尽快与您联系。谢谢,再见。"

【代接电话示例】

上海西林公司的陈洁打电话给时代公司的李楠先生洽谈事务。

陈洁拨号……

李楠同事:"您好!时代公司,请问您找谁?"

陈洁:"请问李楠先生在吗?"

李楠同事:"请问您是哪里?"

陈洁:"我是上海西林公司的陈洁。"

微课:接打电话常用英语

李楠同事:"麻烦您稍等,我帮您转接,看他在不在。"

陈洁:"谢谢您!"

李楠同事:"陈小姐,很抱歉!李楠出去还没回来呢!请问您有什么事需要我转告他?"

陈洁:"麻烦您帮我转告李楠,合同文本我已经发邮件到他的邮箱中,请他回来看看有没有需要修改的地方。"

李楠同事:"好的,我会转告李楠您已经把文本发过来了。"

陈洁:"谢谢您!"

李楠同事:"不用客气!"

陈洁:"再见!"

陈洁挂断电话。

(四)手机使用礼仪

随着手机的日益普及,手机礼仪越来越受到关注。在使用手机时应当注意以下礼仪。

1. 手机的使用场合

(1)当参加会议、宴会、舞会、音乐会,观看一些体育比赛,参观各类展览或身处电影院、图书馆时,应将手机铃声调至静音。尽量不要使用手机,若有重要来电必须接听时,应避开众人后再开始与对方通话;如果实在不能离开,又必须接听,则要压低声音,一切动作以不影响在场的其他人为原则。

(2)当驾驶车辆时,不能接打手机,否则由于精力的分散极易导致交通事故的发生。有些国家法律规定驾驶车辆时严禁接打手机,否则就是触犯法律。

(3)在飞机起飞时和飞机降落停稳前,一定要关闭手机。因为移动电话信号能够干扰飞机导航系统,影响飞行安全。

(4)在加油站附近严禁使用手机,否则有可能酿成火灾。

(5)去医院探视病人时,在一些医疗仪器设备附近不允许使用手机,否则可能会影响医疗设备的正常使用。

(6)此外,在一切标有文字或图示禁用手机的地方,均须遵守规定。

2. 拨打手机时要考虑对方处境

(1)如果对方身在国外。此时拨打对方手机,对方需要支付漫游费,这种情况下一定要通话简洁,如果确有重要事情需长谈,应先取得对方同意,或询问是否有座机可以打过去。

(2)如果对方正在开车,一定要及时挂断电话,等对方到达目的地或在路边停靠后再继续通话。

(3)使用手机通话,切忌旁若无人,对着手机大声交谈。在通话过程中,声音应清晰柔和,吐字清楚准确,语气应亲切自然,句子简短,语速适中。

五、电子邮件书写礼仪

电子邮件是通过网络传递文件和信息的联络方式,具有便利、迅速、成本低的优点,成为职业场合主要的沟通方式之一。因为电子信息的互动是通过计算机网络产生的,使用者经常会不自觉地忘记与自己真正互动的不是机器而是人。许多情绪激动的字眼也因此不经意地随手发出,从而伤害到对方甚至引起冲突。谨记,写电子邮件,实际上和写一封信是完全一样的,只是传递的方式不同罢了。电子邮件礼仪的基本原则是要把它当成一般书信来对待,应注意的事项包括以下几个方面。

(一)电子邮件的书写规范

(1)邮件主题明确。每一封电子邮件都要注明主题,主题要显示邮件的主要内容,并且能吸引对方注意。因为公司人员每天会收到大量的邮件和信息,如果想要确保自己的邮件被打开阅读,就要在主题中突出关键点或重点,否则有可能被当成垃圾邮件删除。此外,邮件主题应尽量具有描述性,或是点明与内容相关的主旨大意,让人一目了然,以便让对方快速了解与记忆。

(2)邮件内容简明扼要。在线沟通讲求时效,一般邮件所用的开头语、客套语、祝贺词等,在在线沟通时都可以省略。内容应力求简明扼要,提高沟通效率。尽量符合一个信息一个主题的原则,把每一封电子邮件都看成一个内容一致的信息包,这样才能够保证邮件信息的一致性。如果一封邮件需要同时转发给多人的话,承载过多的信息可能会出现不方便或泄密的情况。

(3)邮件信息量太大时使用附件。当需要发送的邮件内容太多,或包含长篇报告、图片等文件时,可以使用附件的方式发送,这种方式既便于发件人编辑,也方便收件人阅读修改。

(4)给对方回信时,要注意修改原标题。

(5)措辞要正式。正式的商务邮件不要使用网络语言和笑脸等符号,要和书写信件一样注意措辞和语气。

(二)电子邮件的签名

(1)最好将中文名字与英文名字同时签上,因为有时候由于系统不同,中文输入可能会出现乱码,如果有英文名字,对方至少可以知道邮件的发件人是谁。

(2)如果邮件是发给不熟悉的人,最好把联络方式写全。

(三)电子邮件的发送

(1)如果一封邮件要发送给多人,注意不要让所有收件人都

互相知道其他收件人的信息,以尊重收件人的隐私。

(2)注明发件人及其身份。除了熟识的人,否则收件人一般无法从发件人的邮箱名称解读出发件人到底是谁,因此,注明发件人的身份是电子邮件沟通的基本礼节。

(3)如果要寄送电子贺卡,最好个别发送,不要使用转发,否则收件人会认为其不受重视。

(4)重要邮件发送后要通知收件人查收。

(5)带有隐私或机密的邮件要慎发,因为邮件会在硬盘上备份,可能会被旁人截获。

(6)发送之前,仔细检查一下内容和文字,避免出错。

阅读材料

微信礼仪

不在微信中发布或转发带"如果不转发就……"等强制性或诅咒性字眼的内容;不在微信朋友圈中传递负面情绪。

不发低俗信息,不发涉及他人隐私的信息,不发涉及国家或工作单位机密的信息,不发敏感信息。

转发那些需要捐款、寻亲、收养等的求助微信时,有电话号码联系人的自己先落实一下,以免转发虚假不实甚至涉嫌吸费、诈骗的信息。

晚上12点以后尽量不在朋友圈或群里发消息。

在微信朋友圈里不要一直当"潜水者",看到美文、好图、好思想,适当点赞,是捧场也是谦逊。

忌讳不事先沟通就把相互不认识的自己不同圈子的朋友拉进一个群里。

不在微信群里单独与某人聊天,也不要在群里一个人刷屏。

如果是工作用的微信群,建议使用真实姓名,最好带上公司名称或者产品名称,在工作微信群中不发私人信息。

六、办公室基本礼仪

(一)办公室布置礼仪

办公室是日常办公和洽谈业务的场所,创造一个令人心旷神怡的工作场所,有利于塑造企业形象、降低办公成本、保障办公安全、提高工作效率。办公室的布置不同于居家的布置,要注意以下原则:

1. 整洁

整洁是指将自己的办公区域保持在无垃圾、无灰尘、干净整洁的状态。

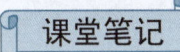

微课:办公室基本礼仪

课堂笔记

小看板
敲门的技巧

进入别人的办公室要先敲门,表示一种询问"我可以进来吗",或者表示一种通知"我要进来了"。以弯曲的手指背面敲门,敲三下,隔一小会儿,再敲两下。敲门的响度要适中,太轻了别人听不见,太响了别人会反感。敲门时不能用拳捶、不能用脚踢,不要"嘭嘭"乱敲一气。即使门虚掩着,也应当先敲门,得到允许后才能进入。

2. 高效

高效就是区分必需品和非必需品,在桌面上不放置非必需品,能够在 30 秒内找到要找的东西,将寻找必需品的时间减少为零。过期的报纸、杂志要定期清理,阅读过的文件要及时归档。

3. 公私分开

办公室是办公场所,不宜摆放私人的物件,在上班时间也不宜处理私人事情。

(二)上下班礼仪

1. 上班礼仪

(1)提前 5~10 分钟到办公室。

(2)整理办公区域。

(3)把日历翻到当天。

(4)准备好当天必需的文件和办公用品。

(5)向同事微笑点头问好,准备迎接新的一天。

(6)如果迟到,应该向上司说明原因并致歉,不要一味强调客观原因,如果同事代劳了自己的工作,一定要致谢。

(7)进入上司或同事的办公室要轻轻敲门,经过允许后再进去。

2. 下班礼仪

(1)下班后推迟 10 分钟离开办公室。

(2)当同事和上司离开办公室时,要和他们微笑告别,并说"明天见"。

(3)如果自己要先走,一定要打声招呼,不要一声不响地走掉。

(4)把手里当天没有处理完的事情处理完。

(5)关掉电脑等办公设备,切断电源,锁好抽屉和文件柜。

(6)最后一个离开时要关灯并锁门。

(三)行进间礼仪及电梯礼仪

1. 多人同行时

多人同行时,要让长辈或职位较高者走在最前面,其次的跟随在右后方,资历较浅者应行于左后方。

2. 男女同行时

男女同行时,男士应让女士行走在较安全的一侧,例如,若走在路边,则应让女士行走在离车道较远的一侧。对待长辈和职位较高者也是一样。

3. 进门时

行进到需要开门进入的场所时,男士或职位较低者应快步向前开门,并等同行的女士或职位较高者通过门口之后再通过。如果不是自动关上的门,应轻声关好门再走。不要走过之后让门"砰"地关上,这样会显得冒失、不礼貌。

4. 上下楼梯时

上楼梯时,应该让女士或职位较高者走在前面;下楼梯时,男士或职位较低者应该走在前面。

5. 搭乘自动扶梯时

在公共场所搭乘自动扶梯时,要靠右边站立,让出左侧的通道给急需快速通过的人,尤其是几人同时搭乘自动扶梯,不要并排站立把扶梯占满。若携带大件物品,可以放在自己的前面。

6. 搭乘电梯时

(1)在拥挤的电梯内,当电梯门开启时,站在门口的人应该先出去,以免挡着后面要出电梯的人。

(2)先让电梯里面的人出来,然后外面的人再进入电梯。不要硬往电梯里面挤。如果人很多,可以等下一趟电梯。

(3)如果够不着所到楼层的指示键,可以请人代劳,并向其致以谢意。

(4)在电梯内不要大声讨论事情或大声笑闹,若不小心触碰到别人要马上道歉。

(5)在电梯内不要长时间凝视陌生的同乘者,为了避免尴尬,可以微笑点头致意。

(6)在写字楼上班,每天都和同一个大厦的人一起乘坐电梯,难免会遇到一些熟悉的面孔,进出电梯时说一句问候语,可以增加亲和力,提升形象指数。

张小礼的成长

一个恰当的称谓往往是成功交往的开始,称谓要符合相应的场合。在工作场合,尽量使用职务性称谓和职称性称谓。张小礼第一次见到华光公司的刘经理,应该按照职务称呼"刘经理"。"刘阿姨"这个称呼是拟亲属称谓,不适合在工作场合使用。

思考与训练

1. 在班里模拟一个小型商务聚会,每个人扮演一个角色,将每个人的角色写在胸卡上。

(1)每名同学演练用三句话做一下自我介绍。

(2)两人一组演练相互自我介绍。

(3)三人一组演练经人介绍。

2. 小王是一家英国旅游公司驻天津代表处的人力资源专员,加入公司已两年,由于工作需要,她要经常给英国总部打电话、发邮件请示工作,公司总部也经常有上司来代表处巡视。

(1)小王给英国总部打电话的时间段应该是什么?

(2)小王在天津新招聘了一名业务代表,需要向总部发邮件汇报情况,请帮助小王写一份邮件。

(3)因为工作很忙,小王总是顾不上在正常的时间吃饭,经常叫外卖在办公室里吃,一边吃一边接打电话,办公室总是散发着饭菜的味道,这样做合适吗?请帮助小王提出一个解决办法。

(4)小王的英国老板来天津,小王陪他去国贸大厦拜访大客户,在搭乘自动扶梯时他们应该怎么站?

(5)小王和英国老板从客户办公室出来,要坐电梯下楼,在上下电梯时,小王应该怎么做?

3. 学生分组模拟打电话、接电话的场景。

任务三　了解拜访礼仪

张小礼的思考

英国客户詹姆斯到上海参加一个行业展会,陈经理要利用这个机会去上海拜访一下,让张小礼给詹姆斯和他太太准备一份礼物。张小礼在预算范围内给詹姆斯太太准备了一条丝绸围巾和一盒茉莉花茶,用包装纸仔细包装好后送到陈经理的办公室,陈经理夸奖她办得好……

任务目标

☆ 掌握前往办公室进行拜访的礼仪规范
☆ 掌握在私人住所进行拜访的礼仪规范
☆ 了解对日本客户的拜访礼仪
☆ 了解对美国客户的拜访礼仪
☆ 了解对英国客户的拜访礼仪
☆ 了解对阿拉伯客户的拜访礼仪

课堂笔记

古人云"来而不往非礼也",商务拜访是指到客户的办公场所或私人住所去拜见、访问,以促进彼此了解,表达合作意向。良好的拜访礼仪能够为拜访增加感情色彩,增加合作机会。

在国际商务交往中,面对不同国家和地区的客户,其宗教信仰、文化背景、民族习俗、社会风俗和政治制度等多方面千差万别,在进行拜访时尤其要了解和尊重客户的礼仪习俗。

一、办公室拜访礼仪

(一)办公室拜访的预约

1. 事先预约

无论在国内还是在国外,在正式拜访之前一定要事先预约,

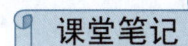

课堂笔记

不要当"不速之客",除非情况紧急,否则在没有预约的情况下唐突而至,会打乱别人的计划。

按照国际惯例,在出国进行商务访问之前,出访人员的正式名单一般都会按身份、头衔排序后传真给东道主,以便东道主写邀请函和安排访问日程。访问日程通常详细列明出访时间、出访地点、出访活动等安排。

如果日程安排表里安排了商务访谈,要按日程表的约定时间拜访,但即使是按照日程表的约定时间拜访,也要在拜访前用电话核准,防止意外变化。约定的时间最好避开节假日、用餐时间,过早或过晚的时间也不适宜。

2. 准时赴约

准时赴约是拜访时的基本要求,是注意个人信用和形象、提高办事效率和尊重对方的表现,通常以提前几分钟或准时到达为宜。为避免迟到,可采取提前出发、事先准备好资料或计划好路线等办法。万一因故不能准时赴约,一定要及时通知对方,解释原因并告知对方最后的到达时间,必要时可另行约定再次拜访的时间。再次拜访时,务必记住当面向对方表示歉意。

(二)拜访过程

1. 等待通报

抵达拜访的约定地点后,如果拜访对象没有出来直接迎接,要向前台接待人员或助理通报姓名、来意和约见时间,请接待人员或助理代为转告引见。

约见活动得到确认后,通常会由接待人员引领到约见办公室。在接待人员或助理的引领下走过办公区域时,不要大声喧哗或左顾右盼,以免打扰他人工作。如果拜访对象因故不能马上接待,应在接待人员或助理的引领下进入指定房间等候,入室后应按照接待人员的指示将帽子、手套和外套等挂在指定位置。

小看板

等待时要安静,不要以谈话来消磨时间,以免打扰其他人工作。有吸烟习惯的,要注意观察该场所是否有禁止吸烟的警示,或经允许后方可吸烟;如果等待时间过久,可向有关人员说明,并另行约定时间,不要表现出不耐烦的情绪。

2. 见面

作为客人,第一次见到拜访对象(主人)的,应主动向主人问好,并按照拜访国家的礼仪习惯行见面礼。主方不止一人时,应按职位排序或由近而远的惯例一一问候和行礼。对于已经认识的,可直接问好并行礼。大多数国家的见面礼以握手为主。

入座时,按照主方指定的座位,与主人一起入座。如果主方没有指定座位,入座时也要注意座次顺序。坐好后把手提袋或公文包放在椅子一侧的地上,不要放在桌上,未经允许切忌翻阅桌上的文件等物品。

3. 时间

要注意控制拜访时间，商务拜访的时间长度应按事先约定的进行，要尽可能快地进入正题，避免闲谈不完而影响办事效率，不可单方面延长拜访时间。如是初次见面，访谈时间以一个小时以内为宜，最长的访谈时间也不宜超过两个小时。

事先未约定访谈时间长度的，要兼顾观察主人的举动和言外之意，一旦主人有结束访谈的意思，要起身告辞。如果在拜访过程中有其他重要客人来访，也要起身告辞。

4. 告辞

访谈结束后，无论访谈结果如何，都要对拜访对象致谢，并站起来握手道别。必要时在拜访过后几天，通过打电话、发短信或写邮件等适当的方式表示感谢。

二、私人住所拜访礼仪

（一）拜访前准备

1. 准备礼品

收到邀请或被允许到私人住所进行拜访表明了主人的信任和友好态度，在前往主人家中拜访时，一般要准备礼品，就是俗称的"伴手礼"，准备礼品时要了解主人的兴趣爱好，礼品的价值也不能太贵，否则有行贿之嫌，也可以给主人的孩子带玩具或糖果等，给国外友人送礼时要注意文化和礼仪禁忌。

2. 准时赴约

应邀到主人家中拜访做客的，应按主人提议的时间准时或提前几分钟到达，过早或过晚都是不礼貌的行为。

（二）拜访过程

1. 问候与行礼

进门见到主人后要问好，按其民族习俗行礼，在主人的指示下入座，主人不让座便不能随便入座。如果主人年长，主人不坐，客人也不能先入座。接受主人让座后要道谢，坐姿要规矩。

对主人家的夫人（或丈夫）和孩子，应礼貌问候。对于在主人家遇到的其他客人也要表示尊重，友好相待。对主人家的宠物不应表现出害怕或讨厌，更不能踢它或打它。

2. 赠送礼品

入座后将礼品赠送给对方,必要时可对礼品进行说明。对主人准备的小吃,不要拒绝,应适当品尝;对主人准备的饮料,则应尽可能喝掉。主人递过来的食品要双手接下,并表示感谢。如果主人没有吸烟的习惯,要克制自己的烟瘾,以示对主人的尊重。

没有主人的邀请和允许,不得擅自参观主人的住房和庭院。有主人引领参观其住所时,不得随意触动除书籍、花草以外的室内摆设和个人用品。即使是非常熟悉的朋友,也不应随意脱衣、脱鞋、脱袜,动作不要过于随便或放肆无礼。

3. 告辞

礼貌性拜访的时间一般不宜超过半小时。拜访期间如遇到其他重要客人来访,或主人表现出送客之意,要知趣告退,自己提出告辞,如主人表示挽留,仍须执意离开,但要向主人道谢,并请主人留步,不必远送。

三、对日本客户的拜访礼仪

(一)和日本客户打交道的礼仪

1. 鞠躬礼仪

日本人见面多以鞠躬为礼。一般人们相互之间是行 30 度和 45 度的鞠躬礼,鞠躬弯腰的深浅不同,表示的含义也不同,弯腰最低、也最有礼貌的鞠躬称为"最敬礼"。男性鞠躬时,两手自然下垂放在衣裤两侧;对对方表示恭敬时,多以左手搭在右手上,放在身前行鞠躬礼,女性尤其如此。

2. 名片礼仪

在日本,名片的使用相当广泛,特别是商人,初次见面时有互相交换名片的习惯。名片在日语中写为"名刺",商人外出时身上往往会带上好几种印有自己不同头衔的名片,以便在交换名片时可以因人而异地使用,因而有人将日本人的见面礼节归纳为"鞠躬成自然,见面递名片。"

3. 称呼礼仪

日本人姓名的组合顺序与中国人姓名的组合顺序一样,都是姓在前,名在后。不过,日本人的姓名字数往往较多,并且以四字的最为多见。日本妇女婚前姓父姓,婚后则改姓夫姓。称呼日本人时,可称之为"先生""小姐"或"夫人"。也可以在其姓

氏之后加上一个"君"字,将其尊称为"××君"。只有在很正式的情况下,称呼日本人时才须使用其全名。

4. 沟通礼仪

在社交活动中,日本人爱用自谦语言,如"请多关照""粗茶淡饭、照顾不周"等,谈话时也常使用谦语。日常生活中,日本人谦虚礼让、彬彬有礼,同事、行人间极少发生口角。在与日本人交谈时,不要边说边指手画脚,别人讲话时切忌插话打断。三人以上交谈时,注意不要冷落大部分人。在交谈中,不要打听日本人的年龄、婚姻状况、工资收入等私事。对年事高的男子和妇女不要用"年迈""老人"等字样,年事越高的人越忌讳。在公共场合以少说话为好。除非事先约好,否则不贸然拜访日本人的家庭。

5. 仪容仪表礼仪

日本人在交际应酬中对穿着打扮十分在意。在商务交往、政务活动以及对外的场合,日本人通常要穿西式服装,而在民间交往中,他们有时也会穿着和服。日本人在人际交往中对清洁十分重视,对他们来讲,每天都要洗澡。不仅如此,日本人还有请人一起去浴室洗澡的习惯,他们认为这一做法可以使人减少束缚,坦诚相交。

6. 餐饮礼仪

在饮食方面,日本菜可以说是自成一体,世人一般称之为和食或日本料理。和食以大米为主,多用海鲜、蔬菜,讲究清淡与味鲜,忌讳油腻。典型的和食有:寿司、拉面、刺身、天妇罗、铁板烧、煮物、蒸物、酱汤等。其中,尤以刺身即生鱼片最为著名。日本人的饮食禁忌不是很多。他们主要是不吃肥猪肉和猪的内脏,也有一些人不喜欢吃松花蛋、羊肉和鸭肉。

日本人非常爱喝酒,西洋酒、中国酒和日本清酒,统统都是他们的所爱。在日本,男子下班后喜欢先去酒馆大喝一通,几乎成了"例行公事"。在日本,斟酒讲究满杯。多喝几杯,甚至喝得酩酊大醉,人们也不会见怪。

日本人普遍爱好饮茶,讲究"和、敬、清、寂"四规的茶道。茶道具有参禅的意味,重心在于陶冶人们的情趣。它不仅要求幽雅自然的环境,而且还有一整套的点茶、泡茶、献茶、饮茶的具体方法。

小看板

日本人认为衣着不整齐便意味着没有教养,或不尊重交往对象。所以与日本人会面时,一般不宜穿着过分随便,特别是不要光脚或穿背心。到日本人家里做客时,进门前要脱下大衣、风衣和鞋子。参加庆典或仪式时,不论天气多么热,都要穿套装或套裙。单穿衬衫,穿短袖衫或是将长袖衬衫的袖管卷起来,都会被日本人视为失礼。

课堂笔记

(二)日本的习俗禁忌

樱花是日本的国花;菊花在日本是皇室的标志。

水晶是日本的国石。日本人很喜欢猕猴和绿雉,并且分别将其确定为国宝和国鸟。同时,他们对鹤和乌龟也好评如潮,认为二者都是长寿、吉祥的代表。日本人喜欢的图案是松、竹、梅等。

日本人大多喜爱黄色。

日本人有着敬重"7"这一数字的习俗。可是对于"4"与"9"却视为不吉,因为"4"在日文里发音与"死"相似,而"9"的发音则与"苦"相近。"13"也是忌讳的数字,许多宾馆没有"13"楼和"13"号房间,羽田机场也没有"13"号停机坪。

日本人没有互相敬烟的习惯。

进入日本人的住宅时必须脱鞋。

四、对美国客户的拜访礼仪

(一)和美国客户打交道的礼仪

1. 沟通礼仪

美国人在待人接物方面,随和友善,容易接近。在交际场合,他们喜欢主动跟别人打招呼,并且乐于主动找人攀谈。在美国人看来,人缘好,善于结交朋友,是取得个人成功的基本条件之一。在一般情况下,同外人见面时,美国人往往以点头、微笑为礼,或者只是向对方"嗨"一声作罢。若非特别正式的场合,美国人甚至连国际上最为通行的握手礼也略去不用了。若非亲朋好友,美国人一般不会主动与对方亲吻、拥抱。

2. 称呼礼仪

在称呼别人时,美国人极少使用全称,他们更喜欢与交往对象之间直呼其名,以示双方关系密切。若非官方的正式交往,美国人一般不喜欢称呼官衔,但是对于能反映其成就与地位的学衔、职称,如"博士""教授""律师""法官""医生"等,他们却是乐于在人际交往中用作称呼的。在一般情况下,对于一位拥有博士学位的美国议员而言,称其为"博士",肯定比称其为"议员"更受对方的欢迎。

小看板

美国人大多比较直率。在待人接物中,他们喜欢在符合礼仪的前提下直来直去,与美国人打交道时,表现得过于委婉、含蓄,或是有话不明讲,而代之以旁敲侧击、巧妙地暗示,效果未必能够尽如人意。

3. 服饰礼仪

崇尚自然是美国人穿着打扮的基本特征。在日常生活之中,美国人大多素面朝天,爱穿 T 恤、牛仔、运动装以及其他风格的休闲装,要想依照日常着装来判断一个美国人的实际地位或身份,往往是难以办到的。

衣冠楚楚的美国人在实际生活里也不是没有。但是,要想见到身穿礼服或套装的美国人,大约只有在音乐厅、宴会厅或者大公司的写字楼内。美国人认为一个人的着装,必须因其所处的具体场合,或是所扮演的具体角色而定。在美国人看来,一个人穿着西装、打着领带去迪士尼乐园,与穿着休闲装赴宴或出席音乐会一样,都是极不得体的。在美国若不了解此类讲究,往往会贻笑大方。

美国人非常注意服装的整洁。在一般情况下,他们的衬衣、袜子、领带必然每天一换。穿肮脏、折皱、有异味的衣服的人,美国人是看不起的。

4. 餐饮礼仪

美国人的饮食习惯,可以概括为喜食"生""冷""淡"的食物,不刻意讲究形式与排场,而强调营养搭配。在一般情况下,美国人以食用肉类为主,牛肉是他们的最爱,鸡肉、鱼肉、火鸡肉亦受其欢迎。美国忌讳吃狗肉、猫肉、蛇肉、鸽肉,淡水鱼与无鳞无鳍的鱼,动物的头、爪及其内脏,生蒜、韭菜、皮蛋等。

受快节奏的社会生活影响,美国人的饮食日趋简便与快捷,因此,快餐在美国得以大行其道。热狗、炸鸡、土豆片、三明治、汉堡包、面包圈、比萨饼、冰淇淋等,在美国可谓老少皆宜,已成为美国人平日餐桌上的主角。

美国人爱喝的饮料有冰水、矿泉水、红茶、可乐、葡萄酒以及新鲜的牛奶、果汁等。

美国人有时会请朋友们到自己家里共进晚餐。美国人看重的是这一形式本身,而在实际内容上却不甚讲究,请客时只准备两三道菜也是极为正常的。和美国人进餐时要注意其不替他人取菜,不对别人劝酒,不吸烟等习惯。

在美国,即使是父子、朋友,外出用餐时,往往也会各付各的账。在人际交往中,美国人是不愿意向别人借钱的,他们认为借钱应该去银行,找个人借钱就是索要的意思。

课堂笔记

(二) 美国的习俗禁忌

美国人普遍爱狗。美国人认为狗是人类最忠实的朋友。在美国人眼里,驴代表坚强,象代表稳重,它们分别是共和党、民主党的标志。白头雕,亦名白头鹰或秃鹰,是美国人最珍爱的飞禽,它不但成为美国国徽上的主体图案,而且被选定为美国的国鸟。美国的国石是蓝宝石。

在美国人看来,白色象征着纯洁,因此白猫也成了美国人很喜欢的宠物,它被认为可以给人们带来好运。在美国,人们喜欢的色彩还有蓝色和黄色。由于黑色在美国主要用于丧葬活动,因此美国人对它比较忌讳。

美国人最讨厌的数字是"666""13"和"3",不喜欢的日期则是星期五。

美国人大多比较喜欢运用手势或其他体态语来表达自己的情感。不过,下列体态语却为美国人所忌用,如冲着别人伸舌头,用食指指点交往对象,竖起中指等,美国人认为这些体态语都具有侮辱他人之意。

跟美国人相处时,与之保持适当的距离是必要的。美国人认为个人空间不容冒犯。因此,在美国碰了别人要及时道歉,坐在他人身边先要征得对方同意,与美国人交往时,两人之间保持50厘米至150厘米之间的距离才是比较适当的。

美国人很重视个人隐私。在美国,询问他人收入、年龄、婚恋、健康、籍贯、学历、住址、种族、血型、星座等,都是不礼貌的。即使招聘时,美国人也极少询问此类问题。

五、对英国客户的拜访礼仪

(一) 和英国客户打交道的礼仪

1. 社交礼仪

英国人在为人处世上较为谨慎和保守,在待人接物上讲究含蓄和距离,人际交往中崇尚宽容和容忍,在正式场合注重礼节和风度。

在社交场合,英国人极其强调所谓的"绅士风度"。它不仅表现为英国人对妇女的尊重与照顾,而且也见之于英国人的仪表整洁、服饰得体和举止有方。

小看板

需要特别指出的是,由于种种原因,英国各个地区的人都十分重视自己的民族自尊。因此,与他们进行交往时,一定要具体情况具体对待,分别称为"英格兰人""苏格兰人""威尔士人"或"北爱尔兰人"。不过,要是采用"不列颠人"这一统称,也可以接受。

在交际活动中,握手礼是英国人使用最多的见面礼节。"请""谢谢""对不起""你好""再见"一类的礼貌用语,他们是天天不离口的。即使是家人、夫妻、至交之间,英国人也会经常使用这些礼貌用语。

在进行交谈时,英国人,特别是那些上年纪的英国人,喜欢别人称呼其世袭的爵位或荣誉的头衔。至少,也要郑重其事地称之为"阁下"或是"先生""小姐""夫人"。

2. 服饰礼仪

英国人十分注重衣着,一旦出门,他们便会衣冠楚楚,与此同时,他们还极爱以衣帽取人。用英国大文豪莎士比亚的话来讲,这主要是因为"一个人的穿着打扮,就是其自身修养的最好说明"。英国人在交际应酬之中非常注意体现其"绅士""淑女"之风。英国人在正式场合的穿着十分庄重而保守。男士一般要穿三件套的深色西装,女士则要穿深色的套裙或者素雅的连衣裙。

3. 餐饮礼仪

英国人的饮食具有"轻食重饮"的特点。说英国人"轻食",主要是因为英国人在菜肴上没有多大特色,日常的伙食基本上没有多大的变化。除了面包、火腿、牛肉之外,英国人平时常吃的也就是土豆、炸鱼和煮菜了,在英国,"烤牛肉加约克郡布丁"被人称为国菜。

英国人的饮食禁忌,主要是不吃狗肉,不吃过咸、过辣或带有黏汁的菜肴。

英国名气最大的饮料当推红茶与威士忌。与绝大多数欧美人所不同的是,绝大多数英国人嗜茶如命。英国人所喝的茶是红茶,他们早上醒来后先要赖在床上喝上一杯"被窝茶"。在英国,喝"下午茶"既是午餐与晚餐之间的一顿小吃,也是人们"以茶会友"的一种社交方式。

苏格兰生产的威士忌,曾与法国的白兰地、中国的茅台并列为世界三大名酒。英国人饮酒,很少自斟自酌。他们的观念是,饮酒最好去酒吧。因此,英国的酒吧比比皆是,并且成为英国人社交的主要场所之一。

(二)英国的习俗禁忌

英国的国花是玫瑰。对于被视为死亡象征的百合花和菊花,英国人则十分忌讳。

英国的国鸟是知更鸟。在英国,它被叫作"红胸鸽",并被人

> **课堂笔记**

> **小看板**
> 英国男子讲究天天刮脸,"当我年轻时,我每天刮两次脸",是英国的俗语之一。

> **小看板**
> **各国的"吃"**
> 在评论欧洲主要国家菜肴的特点时,有人曾概括为:德国人是"考虑着营养吃",法国人是"夸奖着厨师的手艺吃",意大利人是"痛痛快快地吃",而英国人则是"注意着礼节吃"。

们视为"上帝之鸟"。孔雀与猫头鹰，在英国则名声不佳。

英国人平时十分宠爱动物，其中极其喜欢狗和猫。

在色彩方面，英国人偏爱蓝色、红色与白色。它们是英国国旗的主要色彩。英国人所反感的色彩主要是墨绿色。

英国人在图案方面的禁忌甚多。人像以及大象、孔雀、猫头鹰等图案，都会令他们大为反感。在握手、干杯或摆放餐具时无意之中出现了类似十字架的图案，他们也认为是十分晦气的。

英国人所忌讳的数字主要是"13"与"星期五"，对"666"，他们也十分忌讳。

在人际交往中，英国人不欢迎贵重的礼物。涉及私人生活的服饰、肥皂、香水，带有公司标志与广告的物品，亦不宜送给英国人。而鲜花、威士忌、巧克力、茶叶、工艺品以及音乐会票，则是送给英国人的适当之选。

与英国人交谈时，切勿涉及王室、教会以及英国各地区之间的矛盾，特别是不要对女王、王位继承人和北爱尔兰独立问题说三道四。

六、对阿拉伯客户的拜访礼仪

阿拉伯人分布甚广，包括西亚、北非的许多国家，如伊拉克、叙利亚、约旦、沙特阿拉伯、埃及、苏丹、利比亚等，通常把这些国家统称为阿拉伯国家。

（一）和阿拉伯客户打交道的礼仪

1. 社交礼仪

阿拉伯国家很多，各国之间的礼俗还有一些差别。

商务拜访使用的名片上要印有本国语言和英语。一般来说，商务会谈在热烈友好的气氛中进行，但要注意不能过于随便，不要谈论有关政治、宗教和性的话题。

阿拉伯人通常很敏感，他们认为西方人对身体接触的抵触是一种冷漠的表现。握手是必须做的，如果因感到握手时间过长而径自把手抽回是一种很不友好的举动，因为他们认为长时间握手有助于建立友谊。

很多阿拉伯人到现在为止仍对从事商业的女性抱有敌意，在阿拉伯国家有很多女性在商界很活跃，不过他们通常雇用男性来处理与客户联络的有关事宜。

2. 服饰礼仪

一般来说,男性应穿长裤和长袖衬衫。女性应穿朴素、不暴露的衣服;允许穿裙子,但必须过膝;也可穿裤子;如果穿衬衫,袖子必须过肘。如果出席正式场合或与重要人物会面,则应穿套装(裙子和裤子套装皆可)。

3. 餐饮礼仪

阿拉伯人不吃猪肉,也不吃马、骡、驴等牲畜的肉。有的阿拉伯人还不吃脚上有蹼的家禽肉,如鹅、鸭等,也有些阿拉伯人不吃无鳞的鱼,和阿拉伯人在一起时也不要喝酒。假如主人用手抓饭,客人最好也那么做,但吃饭、喝茶千万不能用左手,只能用右手,因为阿拉伯人认为左手是污秽的,不能用来进食。

伊斯兰教禁酒。唯伊拉克与其他阿拉伯国家不同,伊拉克人可以喝酒,只是在斋月期间用白布把酒瓶盖起来而已。

(二)阿拉伯人的习俗禁忌

伊斯兰教教规要求每天做五次祷告,祷告时工作暂停,这时客人绝不可打断他们的祈祷或表示不耐烦。

伊斯兰历九月是阿拉伯人的斋月。在这个月里,白天禁食,午后不办公,其他人应该尊重他们的习惯。阿拉伯人从星期六到下个星期四为办公日。星期五是他们的休息日和祈祷日,与他们洽谈工作应注意这一点。

阿拉伯人不用公历,而是用伊斯兰历,其纪年、月份都和公历不同。

第一次和阿拉伯人见面时不要送礼,以免有行贿之嫌。给阿拉伯人送礼,不要送不值钱的东西,也不要送带动物形象的东西以及女性的照片等,这是伊斯兰教所忌讳的。还有,绝对不能给阿拉伯人的妻子送礼,给阿拉伯人的孩子送礼会特别受欢迎。

同阿拉伯人谈话,应避免谈论政治和宗教,不要谈论诸如猪、狗等他们忌讳的动物。和阿拉伯人谈公事以前,最好请他们喝一杯浓咖啡或薄荷茶。

在阿拉伯人家里做客,一般见不到女主人,向主人问他妻子的情况是不礼貌的。地中海沿岸的一些国家,连孩子的情况也不能问,否则会认为给孩子带来灾难。如果客人见到了阿拉伯人的妻子,可以打招呼,但切记不可过分热情;也不要主动和阿拉伯人的妻子握手,因为女子是不和男人握手的。

> **课堂笔记**
>
> **小看板**
>
> 在一些保守的阿拉伯国家,穿着不合适的衣服会招致当地人的指责。在这些国家,即使是住在美式的旅馆里,也不要穿短裤、没有袖子的衬衫、领口开得很低的衣服和膝盖以上的短裙。

课堂笔记

坐着时最好把脚踩地上,不要架着脚,以免露出鞋底,更不能把脚跷到桌子上,否则这些举止会被主人认为是对他们的侮辱。

张小礼的成长

拜访客户时一般要准备礼品,就是俗称的"伴手礼",准备礼品时要了解主人的兴趣爱好,礼品的价值也不能太贵,给国外友人送礼时要特别注意文化和礼仪禁忌。张小礼准备的礼物是丝绸围巾和茉莉花茶,丝绸体现中国元素,茉莉花茶符合英国客人爱喝茶的习惯,所以这两份礼物很恰当。

思考与训练

1. 去办公场所拜访时,如何做到"察言观色",控制拜访时间?
2. 去私人住所拜访,怎样选择合适的伴手礼?
3. 假设你要接待美国客户史密斯,如果请他吃饭,点菜的时候要注意什么问题?

04
SHANGWUYANQINGLIYI

项目四
商务宴请礼仪

素质点

◆ 了解中国优秀传统餐饮文化的魅力。

◆ 养成良好的用餐习惯，掌握优雅的用餐礼仪，在日常餐食中进行美育熏陶。

◆ 在涉外交往中自觉弘扬中餐文化。

◆ 发现餐饮文化之美。

项目四　商务宴请礼仪

任务一　　掌握中餐礼仪

张小礼的思考

公司新开发的俄罗斯客户一行5人来到中国,专程到公司拜访,洽谈新项目合作事宜。公司在星际酒店中餐厅准备了一个小型欢迎晚宴,以粤菜为主。餐桌上摆放了筷子等中餐具,陈经理又吩咐服务员摆上刀叉。用餐时,俄罗斯客人们饶有兴趣地使用筷子,偶尔也用刀叉解决一下"难题",餐桌氛围融洽和谐,张小礼暗暗佩服陈经理的周到。

任务目标

☆ 了解商务宴请的形式
☆ 掌握中式宴请的尊位、桌次和座次排序
☆ 掌握中餐餐具使用规范
☆ 掌握中餐点菜技巧
☆ 掌握中餐进餐礼仪规范
☆ 掌握简单的茶礼

课堂笔记

中国宴请的历史可以追溯到新石器时代,现已成为中国传统文化的重要组成部分。以宴请的形式款待宾客是人们进行交往的重要形式。商务宴请就是指企业为了达到诸如扩展业务、签订合同、洽谈项目、沟通信息等特定的商业目的而举办的宴会或者招待会,它是一种带有浓重商务色彩的社交活动。

一、商务宴请的形式

商务宴请的形式一般有两大类,即宴会和招待会。宴会是较为隆重的正餐,以晚宴为最隆重。招待会是只备一些食品和饮料,不备正餐,不安排座次的一种较为灵活的宴请形式。

> 课堂笔记

（一）宴会的分类

1. 正式宴会

正式宴会对赴宴者的着装、桌次和席位摆设均有较高的礼仪要求，宾主均按身份排座就位。正式宴会分为：晚宴、午宴、早餐，最正式的是晚宴，其次是午宴。西方国家一般将正式晚宴安排在晚8点以后，我国则在晚6点或7点开始。正式晚宴要安排好座次，在请柬上注明对宾客着装的要求，席间有祝词或祝酒。正式午宴一般定在下午1点左右。

2. 便宴

便宴为非正式宴会，一般有午宴、晚宴。其特点是形式简便，不明确安排座次，不设正式讲话，菜肴道数可以酌减。对出席宴会宾客的服装要求宽松一些，有时穿着便装也可以出席。便宴的气氛亲切、随便，是商务交往中运用最为广泛的一种宴会形式。

3. 家宴

家宴是指在家中设宴招待客人。其特点是主人下厨烹调，家人共同招待。各国人士都有举行家宴的习惯，家宴的气氛亲切友好，被广泛运用于亲友聚会中。

相对于正式宴会，家宴最重要的特点就是要制造亲切、友好、自然的气氛，使赴宴的宾主双方轻松、自然、随意，彼此增进交流，加深了解，促进信任。

（二）招待会的分类

招待会是指各种不备正餐、较为灵活的宴请形式，只备有食品、酒水和饮料。通常不排座位，宾客可以自由活动。常见的招待会有冷餐会、酒会、工作餐和茶会等。

1. 冷餐会

冷餐会又称自助餐，是最常见的招待会形式之一。它的特点是不排席位。菜肴以冷食为主，也可用热菜，连同餐具摆放在桌上，供客人自取。冷餐会可以在室内或庭院中举办，既可摆设桌椅请来宾自由入座，也可以不设座椅，方便来宾自由走动交谈。一般而言，冷餐会的举办时间最好安排在中午12点到下午2点或下午5点至7点。

2. 酒会

酒会又称鸡尾酒会，是国际上举办大型活动（如庆祝各种节日、欢迎代表团访问以及各种典礼）前后通常举办的招待会。酒会以酒水为主，配以甜点、冷食等小食品，形式活泼、简便，不设座椅，客人可随意走动交谈，举办时间亦较灵活，中午、下午和晚上均可。客人来去自由，不受约束。因为在鸡尾酒会中需要不时地与人握手，所以应注意用食后及时用纸巾擦拭，并以左手持杯，用干净的右手与他人握手。

3. 工作餐

工作餐是一种非正式的宴请形式,有时还需参加者自己负担进餐费用。按就餐时间分为工作早餐、工作午餐和工作晚餐。就餐者利用共同进餐的时间边吃边谈。一般只请与工作有关的人员参加,参加工作餐的总人数以不超过 10 人为宜。在工作繁忙、时间紧张、日程安排不开的情况下,通过工作餐这一形式既可以节省时间,又能够达到沟通交流的目的。

4. 茶会

茶会是一种更为简便的招待形式。茶会的时间一般安排在上午 10 点或下午 4 点左右,地点通常安排在客厅、会议室等场所,厅内设茶几、座椅,不排座次。如果是为某贵宾举行的活动,则安排主宾与主人坐在一起,其他人随便就座。茶会主要是以茶招待,因此对茶叶、茶具的选择比较讲究,一般用陶瓷茶具,不用玻璃杯与热水瓶。茶会上可略备点心与小吃,但要便于食用。也可选用咖啡做主饮料。茶会的目的一般是交谈而非喝茶,因此,茶会并不同于东方的茶道。

二、中式宴请的尊位、桌次和座次排序

(一)中式宴请的尊位确定

主方宴请客方时,如何安排席间的座位很有讲究,主人和主宾要安排在尊位上,尊位就是本次宴请中位次最高的座位,一般是一对尊位,我们称为主尊和客尊。在不同的情境下尊位的确定有不同的办法。

1. 宴请为一桌情况下

(1)面门设座,中式宴请一般使用圆桌,面门设座是指当房间里没有特意布置背景墙时,可以根据房间的门来确定尊位,圆桌上朝门的中央位置可以设为尊位,如图 4-1 所示。

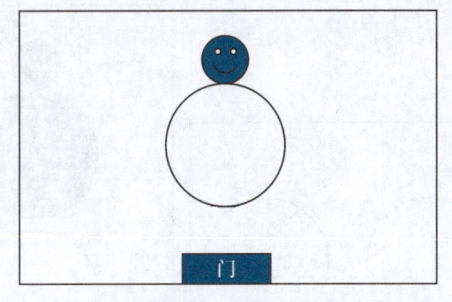

图 4-1 宴请为一桌情况下的尊位

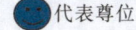

😊 代表尊位

(2)依景设座,一般在中高档餐厅,房间里面都设有背景墙,或以字画、屏风组成,这时,圆桌上的尊位就设在背靠背景墙的

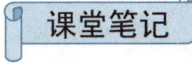

中间位置。

2. 宴请为多桌情况下

当宴请为多桌时,尊位一定位于主桌上。确定尊位时,一般以众星捧月或能够看到全场的中央位置为尊位,如图 4-2 所示。

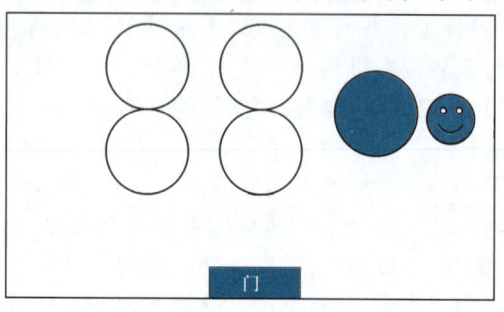

图 4-2　宴请为多桌情况下的尊位

☺ 代表尊位

(二)中式宴请的桌次排序

在中式宴请活动中,如果客人较多,就会出现多桌宴请的情况,这时就有圆桌的摆放次序问题,我们称为桌次。桌次的高低以离主桌位置的远近而定,离主桌越近,桌次越高;离主桌越远,桌次越低。平行时的桌次排序为右高左低。桌数较多时,要摆桌次牌。在同一桌上,再根据离主人席位的远近来确定座次。

一般来说,排列圆桌的次序,主要有两种情况。

1. 由两桌组成的小型宴请

宴请的宾客数量超过一桌时,就要安排桌次了,在两桌的情况下,就分为主桌和次桌。根据宴会厅的空间布局情况,可以分为两桌横排和两桌竖排的形式。当两桌横排时,桌次如图 4-3 所示。当两桌竖排时,桌次讲究以远为上,以近为下,如图 4-4 所示。这里所讲的远近,是以距离宴会厅门口的远近而言的。

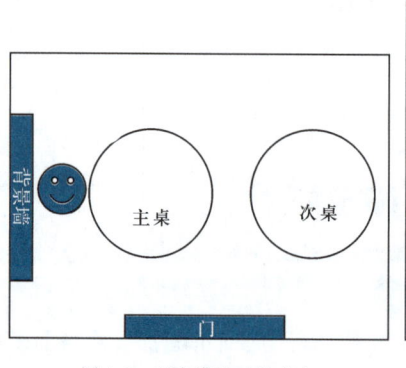

图 4-3　两桌横排时的桌次　　图 4-4　两桌竖排时的桌次

☺ 代表尊位　　☺ 代表尊位

2. 由三桌或三桌以上的桌数组成的宴请

（1）在安排三桌以上的多桌宴请的桌次时，首先要确定主桌，主桌的确定依照"众星捧月""视线最佳"设立，还应兼顾其他各桌距离主桌的远近。通常，距离主桌越近，桌次越高；距离主桌越远，桌次越低。桌次排序的几种形式如图4-5所示。

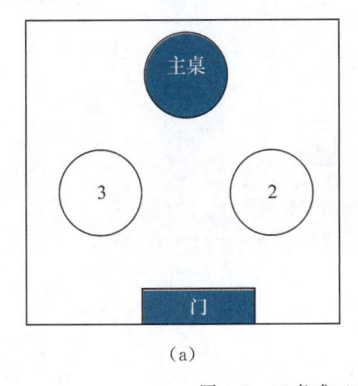

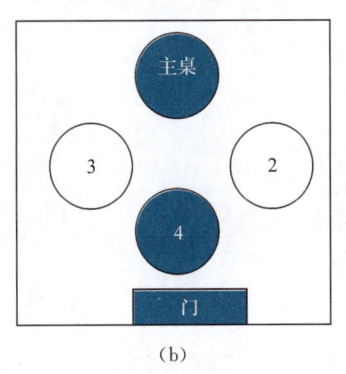

图4-5 三桌或三桌以上的桌次排序

（2）在安排桌次时，所用餐桌的大小、形状要基本一致。除主桌可以略大些外，其他餐桌都不要过大或过小。

（3）为了确保赴宴者能够快速准确地找到自己所在的桌次，可以在请柬上注明客人所在的桌次，并在每张餐桌上摆放桌次牌，大型宴会需安排引位员引导来宾按桌就座。

（三）中式宴请的座次排序

中式宴请的座次排序是指在每一张圆桌上，各位来宾的座位安排次序。座次高低的安排主要是依据来宾职务的高低，当主客双方的尊位确定后，其他人员的座位安排除按职位顺序以外，还要兼顾语言、业务、性格、兴趣、性别搭配等因素。

中式宴请的座次安排具有一定的技巧性，特别是在多边宴请时，来宾各方所代表的机构不同、职位、资历等各异，这时，座次的安排需要一定的人际关系处理能力和平衡技巧。

1. 公司内部宴请

出席宴请的人员按照职位高低，兼顾资历等因素，全桌只设一个尊位，其他人员的安排按照"以左为尊"，由近及远，距尊位越近，位次越高，如图4-6所示。

2. 双边宴请

以主方的职位最高者为中心，其余主客双方人员各自按"以左为尊"原则，以"之"字形飞线排列，同时要做到主客相间，如图4-7所示。

> 课堂笔记

图 4-6　公司内部宴请

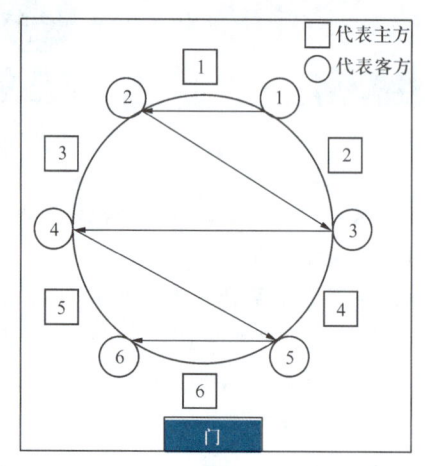

图 4-7　主方只有一位主陪人情况下的座次排序

根据不同的接待规格，"主尊"和"客尊"的位置可以稍做变动。例如，当接待总公司领导或资历深厚的前辈时，为了表示尊重，要请客方坐在全桌的中心位置上。

在比较正式的多桌宴请中，除了在主桌要认真安排座次以外，其他的每一张桌子也都要精心安排座次，每一张桌子的座次排序都以该桌上位次最高的人为中心。

三、中餐餐具的使用规范

中餐宴请讲究"色、香、味、形、声、器"，其中"器"即为餐具。考究的餐具不仅体现出中国的传统风格，也显示对客人的尊重。中餐餐具可分为主餐具与辅餐具两类。主餐具是指进餐时主要使用的、必不可少的餐具，通常包括筷子、汤匙、碗、盘等；辅餐具主要在用餐时发挥辅助作用，最常见的中餐辅餐具有水杯、湿毛巾、水盂、牙签等。

小看板

生活中的就餐座次排序办法

在日常生活中，在一些要注意就餐座次的场合，有几个方法可以简单帮你排序：

两人一同并排就座，通常以右座为上座。这是因为中餐上菜时多以顺时针方向为上菜方向，居右的因此要比居左的优先受到照顾。

三人一同就座用餐，坐在中间的人在位次上高于两侧的人。

用餐的时候，面对正门者是上座。

在有些餐厅里，室内外往往有优美的景致或演出供用餐者欣赏，这时候，观赏角度最好的座位是上座；有些餐厅也会以靠墙的位置为上座。

（一）筷子与汤匙的使用

在中餐里，筷子和汤匙都是取用食物的工具。

1. 筷子的使用

使用筷子取菜时，需要注意以下问题：

（1）不"品尝"筷子

不论筷子上是否有残留食物，都不要去舔它，更不能长时间地把筷子含在嘴里。

（2）不"跨放"筷子

当暂时不用筷子时，可将它放在筷子架上或放在自己所用的碗、碟边缘上。不要把它直接放在餐桌上，更不要把它横放在碗、盘上，尤其是公用的碗、盘上。掉到地上的筷子不要再用。

（3）不"插放"筷子

不用筷子时，将其"立正"插放在食物、菜肴之上尤为不可。根据民俗，只有祭拜祖先时才可以这样做。另外，也不要把筷子当叉子，去取食物。

（4）不"舞动"筷子

与人交谈时，应暂时放下筷子。切不可用筷子敲击碗、盘，指点对方，或是拿着它停在半空中，因为这样会给人一种"迫不及待地要去夹菜"的感觉。

（5）不"滥用"筷子

不要以筷子代劳他事，如剔牙、挠痒、梳头，或是夹取菜肴、食物之外的东西。在用餐中，如果需要暂时停止用餐，可以把筷子搁放在筷子架上或者放在自己所用的碗、食碟边缘上。

2. 汤匙的使用

汤匙可以用来喝汤，也可以协助筷子拿取食物。用汤匙取食物时，不宜过满，免得溢出来弄脏餐桌或自己的衣服。必要时，可在舀取食物后，在原处"暂停"片刻，待汤汁不再滴流后，再移向自己享用。

使用汤匙时要注意：

（1）用餐时，一手执筷同时又执汤匙是最忌讳的。

（2）用汤匙取用食物后，应立即食用，不要把它再次倒回原处，若取用的食物过烫，不可用嘴对它吹来吹去。

（二）碗、盘、食碟的使用

1. 碗的使用

碗在中餐里主要是盛放主食、羹汤之用的。用碗来吃饭或喝汤时，要用一只手端起碗，一般用左手的大拇指扣住碗口，食指、中指、无名指扣住碗底，手心中空，以右手执筷或拿汤匙取食。不能用一只手掌托着碗底，也不能双手端起碗来直接喝汤。可

课堂笔记

以将碗放置在桌面上,以左手扶着碗边,右手执筷或拿汤匙取食。暂且不用的碗内不宜弹烟灰或乱扔东西。

2. 盘的使用

盘在中餐中主要用以盛放菜肴,盘子在餐桌上一般应保持原位,用餐者不要随意挪动,更不能把用过的盘子叠放在一起。

3. 食碟的使用

中餐摆台时用食碟来进行定位,食碟固定摆放在用餐者的桌前,用来盛放食物残渣。用餐过程中的骨头、鱼刺等不要直接吐在地上或桌上,要用筷子将其轻轻取放在自己的食碟里面,必要时由服务员取走更换。

(三)水杯、湿毛巾、水盂、牙签的使用

1. 水杯

中餐中所用的水杯,主要是盛放清水、汽水、果汁等软饮料。需要注意的是:不要用水杯去盛酒。

2. 湿毛巾

如果是比较讲究的中餐,会在餐前为每位用餐者上一块湿毛巾。湿毛巾能用来擦手,但绝对不可用其擦脸、擦嘴、擦汗。擦手之后,应将其放回盘中,由侍者取回。有时,在正式宴会结束前,会再上一块湿毛巾。与前者不同的是,这次它只能用来擦嘴,也不可用其擦脸、抹汗。

3. 水盂

某些中餐的菜肴在食用时需要手持食物进食,这时在餐桌上会摆上一个水盂,也就是盛放清水的水盆,这里面的水并不能喝,而只能用来洗手。在水盂里洗手时,不要乱甩、乱抖。得体的做法是两手轮流沾湿指尖,然后轻轻浸入水中刷洗。

4. 牙签

牙签主要用来剔牙。用餐时,尽量不要当众剔牙,非剔不可时,应以另一只手掩口。剔牙之后,不要长时间叼着牙签。

四、中餐点菜技巧

点菜是学问,又是艺术。根据我们的饮食习惯,与其说是"请吃饭",倒不如说是"请吃菜",因此在宴请来宾时对菜单的安排马虎不得。

(一)中餐点菜思路

1. 投其所好

投其所好是指要考虑客人的口味和他们的喜好。例如,有的口味清淡,有的口味浓重;有的喜欢杭帮菜,有的喜欢粤菜,有的喜欢川菜,还有的喜欢鲁菜。请客时一定要尊重和迎合客人的喜好和口味,而不能以己方为主。一般客人到了某一个地方都有品尝本地特色的心理,因此,在点菜的时候可以对外地来宾介绍一些本地的特色菜。

2. 量力而行

主方应根据宴请的规格,提供量力而行的最佳菜肴组合。如果为了讲究排场,贪图虚荣,在点菜时超出规格和预算,超出用餐者的食用能力,造成浪费,反而会被来宾认为华而不实,尤其是外宾,他们是不提倡浪费的。

3. 几种点菜方法

(1)可以点套餐或包桌。这样的费用固定,菜肴的档次和数量也相对固定,比较省事。

(2)可以根据客人喜好,在用餐现场临时点菜。这样不但自由度较大,而且可以兼顾个人的财力和口味。

(3)在套餐基础上微调,套餐往往是饭店的最佳组合,但是针对性不强;自己点的餐针对性强,但是搭配组合并非最佳。所以,在套餐的基础上,增加几个客人喜欢的菜,或者将不喜欢的菜调换成喜欢的菜,不失为一个两全其美的方法。

(4)除正式宴会外,点菜数量采取比较科学的"N+1"的方法,即点菜数量比在座人数多。当然,也要考虑不同地区、不同档次饭店菜量的不同。一般东北菜量最大,粤菜、沪菜比较精致,相对量小。

4. 点菜技巧

(1)中餐特色菜

在邀请外宾时,一定要注意选择一些有明显中国特色的菜品,如饺子、春卷、元宵等往往受到很多外国来宾的欢迎。

(2)本地特色菜

在宴请外地客人时,选择一些有名的地方菜品应该是很受客人喜爱的,如西湖醋鱼、毛家红烧肉、北京烤鸭等,这要比千篇一律的生猛海鲜更受好评。

(3)餐馆特色菜

很多餐馆都有自己拿手的特色菜,选择一份本餐馆的特色菜,说明主人的细心和对被请者的尊重。

(4)主人特色菜

在家里宴请宾客时,主人一般都是要露一手的,所谓的特色菜也并不一定非要十全十美,但只要是主人亲自动手做的,就足以让宾客感觉到主人对自己的尊重和友好。

(二)中餐上菜礼仪

1. 中餐的上菜顺序

中餐上菜的顺序一般为:冷盘、热菜、炒菜、大菜、汤菜、炒饭、面点、水果。

2. 上菜中的习惯与礼貌

(1)菜肴上有孔雀、凤凰图案的拼盘,应当将其正面放在第一主人和主宾的面前,以方便第一主人与主宾欣赏。

(2)第一道热菜应放在第一主人和主宾的前面,没有吃完的菜则移向副主人一边,后面上的菜可遵守同样的原则。

(3)遵守"鸡不献头,鸭不献掌,鱼不献脊"的传统习惯,即在上鸡、鸭、鱼一类的菜时,不要将鸡头、鸭掌、鱼脊对着主宾。而应当将鸡头与鸭掌朝向右边放置。上整鱼时,由于鱼腹的刺较少,肉味鲜美腴嫩,所以,应将鱼腹而不是鱼脊对着主宾,表示对主宾的尊重。

(4)如果上咸点心的话,讲究上咸汤;如果上甜点心的话,就要上甜汤。

五、中餐进餐礼仪规范

(一)餐前礼仪

1. 按时赴宴

接到宴请的邀请后,要按照约定的时间到达餐厅,国际惯例中有个"准时晚到制"是说比规定时间晚几分钟到达比较合适。如果提前太早到达的话,主人可能还没有准备好,这点在主人邀请参加家宴时要特别注意,否则主人会感到措手不及。但是晚到不要超过十分钟。此外,如无特殊原因,切勿早退。

2. 注意仪表

参加宴请时,应适度地进行个人修饰。总的要求是整洁、优雅,如果不加任何修饰,甚至仪容不洁、着装不雅,则会被视为不尊重主人,不重视此次宴请的表现。

3. 入座

应邀出席宴请活动,应听从主人安排。如果是大型宴会,进入宴会厅之前,先了解自己的桌次座位,入座时注意桌上座位卡是否写着自己的名字,不可随意乱坐。小型宴请开席之前,主人会邀请所有宾客入座,邀请的顺序按照位次顺序,一般而言,只要主宾双方的第一号人物就座了,其他人就可以自然落座。如果没有特别的主客之分和职务之分,则先礼让长辈入座。

入座宜从左侧进入,轻拉椅背,慢慢入座。坐的姿势要端正,女士双腿应并拢,男士自然即可。双手不可靠在桌面或邻座的椅背上,更不要弯腰驼背用餐,并注意与餐桌保持适当的距离。

4. 物品放置

钥匙、手机、香烟、打火机等私人物品,应放进手提包内。手提包放在后背与椅背之间,而不是放在餐桌上或地上。去高档

餐厅就餐,脱下的长外套不可直接披在椅背上,应交给服务员放置衣帽间保管。在一般的餐厅用餐需要脱去外套时,可以将外套直接搭在椅背上。手机最好关机,或转成静音模式,如有紧急电话需接,应离席至适当场地接听。

(二)进餐礼仪

1. 致辞

在正式宴会开始前,主人与主宾大都要先后进行专门的致辞。致辞时要认真倾听,以表示友好与尊重。在主人或主宾致辞时动筷取食物、闭目养神、与人交谈或是打打闹闹,都是失礼的。

2. 用餐

一道菜上桌后,通常须等主宾、主人或长辈动筷之后再去取食。要使用公筷,先用公筷将菜肴夹到自己的菜碟内,然后再用自己的筷子慢慢食用。

如遇本人不能吃或不爱吃的菜肴,当服务员上菜后,主人夹菜时,不要摆手拒绝,可取少量放在盘内,并表示"谢谢,够了。"对不合胃口的菜,不要显出难堪的表情。进餐过程中不宜抽烟,如需抽烟,必须先征得邻座的同意。进餐的速度,宜与主人和主宾同步,不宜太快,亦不宜太慢。

同桌如有外宾,不用反复劝菜,也不要为其夹菜,因为外宾一般没有这个习惯。

餐桌上的话题以轻松愉悦为主调,不能谈悲戚之事,否则会破坏欢愉的气氛。

(三)中餐饮酒礼仪

1. 斟酒

主人亲自为来宾所斟的酒,应是本次宴会上最好的酒,并应当场启封。在主人亲自来斟酒时,客人必须端起酒杯致谢,必要时,还须起身站立,或欠身点头为礼。

斟酒一般从位次高者开始,按照顺时针方向依次斟满。当位次低的人斟酒的时候,位次高的人可以回敬以"叩指礼"。斟酒要注意面面俱到,不要漏掉某个人。

斟酒要适量,一般白酒和啤酒要斟满,红酒倒酒杯的三分之一即可。

2. 敬酒

(1)敬酒的时机

正式的敬酒,一般是在宾主入席后、用餐开始前。普通敬酒,只要是在正式敬酒之后就可以开始。

如果向同一个人敬酒,应该等位次比自己高的人敬过之后再敬。

> **小看板**
>
> **中途离席的注意事项**
>
> 中途离开宴请现场,一定要向邀请你来的主人说明、致歉,不可不辞而别。和主人打过招呼,应该马上就走,不要占主人过多时间。
>
> 中途离开时,不要和周围每个人一一告别,只要悄悄地和身边的两三个人打个招呼,然后离去便可。
>
> 中途离席时不要问周围的熟人要不要一起走。

课堂笔记

(2)敬酒的顺序

向别人敬酒时,按照职位高低、宾主身份、年龄大小为序。分不清位次时,按统一的顺序敬酒也不为错,可以先从自己身边按顺时针方向开始敬酒,或从左到右、从右到左进行。

(四)餐后礼仪

(1)用餐完毕后,必须等主人和主宾离座,其他人员才能离座。

(2)餐后不宜当着客人面结账,也不宜拉拉扯扯抢着付账,应找适当的时机悄悄地去结账。

(3)送客时,应该提醒其所携带或是寄存的物品。

阅读材料

中餐宴请时应注意的风俗禁忌

1. 宗教禁忌

宴请对宗教禁忌要是不了解,或是贸然犯禁,都会带来很大的麻烦。

2. 地方禁忌

不同地区的饮食偏好往往有所不同,"南甜北咸、东辣西酸",安排菜单时应予以兼顾。欧美国家的人通常不吃宠物、稀有动物、动物内脏、动物的头部和脚爪、形状奇怪的食物。

3. 职业禁忌

有些职业,在餐饮方面往往有各自不同的禁忌。例如,国家公务员在执行公务的时候不准"吃请";在公务宴请时不准大吃大喝,不准饮用烈性酒。再如,驾驶员在工作期间,不得饮酒。要是忽略了这一点,有可能使其犯错误。

4. 个人禁忌

有些人,由于种种因素的制约,在饮食上往往会有一些特殊要求。例如,患有心脏病、高血压的病人不适合吃狗肉;肝炎病人忌吃羊肉和甲鱼;有肠胃炎等消化系统疾病的人不适合吃甲鱼;高血压、高胆固醇患者要少喝鸡汤;脂肪肝的患者要少吃荤腥油腻食品。有的人不吃鱼、肉、蛋;有的人怕酸、辣的食物,还有的人对某些食物过敏等。这不是什么缺点,应充分予以照顾,不应对此说三道四。

六、茶礼

在我国,饮茶不仅是一种生活习惯,更是一种源远流长的文化传统。"以茶待客"是我国最普及、最具平民性的日常生活礼仪。客来宾至,清茶一杯,可以表敬意、洗风尘、叙友情。茶礼成为人们日常生活中的一种高尚礼节,茶与礼仪紧紧相连,密不可分。

在现代社会,以茶待客更成为人们日常社交、商务交往和家庭生活中普遍的往来礼仪。了解并掌握好茶礼,不仅是对客人、朋友的尊重,也能体现自身的修养。

(一)器皿准备

1. 选择合适的茶具

茶具的种类有很多,比较常见的有瓷器茶具、紫砂茶具、玻璃茶具等。选择茶具,要注重茶具的功能、质地、色泽三方面,还要注意与茶叶相配,茶具内壁以白色为好,能真实反映茶汤色泽与明亮度。

常见茶类适宜选配的茶具大致如下:

(1)绿茶:透明玻璃杯,应无色、无花、无盖;或用白瓷、青瓷、青花瓷无盖杯。

(2)花茶:青瓷、青花瓷等盖碗、盖杯。

(3)红茶:内挂白釉紫砂、白瓷、红釉瓷、暖色瓷的壶杯具、盖杯、盖碗或咖啡壶具。

(4)白茶:白瓷或内壁有色黑瓷。

(5)乌龙茶:紫砂壶杯具或白瓷壶杯具、盖碗、盖杯为佳。

2. 选择合适的茶叶

不同的地区,饮茶的习惯不同,应准备的茶叶也就不尽相同。广东、福建、广西、云南一带习惯饮红茶,近几年饮乌龙茶的人也多了起来。江南一带饮绿茶比较普遍。北方人一般习惯饮花茶,少数民族地区习惯饮浓郁的紧压茶。就年龄来讲,一般来说,年轻人多喜欢饮淡茶、绿茶,老年人多喜欢饮浓茶、红茶。不同情况下,应准备不同的茶叶,但都应该有特色。

(二)奉茶礼仪

1. 奉茶的时机

奉茶的最好时机通常是在客人就座后,开始洽谈之前。如果宾主已经开始洽谈工作,这时才端茶上来,免不了要打断谈话或为了放茶而移动桌上的文件,这是失礼的。值得注意的是,喝茶要趁热,凉茶伤胃。

小看板

斟茶叩谢礼

在我国流行一种礼仪,即当别人为你斟茶时,你要以食指和中指轻叩桌面,表示谢意。这一手语礼仪据说起源于清朝。传说乾隆皇帝南巡广东,有一次微服到广州一家茶馆饮茶,竟客串店小二,为随员斟茶。按照清朝规矩,受皇上恩赐,应叩头致谢,但当时却不便如此行礼。一位侍臣灵机一动,以手代头,用食指和中指轻叩茶桌,表示叩头致谢,遂流传至今。

> **课堂笔记**

2. 奉茶的顺序

上茶时一般由主人向客人献茶，或由接待人员给客人上茶。上茶时最好用托盘，手不可触杯面。奉茶时，按先主宾客后主人，先女宾后男宾，先主要客人后其他客人的礼遇顺序进行。不要从正面端茶，因为这样既妨碍宾主思考，又遮挡视线。得体的做法是从每个人的右后侧递送。

3. 斟茶的礼仪

在斟茶时要注意每杯茶水不宜斟得过满，以免溢出洒在桌子上或客人衣服上。一般斟七分满即可，应遵守"满杯酒、半杯茶"之古训。

4. 续水的礼仪

茶会中陪伴客人品茶时，要随时注意客人杯中茶水存量，随时续水。

> **小看板**
> **续水礼**
> 在我国某些地方，饮茶的时候如果茶壶里的茶水剩下不多，要加添开水，客人不必呼喊服务员，只要将壶盖揭开，放在壶口边沿和壶柄之间，服务员就会前来加添开水。

应安排专人给客人续水。续水时服务人员走路要轻，动作要稳，说话声音要小，举止要落落大方。续水要一视同仁，不能只给一小部分人续水，而冷落了其他客人。如用茶壶泡茶，则应随时观察是否装满开水，但注意壶嘴不要冲着客人方向。

5. 饮茶的礼仪

不论是客人还是主人，饮茶都要边饮边谈，轻啜慢咽。不宜一次将茶水饮干，不应大口吞咽茶水，喝得咕咚作响。应当慢慢地、一小口一小口地仔细品尝。如遇漂浮在水面上的茶叶，可用茶杯盖拂去，或轻轻吹开，切不可从杯里捞出来扔在地上，更不要吃茶叶。

6. 其他注意礼仪

我国旧时有以"再三请茶"作为提醒客人应当告辞的做法，即端茶送客。因此，在招待老年人或海外华人时要注意，不要一而再、再而三地劝其饮茶。

西方常以茶会作为招待宾客的一种形式，茶会通常在下午4点左右开始，设在客厅。准备好座椅和茶几就行了，不必安排座次。茶会上除饮茶之外，还可以上一些点心或风味小吃，国内现在有时也以茶会的形式招待外宾。

尽管不少国家有饮茶的习惯，但饮茶的讲究却是千奇百怪的。例如，日本人崇尚茶道，将其作为陶冶人性情的一种艺术。

阅读材料

我国的饮茶礼仪

茶叶的原产地在中国。我国的茶叶产量,堪称世界之最。饮茶在我国,不仅是一种生活习惯,也是一种源远流长的文化传统。中国人习惯以茶待客,并形成了相应的饮茶礼仪。例如,请客人喝茶,要将茶杯放在托盘上端出,并用双手奉上。茶杯应放在客人右手的前方。在边谈边饮时,要及时给客人添水。客人则需善"品",小口啜饮,满口生香,而不是"牛饮"。茶艺已成为中国传统文化的一个组成部分。例如,中国的"工夫茶",便是茶艺的一种,有严格的操作程序,具体如下:

(1)嗅茶。客人坐定以后,取出茶叶,主动介绍该品种的特点、风味,客人则依次传递嗅赏。

(2)温壶。先将开水冲入空壶,使壶体温热,然后将水倒入"茶船"(一种紫砂茶盘)。

(3)装茶。用茶匙向空壶中装入茶叶,通常装满大半壶。切忌用手抓茶叶,以免杂味混入。

(4)润茶。用沸水冲入壶中,待壶满时,用竹筷刮去壶面茶沫,随即将茶水倾入"茶船"。

(5)冲泡。至此,才可正式泡茶。要用开水,但不宜用沸水。

(6)浇壶。盖上壶盖之后,在壶身外浇开水,使壶外、壶内温度一致。

(7)温杯。泡茶的间隙,在"茶船"中利用原来温壶、润茶的水,浸洗一下茶盅避免串味。

(8)运壶。第一泡茶泡好后,提壶在"茶船"边沿巡行数周,以免壶底的水滴滴入茶盅串味。

(9)倒茶。将小茶盅"一"字排开,提起茶壶来回冲注,俗称"巡河"。切忌一杯倒满后再倒第二杯,以免浓淡不均。

(10)敬茶。双手捧上第一杯茶,敬奉在座的客人。如客人不止一位时,第一杯茶应奉给德高望重的长者。

(11)品茶。客人捏着小茶盅,观茶色,嗅茶味,闻茶香,然后腾挪于鼻唇之间,或嗅或啜,如醉如痴,物我两忘。

茶艺是我国民族文化的精华。随着精神文明建设的深入,相信茶艺也将得到振兴。

张小礼的成长

在餐桌上展示中餐文化是涉外商务交往的重要内容之一,摆放中式餐具符合中餐礼仪规范,体现客随主便的原则。同时摆放刀叉又兼顾了客人的需求,体现主随客意的艺术。

思考与训练

1. 举例说明在家庭用餐时,应该注意什么样的礼仪细节呢?
2. 同学们分组演练奉茶礼仪。
3. 结合日常用餐,养成正确的用筷、用碗习惯。
4. 分享中华传统美食背后的故事,进一步了解中华餐饮文化。

任务二　掌握西餐礼仪

张小礼的思考

张小礼和朋友们一起去吃西餐,大家点了一桌子菜,还要了几瓶红酒,几个人边吃边喝非常热闹,有两个豪爽的朋友各自倒了一满杯红酒,干杯,一饮而尽,其他人都为他们的好酒量鼓掌叫好,这种喧闹的气氛引来了旁边其他客人的侧目。

任务目标

☆ 了解西餐的用餐礼仪
☆ 掌握西餐餐具的用法
☆ 了解西餐上菜顺序及食用礼仪
☆ 了解西餐的饮酒搭配

国际商务宴请中,西餐常常唱主角。吃西餐讲究"4M"即：精美的菜单(Menu),迷人的气氛(Mood),动听的音乐(Music),优雅的进餐礼节(Manners)。掌握西餐礼仪,有助于从容优雅地应对商务交际。

课堂笔记

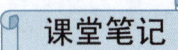

微课：西餐用餐礼仪

一、西餐的用餐礼仪

(一)收到请柬时

1. 确认回复

接到请柬后,要及时确认宴请的发起人对宴请时间、地点及服饰的要求,是否邀请配偶一起出席,是否和自己的时间安排有所冲突。当确认自己能参加时,要正式回复。

2. 正式着装

一般正式西餐宴会时都会提前发邀请,并且请柬上会注明着装要求。去高档的餐厅用餐,男士要穿着整洁的上衣和皮鞋;女士要穿裙装和有跟的鞋子。如果指定穿正式服装的话,男士必须穿西装打领带,女士要穿礼服,化较浓重的晚妆,拿精致的手包。

(二)用餐时的礼节

1. 适时到达

适时到达是赴宴的重要礼仪,适时的含义是既不要迟到,又不要早到 15 分钟以上。遵守国际惯例的"准时晚到制",以晚到十分钟之内最为恰当。

2. 参与交流

在正式宴会开始以前都会有一段寒暄问候、相互介绍的时间。这段时间可长可短,一般正式的西餐宴会大约需要 20 到 40 分钟。这段时间称为 Mingling Time(混合时间),或叫 Circling Time(转圈时间)。之所以叫混合时间,或叫转圈时间,是因为此时要求就餐者尽可能与更多的人交谈交流,应在场内走动,如同转圈,要问候一下主人,联络一下老朋友,并争取认识几位新朋友。

用餐时,无论是主人、陪客或宾客,都应与同桌的人交谈,特别是左右邻座。不要只同几个熟人或只同一两个人说话。邻座如不相识,可先做自我介绍。

3. 礼貌入席

当主人邀请宾客入席时,首先入席的应该是主人夫妇与主宾夫妇,然后是其他宾客及陪客人员。当长辈、女性入座时,晚辈、男性应走上前去将他们的座椅稍向后拉,待他们要坐下时,轻轻将椅子向前推,让他们坐下。

4. 优雅落座

落座时,一般应从自己行进方向的左侧入座,离座时也尽量从左边离开。

落座后椅子和餐桌之间不要过近或过远。双腿靠近,两脚平放在地上,坐端正。双手不要放在邻座的椅背或餐桌上,更不要用两肘撑在餐桌上,腹部和桌子保持约一个拳头的距离。

西餐宴会,主人都会安排男女相邻而坐,讲究"女士优先"的西方绅士,都会表现出对女士的殷勤照顾。

二、西餐餐具的使用

(一)刀叉的使用

吃西餐主要用刀叉,刀叉是餐刀、餐叉两种餐具的统称,刀叉是同时配合使用的。因此,人们在提到西餐餐具时,喜欢将二者相提并论。

课堂笔记

小看板

西餐订餐有讲究

在高档的饭店用餐需要事先预约。预约时,不仅要说清人数和时间,也要表明是否要吸烟区或视野良好的座位。如果是生日或其他特别的日子,可以告知宴会的目的和预算。在不熟悉的餐厅请客户吃晚餐,也务必要先致电餐厅问清"Is there a dress code?"(这里对着装有什么要求?)之后将得知的信息告知客户。

1. 刀叉的放置

在享用西餐正餐时，一般情况下摆在每位用餐者面前的刀叉主要有：吃黄油所用的餐刀，吃鱼所用的刀叉，吃肉所用的刀叉，吃甜品所用的刀叉等。它们不但形状各异，摆放的具体位置也有一定的规则，刀叉的放置如图 4-10 所示。

图 4-10　刀叉的放置

（1）吃黄油所用的餐刀，没有与之相匹配的餐叉。它的正确位置，是横放在用餐者左手的正前方。

（2）吃鱼所用的刀叉和吃肉所用的刀叉，应当是餐刀在右、餐叉在左，分别纵向摆放在用餐者面前的餐盘两侧。餐叉的具体位置，应处于吃黄油所用餐刀的正下方。

（3）吃甜品所用的刀叉应于最后使用，它们一般被横向放置在用餐者面前的餐盘的正前方。

2. 刀叉的使用规范

有时，在餐盘左右两侧摆放的刀叉会有三副之多。要想正确地使用它们，关键是要记住，应当依次分别从两边由外侧向内侧取用。在正规一点的西餐宴会上，通常讲究吃一道菜要换一副刀叉。也就是说，吃每道菜时，都要使用专门的刀叉。

使用刀叉，一般有两种常规方式可供借鉴：

（1）英国式。它要求在进餐时，始终右手持餐刀，左手持餐叉，右手切割食物，左手用餐叉送入口中。通常认为此种方式较为文雅。

（2）美国式。它的具体做法是，先"右刀左叉"，一口气把餐盘里要吃的东西全部切割好，然后把右手里的餐刀斜放在餐盘前方，将左手中的餐叉换到右手里，叉而食之。这种方式的好处是比较省事。

3. 用餐时使用刀叉的注意事项

（1）切割食物时，不可以弄出声响。

（2）切割食物时，双肘下沉，切勿左右开弓。那样做，一是有碍于他人；二是"吃相"不佳。而且，还有可能使正在被切割的食物"脱逃而去"。

（3）切割好的食物应刚好适合一下子入口。切不可叉起它之后，再一口一口咬着吃。另外，应当以餐叉而不是用餐刀扎着吃。

（4）要注意刀叉的朝向。将餐刀临时放下时，不可刀口向外。双手同时使用刀叉时，叉齿应当朝下；右手持餐叉进食时，则应叉齿向上。

（5）掉落到地上的刀叉切勿再用，可请侍者另换一副。

（6）进餐中如果讲话，可以拿着刀叉，无须放下，但若需要做手势时，就应放下刀叉，千万不可手执刀叉在空中挥舞摇晃；也不要一手拿餐刀或餐叉，而另一只手拿餐巾擦嘴；更不可一只手拿酒杯，另一只手拿餐叉取菜。要记住，任何时候，都不可将刀叉的一端放在盘上，而另一端放在桌上。

4. 刀叉的暗示

刀叉除了具有将食物切开送入口中之用外，还有一个非常重要的功用，即刀叉的摆放方式传达出"用餐中"或是"结束用餐"之类的信息。而服务生正是利用这种方式来判断客人的用餐情形，以及是否收拾餐具准备接下来的服务等。

（1）暂停用餐。餐刀在右、餐叉在左，刀口向内、叉齿向下，呈八字形摆放在餐盘之上。它的含义是此菜尚未用毕。

（2）用餐完毕。餐刀在右、餐叉在左，刀口向内、叉齿向上，并排纵放在餐盘里；或者餐刀在上、餐叉在下并排横放在餐盘里。它的含义是侍者可以连刀叉带餐盘一块收掉。

（二）西餐餐匙的使用

1. 餐匙的种类

在西餐的正餐里，一般至少会出现两把餐匙，它们形状不同、用途不一，摆放的位置也不同，如图 4-11 所示。

图 4-11 餐匙的摆放

> **课堂笔记**

> **名人说礼仪**
> 对用餐礼仪最大的考验就是不要触犯别人的感觉。
> ——世界著名礼仪专家艾米莉·波斯特

(1)汤匙。个头较大,通常它被摆放在用餐者右侧的最外端,与餐刀并列纵放。

(2)甜品匙。个头较小,一般情况下,它被横向摆放在吃甜品所用刀叉的正下方,并与其并列。有时,它也会被个头同样较小的茶匙所取代。

2. 餐匙使用的禁忌

(1)餐匙除可以喝汤、吃甜品之外,不可直接舀取其他任何主食、菜肴。

(2)已经开始使用的餐匙,切不可再放回原处,也不可将其插入菜肴、主食,或是放在甜品、汤盘或红茶杯之中。

(3)使用餐匙时,要尽量保持其周身的干净清洁。

(4)用餐匙取食时,动作应干净利落,切勿在甜品、汤或红茶之中搅来搅去。

(5)用餐匙取食时,务必不要过量,而且一旦入口,就要一次将其吃完。不要将一餐匙东西,反复品尝好几次。餐匙入口时,应以其前端入口,而不是将它全部塞进口中。

(6)不能直接用茶匙去舀取红茶饮用。

(三)西餐餐巾的使用

餐巾虽小,但在西餐用餐过程中却是一个发挥多重作用的重要角色。

1. 餐巾的放置

(1)西餐里所用的餐巾,通常会被叠成一定的图案,放置于用餐者的餐盘中,或是直接被平放于用餐者左侧的桌面上。

(2)进餐时,餐巾应该平铺于用餐者的大腿上面。使用正方形餐巾时,可将它折成等腰三角形,并将直角朝向膝盖方向。使用长方形餐巾,则可将其对折,然后折口向外平铺于大腿上。

(3)打开餐巾后,将其折放成三角形或长方形的整个过程应在桌下悄然进行,切忌凌空一抖。

(4)在外用餐时,切忌将餐巾掖于领口、围在脖子上、塞进衣襟内,或是担心其掉落而将其系在裤腰之上。

2. 餐巾的作用

(1)保洁。将餐巾平铺于大腿之上,其主要目的就是"迎接"进餐时掉落下来的菜肴、汤汁,保护衣服免被弄脏。

(2)揩拭。在用餐期间若要与人交谈,应先用餐巾轻轻地拭一下嘴。女士进餐前,亦可用餐巾轻印一下唇部,以除去唇膏。以餐巾拭嘴时,尽量使用一个地方,不应用餐巾擦汗、擦脸,擦手也要尽量避免。特别要注意,不要用餐巾去擦餐具,那样做等于是向主人暗示餐具不洁,要求其调换一套。

(3)掩盖。在进餐时,尽量不要当众剔牙,也不要随口乱吐东西。万一非做不可时,应以左手拿起餐巾挡住口部,然后以右手剔牙;或是以右手持餐巾接住"出口"之物,再将其移到餐盘前端。倘若这些过程没有遮掩,那是颇为失礼的。

3. 餐巾的暗示

在用餐时,餐巾可用于进行多种特殊暗示。最常见的暗示有:

(1)暗示用餐开始。西餐大都以女主人为"带路人",当女主人铺开餐巾时,就等于是在宣布用餐可以开始了。

(2)暗示用餐结束。当主人,尤其是女主人把餐巾放到餐桌上时,意在宣告用餐结束,请各位告退。

(3)暗示暂时离开。若中途暂时离开,一会儿还要去而复返,继续用餐,可将餐巾放置于本人座椅的椅背上。见到这种暗示,侍者就不会马上动手"撤席",而会维持现状不变。

三、西餐上菜顺序及食用礼仪

(一)西餐上菜顺序

1. 头盘

西餐的第一道菜是头盘,也称为开胃品,一般有冷头盘或热头盘之分,常见的品种有鱼子酱、鹅肝酱、熏鲑鱼、鸡尾杯、奶油鸡酥盒、焗蜗牛等。因为是要开胃,所以开胃菜一般都具有特色风味,味道以咸和酸为主,而且数量较少,质量较高。

2. 汤

西餐的第二道菜是汤。西餐的汤大致可分为清汤、奶油汤、蔬菜汤、冷汤 4 类。品种有牛尾清汤、各式奶油汤、海鲜汤、意式蔬菜汤、俄式罗宋汤等。

3. 副菜

鱼类菜肴一般作为西餐的第三道菜,也称为副菜。品种包括各种鱼类、贝类及软体动物类。通常水产类菜肴与蛋类、面包类、酥盒菜肴品均称为副菜。因为鱼类等菜肴的肉质鲜嫩,比较容易消化,所以放在肉类菜肴的前面,叫法上也和肉类菜肴有区别。西餐吃鱼类菜肴讲究使用专用的调味汁,品种有鞑靼汁、荷兰汁。

4. 主菜

肉、禽类菜肴是西餐的第四道菜,也称为主菜。肉类菜肴的原料取自牛、羊、猪等,其中最有代表性的是牛肉或牛排,牛排的烹调方法常用烤、煎、铁扒等。肉类菜肴配用的调味汁主要有西班牙汁、浓烧汁精、蘑菇汁、白尼斯汁等。禽类菜肴的原料取自鸡、鸭、鹅等。禽类菜肴品种最多的是鸡，有山鸡、火鸡、竹鸡，可煮、可炸、可烤、可焖，主要的调味汁有黄肉汁、咖喱汁、奶油汁等。

5. 蔬菜类菜肴

蔬菜类菜肴可以安排在肉类菜肴之后，也可以与肉类菜肴同时上桌，蔬菜类菜肴在西餐中称为沙拉，与主菜同时服务的沙拉，称为生蔬菜沙拉，一般用生菜、西红柿、黄瓜、芦笋等制作。沙拉的主要调味汁有醋油汁、法国汁、千岛汁、奶酪沙拉汁等。

还有一些蔬菜是熟食的，如花椰菜、煮菠菜、炸土豆条。熟食的蔬菜通常和主菜的肉食类菜肴一同摆放在餐盘中上桌，称之为配菜。

6. 甜品

西餐的甜品是主菜后食用的，可以当作第六道菜。从真正意义上讲，它包括所有主菜后的食物，如布丁、冰淇淋、奶酪、水果等。

7. 咖啡、茶

西餐的最后一道是咖啡或茶。喝咖啡一般要加糖和淡奶油。茶一般要加香桃片和糖。喝咖啡时可以右手拿杯把，左手端小碟，也可以只端杯子，将小碟留在桌上，喝完一口后，一定要把杯子放回碟上。茶匙仅用于搅拌，用完即放回茶碟，不能用它舀着喝。饮用中国的绿茶、薄荷茶不加任何东西，如果是印度茶、黑茶或英国红茶则可以加少量的奶和糖。

（二）西餐中主要食物的吃法

1. 牛排的吃法

牛排是西餐的代表，精致的牛肉配上美味的香料加以烹调，是款待客人的最佳美食。

（1）菲力牛排（Filet Mignon）：牛腰部的小块里脊肉，质地非常鲜嫩，相对其他部位比较精瘦，油花少，几乎没有肥膘，推荐三分熟、五分熟、七分熟。

（2）沙朗牛排（Sirloin Steak）：也就是经常说到的西冷牛排，肉质鲜嫩，取自牛背脊附近最鲜嫩的位置，好的沙朗牛排可以达到入口即化的地步，极致鲜甜。

（3）肋眼牛排（Rib's Eye Steak）：来自靠近胸部的牛肋脊部位，肉丝中夹着Q弹十足的油筋，油花非常丰富，多汁、肉嫩，适合年轻的食客，可以令人食欲大开。

（4）T骨牛排（T-bone Steak）：取自牛腰部后面的肉，其实在切割的时候会保留一块T字形的牛骨，由沙朗和菲力组成，

资料卡

点牛排时的用词

Very Rare：极生，煎牛排的时间不超过三分钟。

Rare：生，时间不超过四分钟。

Medium Rare：中生，三分熟，时间六到八分钟。

Medium：稍熟，五到六分熟，时间需要八到十分钟。

Medium Well：熟，七分熟，时间需要十到十二分钟。

Well Done：全熟，时间需要十二到十五分钟。

可以同时享用两个不同部位的肉质,是美国食客的最爱。

(5)纽约牛排(New York Steak):取自上等的无骨里脊肉,被称为最好吃的里脊肉。

牛排一般都是大块的。吃的时候,用刀、叉把肉切成一小块,大小刚好是一口。千万不要用叉子把整块肉夹到嘴里。吃牛排时可以按自己爱好决定生熟的程度,预订时,服务员或主人会问客人需要牛排生熟的程度。

2. 鸡肉的吃法

把鸡腿和鸡翅用刀叉分开。用餐叉稳住鸡腿(鸡脯或鸡翅),用餐刀把肉切成适当大小的片,用刀叉食用。

3. 鱼的吃法

吃鱼时不能把鱼翻身,吃完上面后,用刀叉取出鱼骨,再吃下面一层。

如果嘴里吃进了小骨或小刺,用拇指和食指捏出。

4. 沙拉的吃法

如果沙拉是一大盘,端上来就应使用沙拉叉。如果和主菜放在一起,则要使用主菜叉来吃;如果主菜沙拉配有沙拉酱,可以先把沙拉酱浇在一部分沙拉上,吃完这部分后再加酱。

5. 喝汤

即使汤再热,也不要用嘴吹。要用汤匙从里向外舀,汤盘里的汤快喝完时,可以用左手将汤盘的外侧稍稍翘起,用汤匙舀净就行了。吃完后,将汤匙留在汤盘里,匙把指向自己。

6. 意大利面的吃法

吃意大利面,要用叉子慢慢地卷起面条,每次卷四五根最方便;也可以用调羹和叉子一起吃,调羹可以帮助叉子控制滑溜溜的面条。

7. 甜点与水果的吃法

(1)蛋糕、西饼用小甜食叉子,冰淇淋、布丁等用甜点调羹食用。

(2)水果作为甜点或随甜点一起送上,通常做成水果沙拉或拼盘。若是未加工的水果,则应以刀叉配合使用。在没有刀叉时,可用手将果核从嘴中取出,放在果盘边上,不能直接吐在餐桌上。

课堂笔记

小看板

西餐桌上可以用手拿着吃的食物

下面是西餐桌子上可以用手拿着吃的食物:肋骨、带壳的蛤蚌和牡蛎、龙虾、带芯的玉米、三明治、面包、干蛋糕、小甜饼、土豆条或炸薯片、小萝卜、橄榄等。

小看板

西方人用餐六忌

★ 不吃动物内脏
★ 不吃珍稀动物
★ 不吃动物的头和脚
★ 不吃无鳞无鳍的鱼和蛇、鳝等
★ 不吃宠物,尤其是猫和狗
★ 不吃淡水鱼

> **阅读材料**
>
> ## 几种水果的吃法
>
> **苹果和梨** 在宴席上,要用手拿取苹果或梨,把它放在盘上,先切成几瓣,再去核切块,然后用餐叉或水果刀食用。如果场合比较随便的话,可以用手拿着吃。
>
> **香蕉** 如果是在餐桌上吃香蕉,要先剥皮,再用刀切成段,然后用叉子叉着吃。
>
> **葡萄** 对于无籽葡萄没什么讲究,一粒粒地吃就行。若葡萄有籽,应先把葡萄放入口中嚼食肉质,然后把籽吐到手掌中。最后把手掌中的葡萄籽放到盘里。
>
> **菠萝(果肉)** 吃鲜菠萝片时,始终使用刀叉。
>
> **草莓** 大草莓可以用手持其柄部,蘸着白砂糖(自己盘中的)整个吃。然后将剩下来的草莓柄放入自己的盘中。如果草莓是切块拌在奶油里的,要使用勺子。
>
> **西瓜** 切成块的西瓜一般用刀和叉来吃,吃进嘴里的西瓜籽要及时清理,并吐在手掌中,然后放入自己的盘中。

8. 面包的吃法

面包应掰成小块送入口中,不要拿整块面包咬。抹黄油和果酱时也要先将面包掰成小块再抹,抹一块,吃一块。

9. 西式快餐和小吃

(1)汉堡包和热狗。可以用手拿着吃,但一定要用餐巾纸垫住,让酱汁流到餐巾纸上。为防万一,可以一只手拿餐巾纸垫住,另一只手准备一两张餐巾纸备用。

(2)比萨饼。可以用手拿着饼块,注意防止上面的馅掉下来。但在晚宴的餐桌上一般是看不到比萨饼的。

(3)玉米薄饼。玉米薄饼是一种普遍用手拿着吃的食物。可以蘸上甜豆酱或番茄酱等食用。

(4)油煎食品和薯片。可以用手拿着吃,也可以用叉子吃。

(三)用餐时的礼仪禁忌

不可在餐桌边化妆,用餐巾擦鼻涕。用餐时打嗝是最大的禁忌,万一发生此种情况,应立即向周围的人道歉。取食时不要站立起来,坐着拿不到的食物应请别人传递。

就餐时不可狼吞虎咽。不愿吃的食物也应要取一点放在盘中,以示礼貌。主人劝客人添菜,如有胃口,添菜不算失礼,相反主人也许会引以为荣。

课堂笔记

不可在进餐时中途退席。如有事确需离开应向左右的客人小声打招呼。饮酒干杯时,即使不喝,也应该将杯口在唇上碰一碰,以示敬意。当别人为客人斟酒时,客人如不要,可简单地说一声"不,谢谢!"或以手稍盖酒杯,表示谢绝。

在进餐尚未全部结束时,不可抽烟,直到上咖啡表示用餐结束时方可。如左右有女客人,应有礼貌地询问一声"您不介意吧?"

用餐的时候,如果刀叉掉在地上,不要弯腰去捡,可以示意服务生来换一套新的。

如果在餐桌上弄洒了东西,千万不要大惊小怪,惊动别人,悄悄让服务生来处理即可,如果洒的东西太多,服务生会铺上一块新的餐巾,把弄脏的地方盖住。

四、西餐中的饮酒礼仪

在西餐中,饮酒是餐桌上的重要活动,可以和菜肴并重,西餐中饮酒需要特别注意和菜肴的搭配。

(一)西餐中的酒水分类

西餐中所上的酒水,可以分为餐前酒、佐餐酒、餐后酒三种。

1. 餐前酒

餐前酒是指在开始正式用餐前饮用,或在吃开胃菜时与之搭配的酒。一般情况下,人们喜欢在餐前饮用的酒有鸡尾酒、香槟酒。

(1)鸡尾酒

鸡尾酒源自西方,实际上是一种混合酒,其配方据说已有2 000多种。传说外国人喜欢斗鸡,每当斗鸡得胜时,总喜欢拿一支公鸡尾上的羽毛到酒馆饮酒,以表示自己是斗鸡的胜利者,人们便把这种酒称作"鸡尾酒"。现在,鸡尾酒已成为人们所喜爱的饮料,它光彩夺目,受到广泛欢迎。

①鸡尾酒的调配。鸡尾酒是用几种酒加果汁、香料等混合起来的酒,多在饮用时临时调制。通常以朗姆酒、威士忌等烈酒或葡萄酒作为基酒,再配以果汁、蛋清、苦精、糖等其他辅助材料,加以搅拌或摇晃而成的一种饮料,最后还可用柠檬片或薄荷

叶作为装饰物。

②鸡尾酒酒杯的使用。喝鸡尾酒时，要用鸡尾酒酒杯，这是一种呈倒三角形的高脚玻璃杯，不带任何花纹。因鸡尾酒要保持其冰冷度，所以手持酒杯时应接触其高脚部位，不能直接触摸杯壁，避免温度升高而影响口感。

③鸡尾酒会的举行时间。鸡尾酒会的举行是有固定时间的，一般来说，在旅馆、饭店举行鸡尾酒会的时间是下午2点半到5点；在酒吧间是下午2点到5点；如果在家里，则为下午4点到6点或者5点到7点举行。

④鸡尾酒礼仪。按照过去的礼节，鸡尾酒会的主人应在酒会举行前发出请柬，收到请柬的人应该写回执，申明自己是否出席。与其他宴会不同，鸡尾酒会期间，客人们可以自由出入，迟到不为失礼，早退也没有关系。

(2)香槟酒

香槟酒是法文 Champagne 的音译，是一种富含二氧化碳的起泡白葡萄酒，原产于法国香槟省，因此而得名。香槟酒是将白葡萄酒装瓶后加酵母和糖，放在低温(8℃～12℃)下再发酵而制成的。酒精含量为13%～15%。

①香槟酒与美食的搭配。香槟酒不仅可以作为开胃酒，更能与不同的菜肴以及甜品搭配。粉红香槟酒可以配法餐的鹅肝、火腿或家禽，亦可以配中餐的红烧肉。白葡萄香槟酒则可以配法餐的羊羔肉，亦可配中餐的清蒸鱼和白灼虾等。

②香槟酒最佳饮用温度。香槟酒是发泡性葡萄酒的一种，历来受到人们的喜爱，被称为酒中之王。它能够增添宴会的气氛，适宜在餐前喝。香槟酒的最佳饮用温度应该是8℃～10℃，饮用前可在冰桶里放20分钟或在冰箱里平放3小时。

③香槟酒酒杯。香槟酒的酒杯有两种，一种是高脚开口浅杯，另一种是状似切头的郁金香外形杯，郁金香形酒杯是喝香槟酒的最佳搭配，这种形状的酒杯，其容积和高度能使香槟酒的气泡有足够空间上升到酒层表面，而且这种酒杯还能维持酒的温度。

资料卡

香槟酒的来历

1668年，奥维利修道院的管家修士丹·佩里农，为了酿造出甘甜可口的葡萄酒，就把各种葡萄酒互相掺拌，用软木塞密封后放进酒窖。第二年春天，当他把那些酒瓶取出时，发现瓶内酒色清澈，明亮诱人。一摇酒瓶，砰一声巨响，他吓了一跳，瓶塞也不翼而飞，酒喷出了瓶口，芳香四溢。大家都感到快乐和新奇，争着品尝新酒，并把这种酒称为"爆塞酒""魔鬼酒"。后来，人们按照用产地命名的习惯，把它命名为香槟酒。

> 课堂笔记

2. 佐餐酒

佐餐酒是指在正式用餐期间饮用的酒水。西餐里的佐餐酒均为葡萄酒,而且大多数是干葡萄酒或半干葡萄酒。葡萄酒是一种普遍受欢迎的低度酒,酒精含量通常为14%~21%。

(1)红葡萄酒

红葡萄酒是选择皮红肉白或皮肉皆红的酿酒葡萄,采用皮汁混合发酵,然后进行分离陈酿而成的葡萄酒,这类酒的色泽成自然宝石红色、紫红色、石榴红色等,因此又称红酒。

①"红酒配红肉"中所说的红肉,即牛肉、羊肉、猪肉。吃这些肉类菜肴时,应佐配以红葡萄酒。

②红葡萄酒酒杯为高脚杯。红葡萄酒的最佳饮用温度为15℃~20℃,因此,可以在室温下饮用,不用冰镇。在饮用时,可以用手握住杯肚,让体温帮助把红酒温度提一提。在红葡萄酒饮用前最好先打开酒盖醒醒酒,或者将酒倒入醒酒瓶中,让其氧化一会儿,这样饮用时,酒味更加纯正和柔和。

(2)白葡萄酒

选择用白葡萄或浅红色果皮的酿酒葡萄,经过皮汁分离,取其果汁进行发酵酿制而成的葡萄酒,这类酒的色泽近似无色,或呈浅黄带绿。

①"白酒配白肉"中所说的白肉,即鱼肉、海鲜、鸡肉。吃这类菜肴时,应佐以白葡萄酒搭配。

②白葡萄酒酒杯为高脚杯。喝白葡萄酒时用手拿住杯脚部分,不要用手接触杯身,以免手指和手掌温度传导到酒中,从而破坏酒味。白葡萄酒的最佳饮用温度是在0℃~5℃,因此,饮用前最好先将白葡萄酒放在冰箱的冷藏室中,饮用时,将酒瓶置于冰桶中。

3. 餐后酒

餐后酒指的是在用餐之后,用来帮助消化的酒水。最有名的餐后酒是有"洋酒之王"美称的白兰地酒。另外,利口酒也属于餐后酒的一种。

(1)白兰地酒

白兰地酒最早起源于法国。它原来的意思就是"葡萄酒的灵魂"。目前世界上有很多地方生产白兰地酒,但最负盛名的两大白兰地酒产地(干邑区和雅玛邑区)却都位于法国的西南边,因此,法国可谓是目前公认的最优秀的白兰地酒王国。

人们认为白兰地酒是一种酒香非常浓郁的酒。因此,在净饮时宜用肚大口小的白兰地酒专用酒杯。这种酒杯适宜用手指和掌心将其握住,这样就可以用体温将酒轻微加温让酒香从酒

> **资 料 卡**
>
> **白兰地酒小知识**
>
> 所有白兰地酒厂,都用字母来鉴别品质:
> E 代表 Especial(特别的);
> F 代表 Fine(好);
> V 代表 Very(很好);
> O 代表 Old(老的);
> S 代表 Superior(上好的);
> P 代表 Pale(淡色而苍老);
> X 代表 Extra(格外的)。
> 也就是说,XO 酒的含义就是格外老的酒,用中国人的话来讲就是陈年老酒。

水中溢出。同时,酒香聚合在杯口。饮用时,一般可以轻微地旋转酒杯,让酒香充分溢出,然后闻一闻再小口啜饮。

(2)利口酒

利口酒是拉丁语 Liqueur 的音译,意思是"溶解,使之柔和",也可以翻译为"液体"。现代欧洲人多数喜欢把利口酒称为"香甜酒",我国部分地区称利口酒为"力妖酒""力乔酒"或"多彩之酒"。

利口酒是一种含有酒精的饮料,是在白兰地、威士忌、伏特加、葡萄酒、朗姆酒、金酒中加入一定的"加味材料",如果皮、砂糖、香料等,经蒸馏、浸泡、熬煮而成的。它是传统的餐后酒,有助于消化。

(3)饮用餐后酒的注意事项

在佐以多种酒时,应注意:度数低的酒比度数高的酒先饮用;不甜的酒比甜的、浓的酒先饮用;白葡萄酒比红葡萄酒先饮用。要避免在吃完甜食或有甜味的食品后,再饮用不甜的酒。

(二)酒与菜肴的搭配

搭配菜肴是酒水的主要功能。在正式的西餐桌上,酒水是主角,它与菜肴的搭配也十分严格。一般来讲,吃西餐时,每道不同的菜肴要配不同的酒水,吃一道菜便要换上一种新的酒水。

以下四种是酒水与各种口味的菜肴进行的搭配:

1. 与酸味菜肴的搭配

一般来讲,酒不能和沙拉搭配,原因是沙拉中的酸会破坏酒的醇香。但是,如果沙拉和酸性酒同用,酒里所含的酸就会被沙拉中的乳酸分解掉,这当然是一种绝好的搭配。所以,可以选择酸性酒和酸味食物一起食用。

2. 与甜味菜肴的搭配

吃甜点时,糖分过高的甜点会将酒味覆盖,使其失去原味。因此,吃甜味菜肴时,应该选择略甜一点的酒。这样酒才能保持原来的口味。

3. 与苦味菜肴的搭配

苦味酒和带苦味的食物一起食用苦味会减少。所以,如果想减淡或除去酒的苦味,可以将苦酒和带苦味的食物搭配食用。

4. 与咸味菜肴的搭配

许多酒类都能降低含盐食品的咸味。食用海产品(如鱼类)时,都会配柠檬汁或酒类,主要原因是酸和酒精能降低鱼类的咸度,食用时味道更加鲜美可口。

课堂笔记

资料卡

不同国家的饮料礼仪

在不同的国家,饮料的含义和礼仪不同。

法国人可能会在饭后上咖啡,因为他们认为这有助于消化,这是不能拒绝的,有时甚至连拒绝的手势都会被认为是不礼貌的。

在英国,"茶"既可以是一杯加牛奶的浓茶,也可以是一顿饭。黄昏茶一般是黄昏时吃的一顿非正式但很丰富的饭,包括许多食物,如热菜、三明治、糕点和水果蛋糕等。下午茶一般是下午吃的点心,包括茶、糕点、水果蛋糕和小三明治。

在澳大利亚,"茶"还可能是晚餐,而"饭"则指午餐。

在拉丁美洲,商务会谈中所上的咖啡一定要喝,哪怕只抿一小口也行。不喝咖啡会被看作对人的侮辱,特别是在那些以咖啡为主要收入来源的国家。

在中东,咖啡不只是饮料,还是好客的象征。

(三)饮酒礼仪

1. 敬酒

敬酒亦称祝酒。在正式宴会上,由男主人向来宾提议,为了某件事而饮酒。在敬酒时,通常要讲一些祝愿、祝福的话。有时,主人与主宾还会郑重地发表一篇专门的祝酒词。因此,敬酒往往是酒宴上必不可少的一道程序。敬酒需要注意以下事项:

(1)敬酒可以随时在饮酒的过程中进行,频频举杯祝酒,会使现场气氛热烈而欢快。

(2)如果是致正式的祝酒词,那应在特定的时间进行,首要考虑的是不影响来宾用餐。通常,致祝酒词最适合在宾主入席后、用餐开始前,有时,也可以在吃过主菜之后、上甜品之前进行。不管是致正式的祝酒词,还是在普通情况下致祝酒词,其内容均越短越好,千万不要长篇大论,喋喋不休,让他人等候良久。

(3)在他人敬酒或致祝酒词时,其他在场者应一律停止用餐或饮酒。应坐在自己座位上,认真倾听。对对方的言行,不要小声讥讽或公开表示反感。

2. 干杯

干杯通常是指在饮酒时,特别是在祝酒、敬酒时,以某种方式劝说他人饮酒,或是建议对方与自己同时饮酒。干杯时,往往要喝干杯中之酒,故称干杯。有的时候,干杯者相互之间还要碰一下酒杯,所以又称碰杯。干杯时应注意以下几点:

(1)干杯需要有人率先提议。提议干杯者,可以是致祝酒词的主人、主宾,也可以是其他任何在场饮酒的人。

(2)提议干杯时,应起身站立,右手端起酒杯,或者用右手拿起酒杯后,再以左手托扶其杯底,面含笑意,目视他人,尤其是注视自己的祝酒对象,口颂祝词,如祝对方生活幸福、节日快乐、工作顺利、事业成功以及双方合作成功等。

(3)当有人提议干杯后,应当手持酒杯起身站立。即便滴酒不沾,也要拿起酒杯。干杯时,应手举酒杯,至双眼高度,口道"干杯"之后,将酒一饮而尽或饮去适当的量。然后,还需手持酒杯与提议干杯者对视一下,这一过程方告结束。

(4)在西餐桌上,祝酒干杯只用香槟酒,而绝不可以用啤酒或其他葡萄酒替代。用香槟酒干杯时,以饮去一半杯中之酒为宜,但也要量力而行。

(5)在西餐宴会上,人们是只祝酒不劝酒,只敬酒而不真正碰杯。使用玻璃酒杯时,尤其不能彼此碰杯。越过身边的人与相距较远者祝酒干杯或者是交叉干杯,都是失礼的表现。

张小礼的成长

西餐通常是在优雅的氛围和礼仪中进行的,西餐厅中就餐的客人交谈也往往是轻声细语的,因此在外就餐时除了要照顾好自己的朋友外,还要关注餐厅整体的气氛,不要妨碍其他客人用餐。

思考与训练

1. 分组演练刀叉的用法。
2. 分组演练餐巾的用法。

任务三　掌握自助餐礼仪

张小礼的思考

公司的新产品推广会马上就要举行,为了营造节俭的氛围,公司把会后的宴请改成自助餐的形式,并在公司的食堂举行。陈经理提醒张小礼他们,在自助餐进行中要多和来宾交流,不要只顾自己。张小礼心想,自助餐就是自己照顾自己啊,为什么还要照顾他人呢?

任务目标

☆ 掌握自助餐的礼仪规范
☆ 掌握工作餐的礼仪规范

课堂笔记

一、自助餐的礼仪规范

自助餐是起源于西餐的一种就餐形式。厨师将烹制好的冷、热菜肴及点心陈列在餐厅的长条桌上,由客人自己随意取食,自我服务。

自助餐起源于公元 8~11 世纪北欧的"斯堪的纳维亚式餐前冷食"和"亨联早餐"。相传这是当时的海盗们最先采用的一种进餐形式,至今世界各地仍有许多自助餐厅以"海盗"命名。海盗们性格粗野,放荡不羁,以至于用餐时讨厌那些用餐礼节和规矩,只要求餐馆将他们所需要的各种饭菜、酒水用盛器盛好,集中放在餐桌上,然后由他们畅饮豪吃,吃完不够再加。海盗们这种特殊的就餐形式,起初被人们视为不文明的现象,但久而久之,人们觉得这种形式也有许多好处,对顾客来说,用餐时不受任何约束,随心所欲,想吃什么菜就取什么菜,吃多少取多少;对经营者来说,由于省去了顾客的桌前服务,自然就省去了许多人力,可减少服务生的使用,降低了用人成本。因此,这种自助式服务的用餐形式很快在欧美各国流行起来,并且随着人们对美食的不断追求,自助餐的形式由餐前冷食、早餐逐渐发展成为午餐、正餐;由便餐发展到各种主题自助餐,如情人节自助餐、圣诞节自助餐、周末家庭自助餐、庆典自助餐、婚礼自助餐、美食节自助餐等。

(一)举办自助餐的礼仪

现在有很多企业甚至家庭在聚会时采用自助餐的形式,作为自助餐的主办者,有一些礼仪规范不可不知。

1. 自助餐的举办场合

如果企业、机关要在大型的活动之后安排宴会,那么自助餐肯定是最佳选择。例如,举办亚运会的时候,参赛者加上记者、裁判员,再加上国际体育组织的工作人员,一家酒店或一个餐厅往往要接待上千人,所以当时主要安排自助餐,并且是24小时开放的,人们可以随时到随时吃。它很好地解决了几千人的吃饭问题。

如果需要宴请的客人超过百人的话,自助餐也是最好的选择。在自助餐上客人主要是自己照顾自己。所以,举办大型活动时,自助餐是待客用餐的首选。

2. 自助餐的场地选择

自助餐的就餐地点,不必同宴会那样郑重,只要场地既能容纳下全部就餐者,又能为其提供足够的交际空间就可以。

在选择、布置自助餐的就餐地点时,有以下几个场地可以考虑:

(1)自家地盘。如果条件允许的话,可以在自己家里或企业的餐厅、礼堂等一些比较开阔的场地举办自助餐。最佳的选择是露天的庭院。如花园、园林、小型广场等,在不破坏环境的前提下,在此举办自助餐,效果是比较好的。

在自家地盘举办自助餐,要注意两个问题:

一是要为用餐者提供一定的活动空间。除了摆放菜肴的区域之外,在自助餐的就餐地点还应划出一块明显的用餐区域。这一区域,不要过于狭小。考虑到实际就餐的人数往往具有一定的弹性,所以用餐区域的面积宁肯划得大一些。

二是要提供数量足够使用的餐桌与座椅。尽管真正的自助餐所提倡的,是就餐者自由走动,立而不坐。但实际上,有不少的就餐者,尤其是年老体弱者,还是期望在其就餐期间,能有一个暂时的歇脚之处。因此,在就餐地点应当预先摆放好一定数量的桌椅,供就餐者自由使用。在室外就餐时,提供适量的遮阳伞,也是必要的。

> **课堂笔记**

> **资 料 卡**
>
> **自助餐的菜肴**
>
> 【冷菜】沙拉、香肠、火腿、牛肉、猪舌、虾松、鱼子、鸭蛋等。
>
> 【汤】红菜汤、牛尾汤、玉黍汤、酸辣汤、三鲜汤等。
>
> 【热菜】炸鸡、炸鱼、烤肉、烧肉、烧鱼、土豆片等。
>
> 【点心】面包、菜包、热狗、炒饭、蛋糕、曲奇饼、三明治、汉堡包、比萨饼等。
>
> 【甜品】布丁、果排、冰淇淋等。
>
> 【水果】香蕉、菠萝、西瓜、木瓜、柑橘、樱桃、葡萄、苹果等。
>
> 【酒水】牛奶、咖啡、红茶、可乐、果汁、矿泉水、鸡尾酒等。
>
> 在准备食物时,务必要注意保证供应量。同时,还应注意食物的卫生以及热菜、热饮的保温问题。

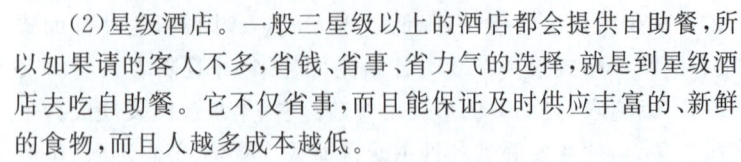

(2)星级酒店。一般三星级以上的酒店都会提供自助餐,所以如果请的客人不多,省钱、省事、省力气的选择,就是到星级酒店去吃自助餐。它不仅省事,而且能保证及时供应丰富的、新鲜的食物,而且人越多成本越低。

(3)专营性的自助餐店。专营性的自助餐店是专门提供自助餐的地方,国内外都有。最便捷的方式是先与店长联系,把场地给订下来,这会使自己省时省力。

此外,要使就餐者感觉到就餐地点环境宜人。在选定就餐地点时,不仅要注意面积、费用问题,还需兼顾安全、卫生、湿度等问题。要是用餐期间就餐者感到异味扑鼻、过冷过热、空气不畅,或者过于拥挤,显然都会影响到对方对此次自助餐的整体评价。

3. 自助餐的时间安排

因为自助餐多在正式的商务活动之后举行,因此举办的具体时间受到正式的商务活动的限制。不过,它很少被安排在晚间举行,而且每次用餐的时间不宜超过一个小时。

根据惯例,自助餐的用餐时间不必进行正式的限定。只要主人宣布用餐开始,大家就可以开始用餐。在整个用餐期间,用餐者可以随到随吃,不必非要在主人宣布用餐开始之前到场恭候。在用自助餐时,也不必像正式的宴会那样,必须统一退场,不允许"半途而废",用餐者只要自己觉得吃好了,在与主人打过招呼之后,随时都可以离去。通常,自助餐是无人出面正式宣告其结束的。

一般来讲,假如主办单位预备以自助餐对来宾进行招待,最好事先以适当的方式通知对方。同时,必须注意一视同仁,即不要安排一部分来宾用自助餐,而安排另外一部分来宾去参加正式的宴请。

4. 自助餐食物的准备

在自助餐上,为就餐者所提供的食物,既应有其共性,又应有其个性。它的共性在于,为了便于就餐,以提供冷食为主;为了满足就餐者的不同口味,应当尽可能地使食物在品种上丰富;为了方便就餐者进行选择,同一类型的食物应集中摆放在一处。它的个性则在于,在不同的时间或是款待不同的客人时,食物可在具体品种上有所侧重。有时,它以冷菜为主;有时,它以甜品为主;有时,它以茶点为主;有时,它还可以以酒水为主。除此之外,还可酌情安排一些时令菜肴或特色菜肴。

一般而言,自助餐上所备的食物在品种上应当多多益善。具体来讲,菜肴大致应当包括冷菜、汤、热菜、点心、甜品、水果以及酒水等几大类型。

5. 客人的招待

招待好客人，是自助餐主办者的责任和义务。要做到这一点，必须特别注意下列细节：

（1）要照顾好主宾。不论在任何情况下，主宾都是主人重点照顾的对象，在自助餐上，也不例外。主人在自助餐上对主宾所提供的照顾，主要表现在陪同其就餐，与其进行适当的交谈，为其引见其他客人等。但是要注意给主宾留下一点自由活动的时间，不要始终伴随其左右。

（2）要充当引见者。作为一种社交活动的具体形式，自助餐自然要求其参加者主动进行适度的交际。主人一定要尽可能地为彼此互不相识的客人多创造一些相识的机会，积极为其牵线搭桥，充当引见者。应当注意的是，介绍他人相识，必须了解彼此双方是否有此心愿，切勿一厢情愿。

（3）要安排服务者。小型的自助餐，主人往往可以一身兼二职，同时充当服务者。但是，在大规模的自助餐上，显然是不能缺少专业服务者的。在自助餐上，直接与就餐者进行正面接触的主要是服务者。根据常规，自助餐上的服务者应由健康而敏捷的男性担任。他们的主要职责是：为了不使来宾因频频取食而妨碍同他人所进行的交谈，而主动向其提供一些辅助性的服务。例如，推着装有各类食物的餐车，或是托着装有多种酒水的托盘，在来宾之间巡回走动，使宾客方便地各取所需。此外，他们还可以负责补充供不应求的食物、饮料、餐具等。

（二）出席自助餐的礼仪规范

1. 排队取菜

在享用自助餐时，尽管用餐者需要自己照顾自己，但这并不意味着用餐者可以因此不守规矩。在就餐取菜时，由于用餐者往往成群结队而来，大家都必须自觉地维护公共秩序，讲究先来后到，排队选用食物。不允许乱挤、乱抢，更不允许不排队。

在取菜之前，先要准备好一个食盘。轮到自己取菜时，应以公用的餐具将食物装入自己的食盘之内，然后迅速离去。切勿在众多的食物面前犹豫徘徊，让后面的人久等，更不应该在取菜时挑挑拣拣，甚至直接下手或以自己的餐具取菜。

2. 循序取菜

在自助餐上，如果想要吃饱吃好，那么在具体取用菜肴时，就要了解合理的取菜顺序，然后循序渐进。按照常识，参加一般

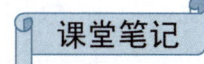

> 课堂笔记

的自助餐,取菜的先后顺序应当是:冷菜、汤、热菜、点心、甜品和水果。因此,在取菜时,最好先在全场转上一圈,了解一下情况,然后再去取菜。

3. 每次少取

不限数量,保证供应是自助餐大受欢迎的地方。参加自助餐时,遇上了喜欢吃的东西,只要不会撑坏自己,完全可以放开去吃,大可不必担心别人笑话自己。不过应当注意的是,在根据本人的口味选取食物时,必须要量力而行。

4. 避免外带

所有的自助餐,不论是由主人亲自操办的自助餐,还是对外营业的正式餐馆里所经营的自助餐,都有一条不成文的规定,即只允许用餐者在用餐现场尽情享用美食,而不允许用餐者在用餐完毕之后打包携带回家。在参加自助餐时,一定要牢牢记住这一点。用餐时不论吃多少都无关紧要,但是千万不要偷偷往自己的口袋、皮包里装一些自己的"心爱之物",更不要要求服务者替自己"打包"。

5. 照顾他人

参加自助餐时,除了注重自己的就餐礼节,还要注意对朋友、熟人、客人等多加照顾。若对方不熟悉自助餐,不妨向其提供适当帮助。在对方乐意的前提下,还可向其具体提出一些有关选取菜肴的建议。不过,不可以自作主张地为对方直接代取食物,更不允许将自己不喜欢或吃不了的食物"处理"给对方。

在就餐的过程中,对于其他不相识的用餐者,应当以礼相待。在排队、取菜、寻位以及活动期间,对于其他用餐者要主动加以谦让,不要目中无人、蛮横无理。

6. 拓展交际

自助餐是一种很好的商务交际平台,在某些自助餐场合,吃东西往往属于次要之事,而与其他人进行适当的交际才是主要的任务。在参加由商界单位主办的自助餐时,情况就更是如此。所以,不应当以不善交际为由,只顾自己躲在僻静之处一心一意地埋头大吃,或者来了就吃,吃了就走。一定要主动寻找机会,积极地进行交际活动。首先,应当找机会与主人攀谈一番;其次,应当与老朋友好好叙一叙;最后,还应当争取多结识几位新朋友。

课堂笔记

小看板

遇到自己喜欢的菜品,如何享用呢?自助餐就餐时有个"每次少取"原则可以遵循,即用餐者取用一种菜品时,每次少取一点,吃完后再取,甚至多次取用都可以,但是不能浪费。在自助餐上多吃是允许的,而浪费食物则是绝对不允许的,很多自助餐都规定了浪费的罚则。

小看板

介入陌生交际圈的方法

其一,请求主人或圈内人引见。

其二,寻找机会,借机加入。

其三,毛遂自荐,自己介绍自己加入。

不管怎么说,加入一个陌生的交际圈,总得先征求圈内人的同意。愣头愣脑地硬闯进去,未必会受到欢迎。

二、工作餐的礼仪规范

工作餐有时也称商务聚餐,它是指在商务交往中具有业务关系的合作伙伴,为相互认识、保持联系、交换信息或洽谈生意,借用餐饮的形式所进行的一种商务聚会。

(一)工作餐的特点

1. 重在创造一种氛围

同正式的宴会相比,工作餐所强调的不是形式与档次,而意在以餐会友,重在创造出一种有利于商务人员进行进一步接触的轻松、愉快、和睦、融洽、友好的氛围。

2. 具有某种实际目的

同亲友之间的会餐相比,工作餐并非无所事事,不仅仅只是为了让大家碰碰头、谈谈心、联络感情。其实,它是以另外一种形式所进行的商务活动,换言之,它只不过是以餐桌充当会议桌或谈判桌所进行的一种非正式的商务会谈。

3. 规模较小

因其重在处理实际问题,因此,工作餐的实际参加人数往往较少。一般来说,工作餐大都不是多边性聚会,而是以双边性聚会为主。它既可以是两个人之间的单独会谈,也可以是有关双方多位人员共同参与。但是,一般而言,参加工作餐的总人数不应超过10人。与事无关者、配偶、子女等,均不适宜出席。

4. 通常是在午间举行

工作餐通常都被安排在工作日的午间,利用工作的间歇举行。因此,它在欧美往往被称为工作午餐或午餐会。应当说,将工作餐见缝插针地安排在工作日的午间举行,这件事情本身就体现着商务人员讲求办事效率的务实精神。

5. 可以随时随地举行

在举行工作餐之前,主人不必向客人发出正式的请柬,客人也不必为此提前向主人进行正式答复。一般而言,只要宾主双方感到有必要坐在一起交换一下彼此之间的看法,或是需要就某些问题进行磋商,大家就可以随时随地安排一次工作餐。时间不必早早商定,地点也可以临时选择。它可以由一方提议,也可以由双方共同商定;可以提前若干天约好,也可以当天临时决定。总之,只要有关各方同意参加,工作餐即可举行。

6. 由提议者出面做东

工作餐多在外面的营业性餐馆里举行,所以其做东者自有特殊之处。根据惯例,无论工作餐举行于何处,哪一方首先提议

> 课堂笔记

举行工作餐,即应由哪一方出面做东。

(二)工作餐的准备

1. 工作餐的时间选择

(1)安排工作餐的具体时间,原则上应当由参加工作餐的各方共同协商决定。有时,亦可由做东者首先提议,并征得参与者的同意。不管怎么说,它都应当既方便于众人,又不至于耽误正事。

(2)按照惯例,工作餐不应当被安排在节假日,而应当在工作日举行。若无特殊情况,每次工作餐的进餐时间以一个小时左右为宜,至多也不应当超过两个小时。当然,若是届时有要事尚未谈完,并且大家一致同意,适当地延长一些时间也未必不可。

(3)有些关系密切的商务伙伴,往往会以工作餐的形式进行定期的接触。例如,有关各方事先商定,每隔一段时间,如每周、每月、每季举办一次工作餐,以便保持经常接触。

2. 工作餐的地点选择

(1)主人定地点。根据惯例,举行工作餐的地点应由主人选定,客人们则应当客随主便。但主人在做出具体的选择时,还是有必要考虑一下客人的习惯与偏好,并给予适当的照顾。如果有必要,主人不妨同时向客人推荐几个自己中意的地点,请客人从中挑选,或是索性让客人自己提出几个地点,然后再由宾主双方共同商定。

(2)地点的多样性。举行工作餐的地点可有多种多样的选择。饭庄、酒楼的雅座,酒店、俱乐部、康乐中心附设的餐厅,高档的咖啡厅、快餐店等,都可予以考虑。

3. 工作餐就餐的座次安排

鉴于工作餐是一种非正式的商务活动,所以人们对其座次通常都是不太讲究的。不过,仍有下述几点应予以注意:

(1)共进工作餐的人士应当在同一张餐桌上就餐,尽量不要分桌就座。万一同一张餐桌上安排不下,则最好将全体用餐者分桌安排在同一个包间之内。倘若分桌就座时,一般并无主桌与次桌之分。但是,仍可将主人与主宾所在的那张餐桌视为主桌。

(2)在就座时,座次往往不分主次,由就餐者自由选择。不过出于礼貌,主人不应率先就座,而应于主宾之后落座。若是主人为主宾让座的话,一般应当请对方就座于下列较佳的座次:面对正门之处;视野开阔之处;能够观赏优美景致之处。

(3)主人与主宾若是同性,则双方就座时可根据具体情况有较多的选择。主人与主宾若为异性,则双方最好是面对面就座。

(4)宾主双方各自的随行人员就座时,一般可在双方的上级入座后自由地择位。有时,客方的随行人员亦可听从主人的安排而坐。需要翻译时,既可令其就座于主人与主宾之间,亦可安排其就座于主人左侧。

4. 菜肴的选择

与宴会、会餐相比,工作餐并不刻意讲究菜肴,应以简单为主。只要菜肴可口,并且大体上够吃,就算是基本"达标"了。

(1)主方负责安排菜肴。工作餐的菜肴安排应当由东道主负责。东道主在具体安排菜肴和酒水时,可以适当征求其他人,特别是主宾的意见。最重要的是要主动避免对方的饮食禁忌。也可以采用每位用餐者各点一道菜,或者统一选择套餐的方法来简化点菜程序。

(2)就餐方式应为"分餐制"。出于卫生方面的考虑,工作餐最好采取"分餐制"。

(3)在酒水的安排上,为了不耽误工作,应将烈性酒排除。同时,全体就餐者还需自觉地禁烟。

5. 席间的交谈

(1)把握好交谈的时机。举行工作餐时,讲究的是办事与吃饭两不误。所以,在为时不久的进餐期间,宾主双方即可进行有关实质性问题的交谈,并且宜早不宜晚。不要等到大家都吃饱喝足了,才正式开始交谈。那样一来,时间往往不太够用。

(2)不要影响他人用餐。在餐间交谈时,有必要讲讲停停,一张一弛。在别人用餐时,切勿毫无眼色地向其发问。自己在讲话时,不要长篇大论,滔滔不绝。

(3)席间记录应征求对方同意。一般来讲,在用工作餐时的交谈,不宜录音、录像,或是布置专人进行记录。非常有必要进行笔录或使用笔记本、录音笔时,应先向交谈对象打招呼,并求得对方同意。千万不要随意自行其是,使对方感到自己缺乏信任度。若对方对此表示不满,切勿坚持这么做。

(4)席间不宜无故离座。在交谈期间,有关人员均不宜中途无故离去,也不宜离座去与其他人交谈。实际上,在工作餐上忙于交谈的人,都不希望受到外人的打扰。如果在用餐期间偶尔遇见了自己的熟人,向其打个招呼,或是将其与自己的就餐伙伴互做一个简略的介绍,通常都是合乎礼仪的。但是,不允许擅作主张,将熟人留下来一道就餐。要是有人不识相,赖在边上久久不离去,不妨委婉地向对方下一道有礼貌的"逐客令"。例如,可以告诉对方:"×先生,再会,您很忙,我就不再占用您的宝贵时

课堂笔记

小看板

工作餐的付费方式

1. 主人付费

所谓"主人付费",指的是在就餐结束后,由做东者自掏腰包,负责买单付账。要是宾主十分熟悉,则做东者在餐桌上当着客人的面算账掏钱即可。要是宾主双方初次相识,或者交往甚浅,则做东者一般不宜当着客人的面在餐桌上查看账单和算账掏钱。得体的做法是,做东者应当先与侍者通通气,独自前往收款台结账;或是在自己送别客人之后,再回来结账。尽量不要让侍者当着客人们的面口头报账,更不能让侍者将账单不明主次地递到客人的手里。

2. 各付其费

所谓"各付其费",又称"AA制"。它是指就餐结束后,由全体用餐者平均分摊账单,各自支付各自所应支付的费用。在国外,商界人士在共进工作餐时,更多的是以此种方式付费。采用此种付费方式,需要有言在先。在算账时,做东者所要做的,主要是动手算账,伸手收钱,跑腿交费而已。叩头致谢,遂流传至今。

课堂笔记

间了。"或者是"×小姐,我们明天再联系,我会主动打电话给您。"这么一来,对方就"知难而退"了。

6.用餐的终止

工作餐必须注意适可而止。依照常规,拟议的问题一旦谈妥,工作餐即可告终,不一定非要拖至某一时间不可。

(1)终止用餐的信号。一般来讲,宾主双方均可首先提议终止用餐。主人将餐巾放回餐桌之上,或是吩咐侍者来为自己结账;客人长时间地默默无语,或是反复地看表,都是在向对方发出"用餐可以到此结束"的信号。只是在此问题上,主人往往需要负起更大的责任。尤其是客人需要"赶点"去忙别的事情,或者宾主双方接下来还有其他事情要办时,主人更是应当掌握好时间,使工作餐适时地宣告结束。

(2)终止用餐要合时宜。当有人用餐尚未完毕,或是有人正在发表高论时,一般不宜提出终止用餐。在就餐期间不告而别,或者在中途借故离去,都是失敬于人的。

张小礼的成长

招待好客人,是自助餐主办者的责任和义务。张小礼他们作为主人,在自助餐上要和客人进行适当的交谈,要为彼此互不相识的客人牵线搭桥,充当引见者,甚至还要为不熟悉自助餐的客人提供服务。所以虽然是以自助餐的形式举办聚会,张小礼他们身为公司的员工,也是"身兼重任"。

思考与训练

1.江铃刚刚毕业参加工作,第一次随公司的经理和其他同事参加行业年会,大家在会后一起去参加主办方提供的自助餐,江铃在取餐时用两个大盘子装了很多菜,准备和同事们分享,她这样做符合礼仪规范吗?正确的取餐方式是怎样的呢?

2.工作餐的付费方式有哪些?如果双方是初次见面,主人付费时,得体的做法是怎样的?

05
ZHIYEXINGXIANGLIYI

项目五
职业形象礼仪

素质点

◆ 理解个人形象塑造对于未来职业发展的价值。

◆ 在职业形象训练中提高审美品位。

◆ 强调知行合一、学以致用,将礼仪规范与日常行为养成相结合。

◆ 发现仪态与服饰之美。

任务一　掌握仪容仪态礼仪

张小礼的思考

总经理临时召集一个紧急会,要求各部门的负责人必须参加,会议由行政部负责组织。陈经理安排张小礼负责清点参会人员是否到齐了,张小礼就站在会议室前面认真地清点人数,用右手食指一个一个地指点,看看各部门负责人是否到齐了。会议结束后,陈经理告诉小礼以后不能这样清点人数,不礼貌。

任务目标

☆ 掌握面部的清洁、保养与修饰方法
☆ 掌握头发的清洁与发型选择方法
☆ 掌握手部的清洁与修饰方法
☆ 掌握口腔的清洁与护理方法
☆ 掌握香水的使用方法
☆ 掌握正确的站姿、坐姿、行姿、蹲姿与手势
☆ 掌握鞠躬礼、点头礼、握手礼、目光礼

课堂笔记

仪容是指一个人的相貌,包括面部、头发、手以及其他暴露在外的肢体部分。仪态是指个人的举止、风度、神态和表情。

在职业场合中,整洁端庄的仪容和得体优雅的仪态既体现了个人较高的礼仪素养,也反映了个人良好的精神面貌和内在气质,是自爱、敬重他人和敬业的表现,在商务活动中也容易获得别人的信任和尊重,有助于商务活动取得成功。同时个人的仪容仪态也代表了所在企业的形象,透射出企业的文化。

一、面部的清洁、保养与修饰方法

在职业场合与人打交道,面部的清洁与修饰非常重要。整洁明朗、容光焕发的面部会给人留下良好的第一印象,为双方的

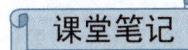

沟通交流与合作打下良好的基础。

（一）掌握正确的洗脸方法

要保持面部皮肤的清洁主要靠洗脸。

1. 洗脸的时间与次数

洗脸的时间一般是早上起床后和晚上睡觉前，一天两次。男性的皮肤多为油性或偏油性，可以增加洗脸次数以除去油光，保持面部皮肤的爽洁。

2. 洗脸的步骤与方法

取适量洗面奶，用双手的中指和无名指的指肚在脸上打圈揉搓。清洗的部位依次为：额头→鼻翼及鼻梁两侧→嘴巴四周，最后用清水洗去泡沫。天冷时要使用温水洗脸，以免毛孔紧闭影响清洗效果。洗脸后用毛巾擦拭脸上水分时，不可用力揉搓以免伤害肌肤。

（二）面部的保养与修饰

1. 面部的基础护理步骤

要保持面部的润泽光洁，仅仅洗脸是不够的，面部的保养也很重要。面部保养需要使用基础护肤品，一般包括洗面奶、柔肤水（爽肤水）和乳液。面部的基础护理步骤为：涂抹洗面奶→拍打柔肤水或拍打爽肤水→涂抹乳液。

2. 男士面部的修饰

美国一家美容产品公司对1 000名男士进行的调查结果显示，90%的受调查者表示，保持外貌整洁能给他们增添信心。在中国，男性护肤品市场以前是空白的，但是现在城市中已经有接近50%的男性开始使用护肤品，可见职业场合男士面部的修饰已经逐渐成为潮流。

职业场合男士面部的修饰以干净、自然为基调。其修饰工作主要包括以下两点：

（1）定期修剪鼻毛，切忌让鼻毛露出鼻腔。

（2）每天剃须、修面。剃须时先用热水洗脸，待毛孔张开、胡须变软后再开始剃须。剃须后，先用温水洗脸，再用凉水冲一遍，以利于张开的毛孔收缩复原。之后涂些滋润液，以缓解皮肤的刺痛。平时切忌用手或镊子乱拔胡须，以免因细菌入侵引起毛囊炎等皮肤病，从而损伤皮肤。

一般情况下，男士在职业场合不要留胡须，想留些胡须的话一定要修剪成型。

微课：男士面部的修饰

3. 职业女性的化妆

化妆可以增添自信、缓解压力,也是对交往对象表示礼貌和尊重。职业女性的化妆受到职业环境的制约,必须给人一种专业与知性的感觉,所以职业场合女性宜化淡妆。

(1)化妆步骤

职业女性的化妆步骤如图 5-1 所示。

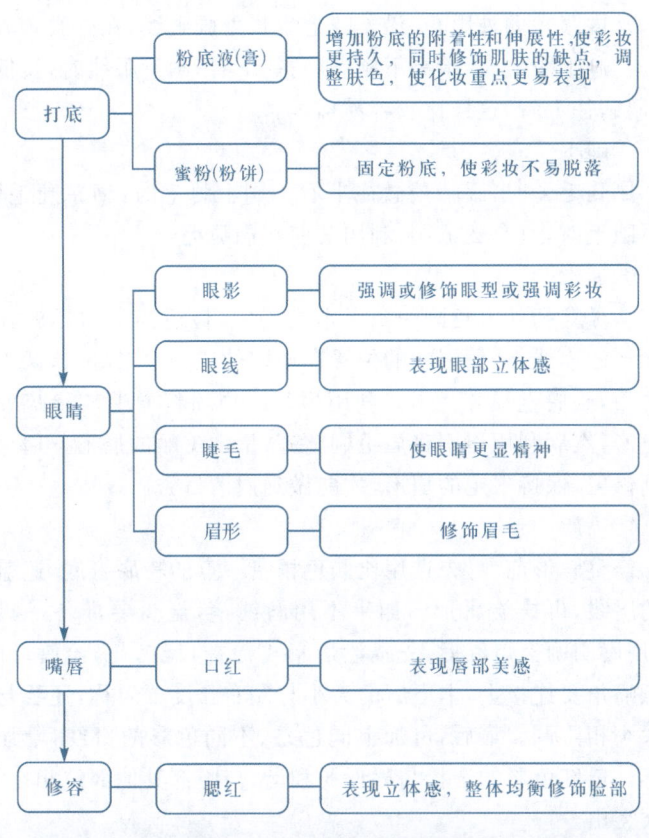

```
打底 ─┬─ 粉底液(膏) ── 增加粉底的附着性和伸展性,使彩妆更持久,同时修饰肌肤的缺点,调整肤色,使化妆重点更易表现
      └─ 蜜粉(粉饼) ── 固定粉底,使彩妆不易脱落

眼睛 ─┬─ 眼影 ── 强调或修饰眼型或强调彩妆
      ├─ 眼线 ── 表现眼部立体感
      ├─ 睫毛 ── 使眼睛更显精神
      └─ 眉形 ── 修饰眉毛

嘴唇 ─── 口红 ── 表现唇部美感

修容 ─── 腮红 ── 表现立体感,整体均衡修饰脸部
```

图 5-1　职业女性的化妆步骤

(2)化妆基本要点

①粉底液(膏)

粉底液(膏)要顺着脸颊纹路由内往外、由上往下推开。注意发际、脖子连接处不要留下清楚的分界线,嘴、眼周围等活动较多的部位,要细心涂匀,使粉底与肤色自然融合。

②蜜粉(粉饼)

用清洁的海绵蘸取蜜粉,稍微用一点力,按压在脸颊、鼻、额头等处,这些部位油脂分泌较旺盛,容易脱妆,要多扑几次。不要忘了脸与颈部的交接处和露出的颈部也要扑上一层蜜粉。当蜜粉充分附着在肌肤上后,用粉刷由上往下刷落多余的蜜粉。

课堂笔记

微课:职业装化法

③眼影

用深色的眼影,先从外眼角开始上色,再往内眼角方向晕开,内眼角处眼影的颜色浅一些,可以呈现眼部的立体感。越靠近睫毛处颜色越深,渐渐往上淡开,体现一定的层次,给人干净自然的感觉。

④眼线

从内眼角向外眼角、沿着睫毛生长处画眼线,在外眼角处稍上扬。画上眼线时,抬高下颌,眼睛往下看;画下眼线时,拉低下颌,眼睛往上看,这样比较容易描画。

⑤睫毛

刷睫毛膏时,眼睛稍微往上看。刷上睫毛时,横拿睫毛刷;刷下睫毛时,直拿睫毛刷,利用其前端刷睫毛。

⑥眉形

从鼻翼朝外眼角画一条无形的连线,最适当的眉尾就在这条无形的连线上,而眉峰的位置在眉尾的三分之二处,这两点决定之后,画眉就很容易了。利用眉笔或眉粉将眉毛较稀疏处补上色彩,然后利用眉刷将眉毛刷整齐,呈现美丽的眉形。眉毛要定期修剪,保持一定的眉形,才能做到眉清目秀。

⑦嘴唇

修整唇形前,可先选用比肤色稍暗一点的粉底打底,遮盖原有的唇线,再描绘唇形。如果不用唇线笔,至少要准备一只唇刷,用唇刷刷上口红后,先描绘唇形再涂抹口红。描绘唇形时,注意嘴角要连接上,上下唇的大小与左右弧度要对称,还要与脸形大小相协调。最后,可加上同色系、不同色彩的口红,增强立体感。口红色彩的选择与唇形要和谐,与脸部其他部位相比,不可太突出。

二、头发的清洁与发型选择方法

(一)头发的清洁

1. 洗发水的选择

人的发质可以分为干性、中性和油性三种,在购买洗发水时一定要选择适合自己发质的。

干性发质者适宜选用 pH 在 4.5~5.5 的弱酸性洗发水;中性发质者宜选用 pH 在 7 左右的洗发水;油性发质者最适合 pH>7 的中性洗发水。

2. 正确的洗发方法

(1)洗头前,先用梳子将头发梳开,然后再用清水将头发冲洗一遍,使头发上的灰尘、脏污及头皮屑略微减少,这样在洗头时便可减少洗发水的用量,以降低其对头皮的刺激。

(2)先倒适量洗发水在手心里,加水轻轻揉搓至起泡,再涂抹于头部并揉搓,然后冲洗干净。

(3)洗头发时用双手指腹以画圆圈的方式按摩头皮,不要用指甲搔抓头皮,这样的动作容易使头皮受伤。油性发质者应着重清洗发根,干性发质者则不宜清洗太久,以避免洗发水与头皮接触的时间过长损伤头皮。

(4)用清水将洗发水冲洗干净。

3. 洗发次数

头发要经常清洗,以保持蓬松和干净,一般1~2天要清洗一次。特别是在参加重要活动之前,一定要清洗头发,以去除头屑和异味,同时也可以使头发蓬松,蓬松的头发可以提升面部肤色的亮度,使人看起来神采奕奕。

(二)选择适当的发型

职业场合对发型的基本要求是简洁大方,相对保守。不要留怪异的发型,因为怪异的发型往往会暗示一些不好的信息,如特立独行、难以配合、做事掌握不好分寸等。

1. 女士发型选择

女士在职业场合可以留各式长、短发,但发型不能过于时尚。

如果留短直发,要稍微长一点,不要显得太前卫,前面的刘海儿要整齐,切忌蓬乱。

如果留长直发,要注意保持长发的干净、光亮,否则会显得非常邋遢。

如果留短卷发,要选用适合发质的产品,以保持头发的整洁和形状。

如果留长卷发,要注意将头发修剪出层次,并保持蓬松感。

留长发的女性在工作时最好把头发束起来或者盘于脑后。

如果留有刘海儿,注意不要遮住眉眼,避免妨碍和他人眼神的交流。

为了彰显个性,很多人都喜欢染发或是挑染,但是身处职场中,染发就不应该那么随心所欲了,要尽量使用与发色对比不过分明显的颜色,比如栗色或是酱紫色,或者稍微挑染一点暗色。如果在工作的时候头发盘成发髻,那么发梢的颜色略微有一点变化也无妨,因为盘发的时候可以遮掩进去,业余时间把头发披

小看板

有调查表明:长发披肩的女性在工作中为避免头发散下遮住视线,常常要梗着脖子,容易导致颈椎过度劳累,患颈椎疾病的概率较高。

散下来搭配时装也不失个性。

2. 男士发型选择

职业场合对男士的发型要求比较简单：轮廓分明，样式保守整洁，修剪得体，两侧鬓角不得长于耳垂底部，后面不超过衬衣领底线，前面不遮盖眼部。

无论留什么发型，至少要8周修剪一次。如果头发长得快，那么6周就需修剪一次。

此外，还应注意发型风格和办公环境的协调。从事不同职业的人，可以有不同的风格。例如，从事IT行业的人，适合比较个性和时尚的发型；但如果是从事律师行业或在银行工作，最好选择保守点的发型。

三、手部的清洁与修饰方法

（一）洗手的方法

手是仪容的重要部位，在各种交际场合中，向他人伸出一双清洁的手是最基本的礼仪要求。在职业场合，一双清洁并精心护理的手能显示出一个人良好的素养。

（二）指甲的修剪与修饰

要经常修剪指甲，但是不要在公众场所修剪指甲，因为这是失礼的表现。特别要注意的是指甲缝中不能留有污垢。指甲一般应修剪成椭圆形，指甲的长度以不超过手指指尖为宜。职业场合的女士可以涂透明或淡粉系的指甲油。

四、口腔的清洁与护理方法

口腔卫生也是仪容礼仪的重要内容，在商务交往活动中，要注意保持口气的清新和牙齿的整洁干净。

（一）保持口气清新

在职业场合，如果与人交谈时口中散发出难闻的气味，不仅会使对方感到不愉快，自己也会很难堪。通常情况下，口腔异味主要是由口腔及消化道疾病或不注意口腔卫生造成的。例如，咽喉疾病、消化系统问题、抽烟、进食葱等刺激性食物都会造成口腔异味。因此，如果患咽喉和消化系统疾病，要及时治疗，消除口臭根源。坚持饭后漱口，特别是在食用了刺激性食物后，可以用含茶叶、咀嚼口香糖等方法来化解异味。但是要注意在正式场合不能咀嚼口香糖。

尤其需要注意的是，在参加重要活动之前，尽量不要吃刺激性食物。

(二)牙齿的清洁与保养

牙齿是口腔的门面,一口亮白整洁的牙齿是仪容美的重要部分,要保持牙齿的清洁卫生,首先要坚持每天早晚两次刷牙。

要尽量少吸烟,少喝浓茶。如果长期吸烟或喝浓茶,天长日久,牙齿表面会出现一层"烟渍"或"茶锈",牙齿会变得又黑又黄。在社交场合进餐后,切忌当着别人的面剔牙,可以用手掌或餐巾纸掩住嘴角,然后再剔牙。

五、香水的使用方法

香水是无形的装饰品,恰当地使用香水是仪容礼仪的点睛之处,能够体现一个人较高的礼仪素养。

(一)香水的分类

一般来说,香水主要通过其浓度与香型来进行区分,按香水中香精和酒精含量的高低,主要分为5类。香水的类别见表5-1。

表 5-1　　　　　　香水的类别

类　别	香精浓度	酒精含量	保持时间
浓香水	15%～30%	30%	5～7小时
香水	10%～15%	20%～30%	5小时
香露	5%～10%	10%～20%	3小时
古龙水	2%～5%	10%以下	1～2小时
淡香水	2%以下	无酒精	1小时

(1)浓香水,一般习惯称为香精,其香精浓度为15%～30%,香料浓度最高,香味品质最好,是香水的最高等级。只需一滴就能持续散发香气5～7小时。为了显示其尊贵,常以水晶玻璃瓶包装,其售价非常昂贵,常见的香精包装容量为:7.5 mL、10 mL和15 mL。

(2)香水,简称E.D.P.,一般习惯称为淡香精,其香精浓度为10%～15%,香味持续时间最接近香精,在5小时左右,但是与香精相比,在价格上相对较低,这也是香水受欢迎的秘密所在,香水爱好者较多地使用这一等级的香水,以女性香水居多,容量一般有30 mL和50 mL。

(3)香露,简称E.D.T.,也称淡香水,其香精浓度为5%～10%,是近年来最受欢迎的香水种类。香味持续时间为3小时左右,适合刚开始接触香水的人使用。常见的容量为30 mL、50 mL、75 mL及100 mL。

微课:香水的常识

课堂笔记

小看板

下班后是选购香水的好时间，因为人的嗅觉在傍晚最灵敏。

(4)古龙水，在欧洲，男性香水大多属于这个等级，而女性香水中属于这个等级的非常少，所以，古龙水几乎成了男性香水的代名词，古龙水的香精含量为2%～5%，香味持续时间约为1～2小时。但因男性香水使用的原料多半为香味较浓郁或本身香味持久的原料，故一般来说，男性的古龙水香味持续时间可以保持在1～2小时。

(5)淡香水，也称清凉水，是各个香水等级中香精含量最低的，在2%以下，香味持续时间只有1小时左右，刮须水和体香剂都属于此等级。

(二)香水的选择

香水与着装一样，不同的香水也有不同的使用场合。

1. 不同浓度香水的使用场合

(1)香精浓度在15%以上的浓香水适合在晚上使用，例如，参加晚宴或烛光晚餐。

(2)办公室香水选择的首要标准是清新淡雅。在与同事长期相处的办公室中，身体散发出清新淡雅的香水味道，能营造干净、亲和、充满活力的氛围。

(3)探病或就诊，用淡香水比较好，以免影响医生和病人。

(4)参加宴会时，香水涂抹在腰部以下是基本的礼貌，以避免过浓的香水味影响食物的味道。

2. 不同香调香水的选择

(1)据调查，在办公室中，最受欢迎的男香香调是木质香调和辛香调，最受欢迎的女香香调是清新的花香调和果香调。

(2)香水的选用可随季节而变化，例如，在秋冬季节，温暖的木质香调的香水令人感觉温暖，而春夏季节则适合清新的花香调的香水。

(3)若想香味更持久一点，可以先用同系列沐浴产品，然后喷上淡香水，最后在脉搏部位点上浓度最高的香水或香精，这样香味可长时间缠绕不散。

(4)在运动及旅游场合，可以使用运动型香水。

(三)香水的使用

1. 涂抹

将香水涂抹在手腕、颈部、耳后、臂弯里等有脉搏跳动的部位，这样香味可随着脉搏跳动、肢体转动而飘溢散发；也可将香水涂抹于腰部、髋关节，这是为了让余香更持久；脚踝处也可涂抹香水，这样可使香味飘散得更自然。

2.喷洒

香水还可以喷洒在衣服上,一般多是喷洒于内衣、外衣内侧、裙下摆以及衣领后面;还可以把香水向空中轻轻喷洒几下,在头顶形成一片香雾,随后立于香雾中,让香气轻轻撒落在身上,散发出怡人的气息。

六、站姿、坐姿、行姿、蹲姿、手势训练

(一)站姿要庄重平稳

1.站姿的基本要领

两脚跟相靠,脚尖分开45°~60°,身体重心放在两脚上。两脚并拢立直,两肩平整,腰背挺直,挺胸收腹。两眼平视前方,嘴微闭,微收下颌,表情自然,面带微笑。体现出挺拔俊美、庄重大方、舒展优雅、精力充沛的面貌。

2.几种站姿训练

(1)叉手站姿

两手在腹前交叉,右手握住左手。这种站姿,男子可以两脚分开,距离不超过20 cm;女子可以用小丁字步,即一脚稍微向前,脚跟靠在另一脚内侧。这种站姿端正中略带自由,郑重中略带放松。在站立中身体重心还可以在两脚间转换,以缓解疲劳,是一种常用的接待站姿。

(2)背手站姿

双手在身后交叉,右手贴在左手外面,置于两臀中间。两脚可分可并,分开时,不超过肩宽,脚尖展开,两脚夹角成60°,挺胸立腰,收颌收腹,双目平视。这种站姿优美中略带威严,易产生距离感,所以常用于门卫和保安人员。如果改为两脚并立,则突出了尊重的意味。

(3)背垂手站姿

一只手背在后面,贴在臀部,另一只手自然下垂,手自然弯曲,中指对准裤缝,两脚可以并拢也可以分开,也可以成小丁字步。这种站姿,男士多用,显得大方、自然和洒脱。

(二)坐姿要端庄平直

1.坐姿的基本要领

双眼平视,下颌内收,双肩自然下垂,躯干挺直。表情自然亲切,目光柔和,双唇微闭。体现出文雅、稳重、大方的美感。

2.几种坐姿训练

(1)正襟危坐式

此种坐姿适用于最正规的场合,要求入座者上身与大腿、大

> **课堂笔记**

> **小看板**
> **站姿的注意事项**
> (1)切忌双脚呈内八字形站立、双腿交叉站立或弯腿站立。
> (2)切忌双手叉腰、抱头或交叉抱于胸前。
> (3)男士可双腿适当分开站立,女士不能分腿站立。
> (4)不要倚靠在墙上或椅子上。
> (5)不抖腿,不摇晃身体,不东倒西歪,不挺肚子。

> **小看板**
> **坐姿的注意事项**
> (1)切忌分腿、前伸、平放。
> (2)切忌一腿弯曲,一腿平伸。
> (3)切忌双脚或单脚抬放在椅面上。
> (4)切忌双手抱头、叉腰、背后。
> (5)男士采取"二郎腿"坐姿时,双腿不能不停地抖动。
> (6)女士不能双膝相连,两脚分别向外侧斜放,形成八字形。
> (7)女士乘坐小轿车时,要先坐在车座上,然后再将双腿并拢收进车内。

课堂笔记

腿与小腿均成直角,并使小腿与地面垂直,双膝双脚完全并拢。此种坐姿男女皆宜,但要注意在尊长面前不宜坐满椅面,以占2/3左右为宜,表示对长者的尊敬。

(2)垂腿开膝式

此种坐姿的要求与第一种相同,只是双膝稍许分开,但不应超过肩宽,此种坐姿多为男士所用。

(3)双脚交叉式

双膝并拢,双脚在踝部交叉后向身体收拢。此种坐姿男女皆宜。

(4)双腿叠放式

双腿一上一下完全交叠在一起,叠放在上的那条腿,脚尖应垂向地面。采用此种坐姿,切忌双手抱膝。此种坐姿适用于穿短裙的女士。

(5)双腿斜放式

双腿并拢后,双脚同时向右侧或左侧斜放,并与地面成45°角。此种坐姿适用于穿短裙的女士在较低的座椅上就座。

(三)行姿要轻盈适速

1. 行姿的基本要领

双目平视,收颔,表情自然平和。两肩平稳,双臂前后自然摆动,上身挺直,收腹立腰,重心稍前倾。行姿是一种动态美,轻盈、稳健的行姿,反映出积极向上的精神状态。

2. 几种行姿训练

(1)前行行姿

行走时脚跟先着地,由脚跟向脚尖方向抬脚,走直线。同时要注意使腿部肌肉向内侧拉伸,背部拉长。迈出的脚要脚跟先着地,之后身体的重心再移至全脚,再由脚跟向脚尖方向抬起。男士的步幅一般在 50 cm 左右,女士的步幅一般在 30 cm 左右。行走时双臂前后摆动的幅度为 30～40 cm。男士在行走时,两只脚踩出的是两条平行线,女士在行走时,两只脚尽可能走在一条直线上。

(2)后退时的行姿

与人告别时,应当先后退两三步,再转身离去,退步时脚轻擦地面,步幅要小,先转身后转头。

(3)引导时的行姿

引导步是指走在前边给宾客带路时的步态。引导时要尽可能走在宾客的左前方,整个身体半转向宾客方向,保持两步的距离,遇到上下楼梯、拐弯或进门时,要伸出左手示意,并提示请客人上楼、拐弯或进门。

小看板

行姿的注意事项

(1)行进的速度应当保持均匀、平稳。步伐可以快一些,给人以年轻、富有朝气、办事有效率的感觉。但是步伐也不能太急躁,这样会显得慌张、不稳定。

(2)行走中脚后跟不要拖地。

(3)防止八字步,低头驼背。

(4)不要摇晃肩膀,不要扭腰摆臀或左顾右盼。

(四)蹲姿要优雅得体

蹲姿不像站姿、坐姿、行姿那样频繁使用,因而往往被忽视。一件东西掉在地上,一般人都会很随便地弯下腰把东西捡起来。但这种姿势会使臀部后撅,显得非常不雅。因此,优雅得体的蹲姿也是一个人具备良好素质的表现。

1. 蹲姿的基本要领

下蹲时左脚在前、右脚在后向下蹲去,左小腿垂直于地面,全脚掌着地,大腿靠紧,右脚跟提起,前脚掌着地,左膝高于右膝,臀部向下,上身稍向前倾,左脚为支撑身体的主要支点。蹲姿体现了举止礼仪的细节美。

2. 几种蹲姿训练

(1)交叉式

交叉式蹲姿主要适用于女士,尤其适用于穿短裙的女士在公共场合采用。这种蹲姿要求在下蹲时,左脚在前,右脚在后;左小腿垂直于地面,全脚掌着地,右脚跟抬起,脚尖着地;两腿前后靠紧,合力支撑身体。

(2)半蹲式

半蹲式蹲姿多是人们在行进中临时采用的。这种蹲姿的要求是在下蹲时,上身稍微下弯,双膝微微弯曲,身体的重心应当放在一条腿上。

(五)手势要正确恰当

手势是人们常用的一种肢体语言,不同国家、不同地区、不同民族,由于文化习俗的不同,手势的含义也有很多差别,甚至同一手势表达的含义也不尽相同。所以,用手势表达意思要正确恰当。

1. 几种常见的手势

(1)召唤手势

举手,掌心向下做招手动作,在中国表示招呼别人过来。但是要注意这个手势在美国表示呼唤狗的意思,不能对人使用。

(2)竖起大拇指手势

竖起大拇指一般都表示"一切顺利""干得出色"等信息。但也有例外,在美国和欧洲部分地区,如果边在路上走边竖起大拇指,表示要搭便车;在德国这个手势表示数字"1";在日本表示数字"5";在澳大利亚表示一种脏话,所以一定要注意使用的场合。

(3)OK 手势

拇指、食指相接成环形,其余三指伸直,掌心向外。OK 手势源于美国,在美国表示"同意""顺利""很好"的意思;而在法国

小看板

蹲姿的注意事项

(1) 下蹲时,应是单腿弯曲下蹲,不要整个人弯腰低头。

(2) 下蹲时,应尽可能避免后背朝人,应正面朝人。

表示"零"或"毫无价值";在日本表示"钱";在泰国表示"没问题";在巴西则表示粗俗下流的意思。

(4)"V"形手势

掌心向外,食指和中指伸开,其余手指并拢,这个手势像英文字母"V",是英文"Victory"的第一个字母,表示"胜利",这个手势是二战时的英国首相丘吉尔首先使用的。

(5)举手致意

举手,伸开手掌,掌心向外,面对对方,手腕部不动,手和前臂一起频频左右摆动。它也叫挥手致意,用来向他人表示问候、致敬、感谢和告别。

2. 几种手势训练

(1)指人、物和方向时,手掌自然伸直,掌心向上,手指并拢,拇指自然稍稍分开,手腕伸直,手与小臂成一条直线,肘关节自然弯曲,指向目标。

(2)打招呼时,面向对方,手指自然分开,手掌朝外,手臂摆动。

七、鞠躬礼、点头礼、握手礼、目光礼训练

在商务交往中,常用的礼姿有鞠躬礼、点头礼、握手礼、目光礼等。

(一)鞠躬礼

1. 鞠躬礼的基本要求

行礼时要专注,不可左顾右盼,不能戴帽子,要使用适当的礼貌用语。受礼者应使用与行礼者的上体前倾幅度大致相同的鞠躬礼还礼,但处于尊位的受礼者还礼时,可以欠身或点头还礼,而不必还鞠躬礼。

2. 鞠躬礼的基本要领

自然正视受礼者,头、颈、背成一面,以髋为轴心,慢慢向前倾一定角度,停留1~2秒后即起,恢复鞠躬前状态,女士双手交叠搭放在腹前,男士双手在身体两侧自然下垂。规范的鞠躬礼主要有15°鞠躬礼、30°鞠躬礼和45°鞠躬礼。

(1)15°鞠躬礼。上体前倾15°,双眼自然正视受礼者,其他同基本要求,并注意使用礼貌用语。

(2)30°鞠躬礼。双目自然正视受礼者,上体前倾30°,倾下后视线落在离自己脚尖约1~1.2 m的地面,复原后自然正视受礼者,其他同基本要求,并注意使用礼貌用语。

(3)45°鞠躬礼。双目自然正视受礼者,上体前倾45°,倾下

资料卡

鞠躬礼源于中国先秦时代,两人相见,弯腰曲身待之,为鞠躬礼。现在鞠躬礼已普遍用于人们的日常生活和社交场合,而日本人对鞠躬礼的运用更淋漓尽致,他们不但在日常生活和社交场合使用鞠躬礼,甚至在电话里向人问安、道别、承诺、请求时也会不自觉地行鞠躬礼。

后视线落在离自己脚尖约 0.5～0.6 m 的地面,复原后自然正视受礼者,其他同基本要求,并注意面带微笑和使用礼貌用语。

3. 鞠躬礼的使用

各种鞠躬礼的使用视不同场合和对象而定。

(1)通常隆重和欢迎的场合行 45°鞠躬礼,其他情况行 30°鞠躬礼或 15°鞠躬礼。

(2)第一次见面行 45°鞠躬礼,第一次以后的见面(尤其是较短时间内的第一次以后的见面)行 30°鞠躬礼或 15°鞠躬礼,甚至可以行点头礼。

(3)鞠躬的幅度随双方在较短时间内见面次数的增多而减少。

(4)鞠躬的幅度也视行礼者对受礼者的尊重程度而定。

(二)点头礼

点头礼主要用于在同一场合已多次见面的两人或只有一面之缘的朋友之间。如遇长者,女士应礼貌地点头致意,或略举右手,或手触帽檐点头致意。在办公场合如遇到上司或客户,一般可侧身止步让行,并点头微笑。

1. 点头礼的基本姿势

微笑、目光平视,头快速上扬后下点。男士点头时速度稍快些,力度稍大些,体现男性的阳刚洒脱;而女士的上扬和下点速度稍慢些,力度稍小些,体现女性的温柔娴雅。

2. 点头礼适用的场合

点头礼适用于不宜交谈的场合,如正在进行的会议或会谈中、在剧院或影院等,与相识者在同一地点多次见面或仅有一面之缘者,在社交场合相逢,都可以点头致意。遇到身份高的领导时,应恭敬地点头致意,不可主动上前握手。

(三)握手礼

握手是人们最熟悉的礼节。人们见面时伸右手相握,可表示欢迎、友好、理解、感谢、宽容、敬重、致歉和惜别等各种感情。

1. 握手礼的先后次序

在商务场合和交际场合,握手时伸手的先后顺序讲究颇多,其基本规则可以总结为一句话:尊贵的一方先出手,即由身份尊贵的人来决定双方有无握手的必要。具体如下:

(1)年长者优先

只有年长者先伸出手,年幼者才可以伸手相握。这种做法,符合"长者为尊"的伦理标准,表示对年长者的尊重。

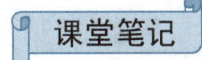

微课:握手礼

课堂笔记

(2) 职位高者优先

只有职位高者先伸出手,职位低者才能伸手相握。

(3) 女士优先

只有女士先伸出手,男士才能伸手相握。女士优先的原则起源于西方所提倡的"女士优先"原则,体现出现代的文明意识,表达了对女性的尊重。但是在商务场合,这个原则服从于"职位优先"原则。

(4) 先到者优先

社交场合先到者与后到者握手时,先到者首先伸出手。

(5) 已婚者优先

已婚者与未婚者握手,应由已婚者首先伸出手来。

(6) 迎客人时先伸手

当别人前来拜访时,主人应先伸出手去握客人的手,以表示欢迎。

(7) 送客户时后伸手

一次会见活动结束时,主人不要主动握手,因为此时主动握手等于催促客户赶快离开。离别之际应该由客户先伸手握别,其意在于表达再见或对接待的感激之情。

2. 握手礼的基本姿势

(1) 面带笑容,双目注视对方,上身略微前倾,向对方伸出右手,手臂自然弯曲,握住对方的手掌持续3秒钟左右。施礼者和受礼者的最佳距离是75厘米。

(2) 年幼者对年长者,身份低者对身份高者则应稍稍欠身或趋前以示尊敬。

(3) 男性与女性握手时,往往只握一下女性的手指部分。

(4) 握手时掌心向下握住对方的手,显示着一个人的支配欲;反之,掌心向上与人握手,则显得谦虚和恭敬;若伸出双手去捧接,更是谦恭倍至。

(5) 握手要坚定有力。坚定有力的握手代表这个人能够做决定、承担风险、负责任。诚挚、热情的握手,显示出结识对方的意愿,并给人以信任和鼓励。但是要注意:过紧的握手以及只用手指部分接触对方的握手都是不礼貌的行为。

3. 握手的时间与时机

(1) 握手的时间

握手的时间通常以3~5秒为宜。亲朋好友久别重逢,握手时间可以长一点,特别是关系密切的双方,为了表示真诚和热烈,可以长时间地相握,并上下摇晃几下,一般情况下的握手时间可短些。

(2)握手的时机

①遇到久未谋面的熟人时。
②在外面偶遇同事、朋友、客户或上司时。
③在比较正式的场合与相识之人道别时。
④被介绍给不相识者时。
⑤自己作为东道主迎送客户时。
⑥应邀参与社交活动见到东道主时。
⑦向客户辞行时。
⑧感谢他人的支持、鼓励或帮助时。
⑨自己向他人或他人向自己表示恭喜、祝贺时。
⑩对他人表示理解、支持、肯定时。
⑪当他人遭遇挫折或不幸时。
⑫自己给他人或他人给自己赠送礼品或颁发奖品时,都可以使用握手礼。

4. 握手礼的注意事项

(1)保持手的清洁。无论男女,在社交活动中与人握手时,伸出的都应该是洁净的手,刚出卫生间也不宜与人立刻握手,而握手后,有意无意地用手帕或纸巾擦手也是不礼貌的行为。

(2)保持专注的神态。握手时神态要专注,以体现对对方的尊重。不要东张西望,更不可与一人握手的同时,与另一人交谈。

(3)忌交叉握手。多人时不要交叉握手,因为多人交叉握手时形成的十字架形状在西方是不吉利的象征。

(4)忌脚跨门槛时与人握手。

(5)男性在握手前应先脱下手套、摘下帽子。

(6)忌伸左手与人握手。与他人握手时一定要用右手,除非右手有残疾,否则即使是左撇子,也要用右手与他人握手。

5. 几种握手方式

(1)平等式握手

平等式握手即单手握手,这是最为普通的握手方式。具体做法是施礼双方各自伸出右手,四指并拢,拇指张开,肘关节微屈抬至腰部,上身微前倾,目视对方,与之右手相握。这样的握手多见于双方地位不相上下时,它表示的是一种很单纯的礼节性问候。

(2)支配式握手

支配式握手也称控制式握手,握手时掌心向下或明显向左下方的方向握住对方的手,似乎处于高人一等的地位,表现出一种支配欲和驾驭感。以这种方式握手的人往往是想表达自己处于主动的优势地位,一般说来这种人很自信,说话干净利落,办事果断,在交往过程中地位高的人往往用这种握手方式。很显然,下级对上级、晚辈对长辈、学生对教师使用这一方式握手是失礼的。

(3)谦恭式握手

谦恭式握手与支配式握手相反,握手时,掌心向上或是明显向左上方的方向握住对方的手,表现出谦恭、顺从的姿态。以这种方式握手的人往往缺乏自信,没有什么主见,容易受环境影响而迅速改变主意,用这种方式握手的人一般处于被动的劣势地位,表达的是对对方的尊重、敬仰甚至是畏惧。

(4)手扣手式握手

主动握手者用右手握住对方的手,再用其左手握住对方右手的手背,这种方式的握手,在西方国家被称为"政治家的握手"。用这种方式握手的人,试图让人感受到他的热情真挚、诚实可靠。这在朋友、同事间,很可能达到预想的效果。然而,如果与初次见面的人如此相握,则可能导致相反的效果,因为被握者可能怀疑主动握手者的动机。

(5)拍肩式握手

主动握手者的右手与对方的右手相握,他的左手移向对方右臂或肩膀,这样他伸出的右手和加握的左手就可以向对方传递出更多的情感。一般来说,加握的部位越高,表明与对方的友好程度越高。拍肩式握手要表达的是一种非常热情真挚的情感,表示对对方的信赖。

(四)目光礼

心理学家指出,情感的表达是人们保持正常交往的纽带,它主要是通过语言、声音、表情来完成的。在情感的表达中,语言占7%,声音占38%,表情占55%。在人们千变万化的神态中,眼神和微笑最具有礼仪功能和表现力。

1. 眼神的运用

眼睛是心灵的窗户,眼神是从眼睛中流露出来的情感和神采。正确地运用眼神,能恰当地表现出内心的情感。

(1)见面时,不论是见到熟悉的人,还是初次见面的人,不论是偶然见面,还是约定见面,都要用目光正视对方片刻,面带微笑,充满喜悦、热情。对于初次见面的人,还可以头部微点,行注目礼,表示出尊敬和礼貌。

(2)在公共场合,开始发言讲话时,要用目光扫视全场,表示"我要开始讲了,请予以关注"。

(3)在与人交谈时,应当不断地通过各种目光与对方交流,

> **小看板**
> 印度诗人泰戈尔说:"一旦学会了眼睛的语言,表情的变化将是无穷无尽的。"一双炯炯有神的眼睛,给人以精力充沛、生机勃发的感觉;目光呆滞麻木,则给人一种疲惫厌倦的感觉。

调整交谈的气氛。交谈中,应始终保持目光的接触,这表示对话题很感兴趣。长时间回避对方的目光或左顾右盼,是不感兴趣的表现。

(4)在交谈中,随着话题和内容的变换,要及时用目光流露出理解和对对方观点的认同等意思,以使整个交谈过程融洽、和谐。当询问对方身体及家人近况时用关切的目光;征询对方意见时用期待的目光;在对方表示了支持、合作的意向时用喜悦的目光;在得知对方带来的意外好消息时用惊喜的目光;对对方谈话内容感兴趣时用关注的目光;中间插话、转移话题或提问时用歉意的目光。

(5)交谈和会见结束时,目光要抬起,表示谈话结束。送客户走时,要用目光一直送客户走远,这称为"目送",表示尊敬友好。

2. 目光注视的范围

在人与人之间的目光接触中,双方目光注视的部位、角度和时间不同,表明双方的关系也不同。目光注视的范围大致有以下三种情况:

(1)公务凝视

这是人们在洽谈业务、磋商交易和贸易谈判时所使用的一种凝视行为。这种凝视是看着对方眼睛和额头中间的部位。

(2)社交凝视

这是人们在社交场所使用的凝视行为。这种凝视是看着对方眼睛到嘴唇之间的部位。

(3)亲密凝视

这是亲人或恋人之间使用的一种凝视行为,这种凝视是看着对方眼睛和胸部之间的部位。

3. 微笑训练

微笑是指用不出声的笑来传递信息的表情语,面露平和欢愉的微笑,说明心情愉快、充实满足、乐观向上、善待人生,这样的人才会产生吸引别人的魅力。面带微笑,表明对自己的能力有充分的信心,使人产生信任感,容易被别人真正地接受。微笑反映出人心地坦荡、善良友好、待人真诚,而非虚情假意,使他人在与其交往中自然放松,不知不觉地缩短了距离。在工作岗位上保持微笑,说明热爱本职工作,乐于恪尽职守。特别是在服务岗位上,微笑更可以创造一种和谐融洽的气氛,让服务对象倍感愉快和温暖。微笑具体训练如下:

(1)微笑与眼睛的结合

在微笑时,要学会用眼睛去"微笑",微笑通过眼睛表达出来

课堂笔记

才会更传神、更亲切。眼睛会说话,也会笑,如果内心充满善良和友爱,那么眼睛的笑容一定也非常有感染力。眼睛的笑容有两种:一是"眼形笑";二是"眼神笑"。

①"眼形笑"的训练

对着镜子,取一张纸遮住眼睛下面的位置,心里想着最高兴的事情,整个面部就会露出自然的微笑,眼睛周围的肌肉也会随之处在微笑的状态,这就是"眼形笑"。

②"眼神笑"的训练

放松面部肌肉,嘴唇也恢复原样,可是目光中仍然脉脉含笑,这就是"眼神笑"。

(2)微笑与语言的结合

微笑和问候语、敬语结合起来使用,会让对方感到话语是发自内心的。

(3)微笑与形体的结合

微笑和点头、握手、鞠躬等礼节结合起来使用,会加重肢体语言中的感情色彩。

张小礼的成长

用一根手指指点他人是不礼貌的动作。指人、物和方向时,手掌自然伸直,掌心向上,手指并拢,拇指自然稍稍分开,手腕伸直,手与小臂成一条直线,肘关节自然弯曲,指向目标,这样的肢体语言才能表达礼貌和尊敬。

思考与训练

1. 站姿训练。

(1)背靠背练习:两人一组,背靠背站立,脚跟、腿肚、臀部、双肩和后脑勺贴紧,5分钟为一个训练单元。

(2)背靠墙练习:脚跟、腿肚、臀部、双肩和后脑勺贴紧墙壁,张开双臂与肩成一条直线,5分钟为一个训练单元。

(3)顶书练习:在头顶上平放一本书,保持书的平衡,5分钟为一个训练单元。

2. 坐姿训练。

(1)正襟危坐式:教师示范,男女生5人一组分组训练。

(2)垂腿开膝式:教师示范,男生5人一组分组训练。

(3)双脚交叉式:教师示范,男女生5人一组分组训练。
(4)双腿叠放式:教师示范,女生5人一组分组训练。
(5)双腿斜放式:教师示范,女生5人一组分组训练。
3.握手训练。
教师示范,学生两人一组练习握手。
4.微笑训练。
(1)学生面对镜子或两人相对,说"一""七""茄子"等词,使嘴角露出微笑。
(2)同学之间面带微笑说"你好",互相检测对方的微笑是否得当。

任务二　　掌握着装礼仪

张小礼的思考

陈经理安排张小礼参加一个和英国客商的重要商务洽谈,这是张小礼第一次参加这么重要的商务会议。头一天晚上,张小礼把家里的衣柜翻了个底朝天,不知道穿什么合适。为了不出错,她大着胆子给陈经理发了一条短信,询问怎么穿合适,陈经理建议她穿"老气一点"。第二天,当张小礼穿着剪裁简洁的灰色西装套裙,里面衬着小翻领的白衬衣,肉色的丝袜,黑色的高跟鞋,拎着黑色的牛皮包出现在办公室时,陈经理满意地点了点头。张小礼松了一口气,一整天的会议都是情绪饱满。回到家里的时候又想,陈经理为什么让我穿的"老气一点"呢?

任务目标

☆ 掌握职业场合着装的原则
☆ 掌握男士西装穿着要领
☆ 掌握西装配件搭配要领及领带的几种打法
☆ 掌握女士职业套裙的穿着要领
☆ 掌握女士职业套裙配件的搭配要领

课堂笔记

在职业场合,服装起着重要的标识作用,特别是在一些特殊的行业,服装清楚地标识着个人的身份和所从事的职业。如警察制服、医生的白大褂、空姐制服等。这种标识作用体现了服装的社会功能,为我们的日常生活带来了方便,也有效地保障了社会生活的有序进行。

一、职业场合着装的意义和原则

(一)职业场合着装的意义

1. 符合社会角色

在社会活动中,人们的仪表、言行必须符合他们的身份、地位、社会角色,才能被理解和接受。曾经有人把着装称为在组织中扮演何种角色的一个重要标志。如果我们穿得"恰如其分",就意味着我们接受了社会和企业给我们指定的角色,并且将依照其对我们的期望进行表演。

人们对商务人员期望的形象是:热情有礼、衣着整洁、洒脱端庄、精明干练、富有责任心。因此,得体的着装,可以满足他人对自己社会角色的期待,促使事业成功。

2. 营造企业文化

在现代企业中,员工着装是企业文化的一个重要组成部分,对于展示和塑造企业形象具有十分重要的意义。

一个现代企业,要使员工有归属感,必须形成自己独特的企业文化,要在公众面前树立起良好的企业形象,这对于提高公司的品牌荣誉度是有很大帮助的,而着装是其中不可缺少的一个重要组成部分。

作为一种管理手段,统一着装可以树立更加和谐、统一的外部形象,有利于企业的日常管理,而且统一着装后,对员工的素质也提出了更高要求。因为作为一家企业,所有员工统一着装后,每一个员工所代表的就不再是个体,而是整个企业的社会形象,这时每一个员工所有可能造成社会影响的行为,对整个企业的影响都是百分之百的。所以,统一着装必然要求提高员工素质,营造良好的企业文化。

3. 表示工作状态

一般来说,穿着制服就表示正处于工作状态,有利于自我管理和他人的识别。

(二)职业场合着装的原则

国际通用的着装规范是TPO原则,TPO是三个英语单词的缩写,分别代表时间(Time)、地点(Place)和场合(Occasion),是指着装要符合时间、地点和场合,不同时间、地点和场合的服装有不同的着装特点,在选择服装时要注意符合这些特点。

1. 时间原则

(1)白天和晚上的差别

白天是工作时间,着装要符合企业要求和工作性质。如果

课堂笔记

微课:职业场合着装的意义

名人说礼仪

穿着是人们为了将自己置身于一个社会系统中所进行的努力的一部分。

——社会学家
厄尔文·高夫曼

> **课堂笔记**

> **资料卡**
>
> **《论语》中的服饰礼仪**
>
> 【原文】君子不以绀緅饰,红紫不以为亵服。当暑,袗絺绤,必表而出之。缁衣羔裘,素衣麑裘,黄衣狐裘。亵裘长,短右袂。必有寝衣,长一身有半。
>
> 【译文】君子不用深青透红或黑中透红的布镶边,不用红色或紫色的布做平常在家穿的衣服。夏天穿粗的或细的葛布单衣,但一定要套在内衣外面。黑色的羔羊皮袍,配黑色的罩衣;白色的鹿皮袍,配白色的罩衣;黄色的狐皮袍,配黄色的罩衣。平常在家穿的皮袍要做得长一些,右边的袖子短一些。睡觉一定要有睡衣,要有一身半长。

公司规定统一着装,那么就必须按照公司要求统一穿着制服,要保持制服的干净、整洁,不要穿着有污渍或满身褶皱的制服上班,否则不但会影响公司形象,同时也会损坏个人形象。如果公司不要求统一着装,那么服装款式要大方、简洁、得体,同时要注意一定的舒适性,便于走动,不宜穿着过紧或过于宽松、不透气或面料粗糙的服装。白天办公室着装的色彩不宜过于夺目,以免干扰工作环境,影响整体工作效率。应尽量与办公室的色调、气氛相协调,并与具体的职业特点相吻合。

晚间可能有宴请、派对、音乐会、演出等活动,参加这些活动时着装要讲究一些。当派对和宴会请柬上特别标明"请穿着正式服装"的时候,男士要穿西装,女士要穿礼服。

(2)季节的差别

由于一年四季不同气候条件的变化,着装时应做到冬暖夏凉、春秋适宜。夏天的服饰应以简洁、凉爽、轻柔为原则,冬天的服饰则以保暖、简练为原则。春夏两季着装的自由度相对来讲要大一些,但总体上宜以轻巧灵便、薄厚适宜为着装原则。此外,服饰还应顺应时代的潮流和节奏,过分落伍或过分新奇都不符合职业场合的着装原则。

2. 地点原则

地点原则即指环境原则,不同的环境需要有与之相协调的服饰,以获得视觉与心理上的和谐感。职业女性在办公室着装的基本特点是端庄、简洁、稳重和亲切。过度华丽、太性感、太裸露、太花哨的服饰是办公室所忌用的,否则会使别人怀疑其工作能力,同时也难免会遭到同性的嫉妒和异性的骚扰。同样,对于一个刚离开校门参加工作的年轻职员来说,太清纯、太学生味的着装也只会让自己显得幼稚、脆弱,让人怀疑其肩上能否挑得起重担;太前卫的办公室着装会让人感觉散漫、缺乏合作精神。

3. 场合原则

场合原则是指在正式场合和半正式场合,服装要与场合的气氛相协调。

(1)正式场合

正式场合主要指晚间的社交活动,如宴会、招待会、酒会以及各种仪式、会见活动等。男士一般穿深色两件套或三件套西服套装,但应避免加穿毛背心或毛衣,女士要穿礼服。

(2)半正式场合

半正式场合主要指白天较隆重的活动,如上班、高级会议、午宴、一般性访问、会见等。男士可以穿中等色、浅色的两件套或三件套西服套装,办公时可穿单色、暗格条纹或小花纹的西服

套装。女性的穿着以西装套裙最为适宜,可选造型感稳定、线条感明快、不易褶皱的西装套裙,并配以女式高跟鞋。体现出女性自信、干练的职业风采。

二、男士西装穿着要领

不论是在隆重的正式场合,还是在普通的上班场合,西装都是男士最佳的着装选择。对一般职员来说,同样一套西装配上不同的衬衫、领带,就可以应对多数的商务和社交活动。下面介绍一些有关男士西装穿着的知识。

(一)男士西装的分类

1. 按照西装主要流派划分

(1)英式西装

英式西装的特点是肩部与胸部线条平坦、流畅,轮廓清晰明快,最能体现出绅士风度。面料一般采用纯毛织物,色彩以深蓝和黑色为主,配以白衬衣和黑领结。整体效果是威严、庄重、高贵。许多上层人士在正式场合都喜欢选择英式西装,故英式西装素有正式西装之称。一般来说,在宴会、酒会、庆典、会见贵宾等正规、隆重的场合,应穿英式西装。

(2)美式西装

美式西装的特征是面料较薄,且有一定的伸缩性,但不强调光泽的强弱,在造型上略收腰身,后背开单叉或双叉,肩部不用过高的垫肩,胸部也不过分收紧,保持自然形态。这种西装特别重视机能性,不刻板,穿着时比较随便,它反映了美国人自由清新的着装观念。美式西装是最适宜的日常办公服装,它可使着装者显得自然大方、平易近人。

(3)欧式西装

欧式西装剪裁得体、造型优雅、规矩,肩部垫得很高,有时甚至给人一种双肩微微耸起的感觉。胸部用上等的衬做得十分挺括,面料多以黑、蓝精纺毛织物为主,质地要求细密厚实。就整体造型来看,欧式西装与英式西装十分相似,但比英式西装更考究、更优雅,腰身紧收,袖管窄瘦,背后开双叉,裤管呈锥形且向下收紧。穿上欧式西装,人显得特别自信和挺拔,并略带一丝浪漫情怀。

2. 按照西装件数划分

(1)单件上装

在非正式场合,如外出游玩、参观、一般性聚会、购物等,若穿西装,最好是穿单件的上装,配以其他色调和面料的裤子。

课堂笔记

(2) 两件套西装

两件套西装的上下装面料的颜色和质地要一致。在半正式场合,如一般性会谈、访问、会议和白天举行的比较隆重的活动中,应穿着两件套西装,但也可根据场合气氛在服装色彩、图案上大胆一些,花格、粗条纹都不失为适宜的选择。但是在正式场合,如宴会、正式会谈、典礼及特定的晚间社交活动场合,必须穿着颜色素雅的套装,以深色、单色最为适宜,花格、条纹面料的套装就不适合了。

(3) 三件套西装

两件套西装再加上同色同料的马甲(背心)就构成三件套西装。马甲不是西装的必需配件,但是在天气寒冷的季节,加穿一件马甲不但有一定的装饰效果,也可以起到一定的御寒作用,在正式场合不能脱下外衣单独穿马甲。一般情况下,西装马甲只能与单排扣西装上衣配套,穿西装马甲,不论是单独穿着,还是穿在西装上衣内,除了最下面的那粒纽扣可以不系外,其他纽扣都要认真地系上,而不能任其自由地敞开。

3. 按照西装纽扣的排列划分

(1) 单排扣西装

单排扣西装又有单粒扣、两粒扣、三粒扣之分。单粒扣的西装可以系也可以不系;两粒扣的西装讲究"扣上不扣下",即只系上边那粒纽扣;三粒扣的西装上衣,要么只系中间那粒纽扣,要么系上面那两粒纽扣。

(2) 双排扣西装

双排扣的西装在穿着时一般要把纽扣全部系上。

(二) 男士西装的选购技巧

1. 面料与颜色

在选择西装时,要注意选择合适的面料与颜色。西装的面料应该挺括、垂感好,纯羊毛、高比例羊毛化纤混纺面料均为首选。

在颜色上宜选用深蓝色、深灰色等深色调,这种色调可适用于任何正式场合,黑色一般用来做礼服的颜色,适用于婚礼等特殊场合,其他如咖啡色、深棕色都不太适合正式场合穿着。

2. 款式与尺寸

西装讲究合身,衣长应超过臀部,标准的尺寸是从脖子到地面的1/2长;袖子长度以袖子下端到拇指11厘米最为合适。买西装一定要试穿,试穿时一定要将全部的扣子都扣上,看看肩膀是否合适,然后将手臂抬起、放下,弯弯手肘看会不会出现皱褶紧绷的感觉。西裤腰围的大小应以裤子扣好后,在自然呼吸的情况下,能够贴着腰围且能平插进一只手掌为宜。两条裤管应笔直地垂到鞋面,裤管的长度从后面看应该刚好到鞋跟和鞋帮的接缝

微课:西装的选购

处。如果想让腿看起来更修长,那么裤管的长度也可以延伸到鞋后跟的1/2处,裤腰前低而后高,裤型可根据潮流选择。

(三)不同场合的西装穿着要领

1. 正式商务场合着装

男士在谈判、会议、会面、签约等正式的商务场合,一定要穿面料考究的两件套西装,上下装面料的颜色和质地要一致。一般而言单排扣欧式风格比较适合中国人,色彩以深蓝色、深灰色为宜。在正式场合西装、衬衫、领带、鞋子、袜子、皮带的颜色要尽量与成套西装相搭配。西装颜色较深,可以配浅色衬衫,如白色、象牙色、灰色、浅蓝色等,领带的颜色要和衬衫颜色相搭配。

2. 商务休闲场合着装

男士在日常上班、普通约见、出差等商务休闲场合,可以穿着商务休闲装,现在有很多行业和职业的标准着装就是商务休闲装,这是较为随意的着装风格,在保持职业形象的同时穿着舒服,加上时尚的元素和因子,显得年轻有活力,不拘谨和古板。商务休闲装的选择比较多:如正式的西装搭配一件软领(而不是标准衬衫领)的衬衫,不打领带,或在西装内穿着Polo衫或高领的羊毛衫,都可以穿出随意的感觉。也可以穿单件的休闲西装搭配卡其布休闲裤,再配上色彩鲜艳的领带。但是要注意不可穿运动鞋、拖鞋、靴子、牛仔裤,可以把正式的光面系带皮鞋换成穿脱方便的平底鞋。

(四)男士西装的穿着禁忌

1. 穿西装之前的注意事项

(1)西装袖口的商标应摘掉。

(2)西装要经常熨烫,保持平整挺括。

(3)穿西装套装必须穿皮鞋。

2. 穿西装时的注意事项

(1)穿西装不能把袖子挽上去,也不可以卷起西裤的裤管。

(2)不要当众脱下西装上衣,更不能把它当成披风披在肩上。

(3)西装外侧下方的两只口袋,原则上不要装任何东西。

(4)西装上衣左上侧的胸袋除了可插入一块用以装饰的真丝手帕外,不要再放任何其他东西,尤其不应当别钢笔、挂眼镜。

(5)西装裤子两侧的口袋只能够放纸巾、钥匙包。其后侧的两只口袋大多不放任何东西。

(6)西装上衣内侧的胸袋,可用来别钢笔、放钱夹或名片夹,但不要放过大或过厚的东西。

(7)西装马甲上的口袋多具有装饰功能,除可以放置怀表外,不宜再放其他东西。

3. 西装穿着后的注意事项

（1）注意西装的保养。高档西装要吊挂在通风处并经常晾晒，注意防虫与防潮。

（2）如果在外出差，西装有褶皱时可挂在浴后的浴室里，利用蒸汽使褶皱展开，然后再挂在通风处。

（五）西装配件搭配要领

1. 衬衫

（1）搭配西装的衬衫颜色应与西装颜色相协调。在正式场合，一般要选择棉质的白色衬衫。与西装配套的衬衫应该是硬领式的，必须挺括、整洁、无褶皱，尤其是领口。

（2）西装穿好后，衬衫领口应高出西装领口1厘米~2厘米，衬衫袖长应比西装上衣衣袖长出1厘米~2厘米，这样既可以避免西装袖口受到过多的磨损，又能用白色衬衫衬托西装的美观，显得更干净、利落，活泼而有生气。同时衬衫领口露出部分与袖口露出部分应协调，体现一种和谐美。

在正式场合，衬衫不管是否与西装合穿，长袖衬衫的下摆必须塞在西裤里，袖口必须扣上，不可翻起。

系领带时衬衫领口的扣子必须系好，不系领带时衬衫领口的扣子应解开。

选衬衫时，领围以合领后可以伸入一个手指为宜。

2. 领带

（1）领带的打法

领带被称为"西装的灵魂"，是西装的重要装饰品，在西装的穿着中起画龙点睛的作用，是专属于男士的饰物。男士穿西装时，特别是穿西装套装时，不打领带往往会使西装黯然失色。一套同样的西装，只要经常更换不同的领带，往往也能给人以耳目一新的感觉。领带选用丝质的为上乘，使用最多的花色品种是斜条纹领带。

以下是三种最常用的领带打法图解，包含了平结、双环结及温莎结。

①平结。平结是男士选用最多的领带打法之一，几乎适用于各种材质的领带。平结会在领结下方形成一个"酒窝"，但要注意两边应均匀对称。平结领带的打法如图5-2所示。

图5-2　平结领带的打法

课堂笔记

微课：男士衬衫的选购

②双环结。一条质地细致的领带再搭配上双环结颇能营造时尚感,适合年轻的上班族选用,该打法的特色就是第一圈会稍露出于第二圈之外,不应刻意盖住。双环结领带的打法如图 5-3 所示。

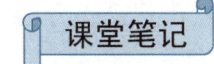

图 5-3　双环结领带的打法

③温莎结。温莎结适合于宽领型的衬衫,该领结应多往横向发展,避免选用材质过厚的领带,领带也勿打得过大。温莎结领带的打法如图 5-4 所示。

图 5-4　温莎结领带的打法

(2)打领带的注意事项

①领带长度要合适,打好的领带尖端应恰好触及皮带扣,领带的宽度应与西装翻领的宽度和谐。领带打好之后,外侧应略长于内侧。

②在正式场合不要选用"一拉得"领带或"一套得"领带。

③西装上衣系好衣扣后,领带要放在西装与衬衫之间,穿西装马甲、羊毛衫、羊毛背心时,领带应放在它们与衬衫之间。

(3)领带夹与领带针的使用

打领带时,一般情况下没有必要使用任何配饰。在清风徐来、快步疾走时,任领带轻轻飘动,能给男士增添一些潇洒和帅气。但是,有时为了减少领带在行动时任意飘动带来的不便,或为了不使其妨碍工作和行动,可酌情使用领带夹和领带针。领带夹和领带针的基本作用是固定领带,其次才是装饰作用。

①领带夹的使用。在衬衫从上往下数第四粒、第五粒纽扣之间,用领带夹把领带固定在衬衫上。在西装上衣扣好后,领带夹不能外露。

②领带针的使用。领带针应别在衬衫从上往下数第三粒纽扣处的领带正中央,有图案的一面应放在领带外面,另一端为细

课堂笔记

微课：西装的配件

小看板

在华尔街有一句话："永远不要相信穿着脏皮鞋和破皮鞋的人"。

链，应藏于衬衣内。

3. 皮带

与西装相匹配的皮带要求是光面、深色、带有钢质皮带扣。宽窄一般在2.5厘米左右，皮带的颜色应与鞋子和公文包的颜色一致。穿西装时，皮带上不要挂手机、钥匙等物品。

4. 皮鞋

穿西装一定要穿皮鞋，即便是夏天也应如此。不能穿旅游鞋、布鞋、凉鞋，否则会显得不伦不类。和西装搭配的皮鞋最好是系带的、薄底素面的西装皮鞋，皮鞋的颜色要与西装的颜色相协调，深色西装搭配黑色皮鞋，但是要注意棕色系列西装最好是搭配深棕色皮鞋。皮鞋要上油擦亮，不留灰尘和污迹。

5. 袜子

穿西装、皮鞋时，袜子的颜色要深于皮鞋的颜色。一般选择黑色，袜筒的长度高及小腿并有一定弹性的袜子。穿袜口太短或松松垮垮的袜子，坐下来时会露出腿部，不符合礼仪规范。特别强调的是穿西装时一定不能穿白色袜子。

6. 公文包

与西装搭配的公文包应为长方形，面料以真皮为宜，以牛皮、羊皮制品为最佳。颜色一般选择黑色或咖啡色，最好与皮鞋和皮带的颜色一致。造型要求简单大方，除商标之外，公文包在外观上不宜再带有任何图案和文字。再高级的运动包也不要和西装搭配使用，如果需要使用手提电脑，应选择专业的电脑包。

7. 钱夹

穿西装时，应该使用皮制的、造型长而扁的钱夹，钞票可以平放其中，钱夹应该插放在西装内兜里，钱夹里不能装太多东西，以免破坏西装的平整。

8. 手表

选择与西装服饰搭配的手表要注意以下几点：

（1）选择造型简约、没有过多装饰，时钟标示清晰，表身比较平薄的商务款型。

（2）比起那些让人眼花缭乱、功能复杂的腕表，清晰干净的表盘更适合商务人士。中规中矩的圆形表壳是最稳妥的款型，会显得理智而又谦和，长方形则会给人作风强势的感觉。

（3）纯金腕表不免有炫耀之嫌。相比之下，钢款和钛合金款会显得更有风度，也可以选择黑色或者深棕色的鳄鱼皮表带。

9. 眼镜

眼镜的选择对商务人士而言是一件非常重要的事，合适的眼镜可以塑造出知性、睿智、可信赖的形象，不仅是品位的象征，也能恰到好处地烘托与强化气质。

细框的金丝眼镜是多数亚洲人的首选,一是和肤色协调,二是文雅大气,能给人一种睿智又富有内涵的感觉,容易让上司、客户相信自己的能力。塑料材质中板材的镜框比较流行,但是它装饰感强,如果是从事美术设计、摄影等艺术工作的人,戴富有个性的板材眼镜就很符合其工作性质。

10. 其他饰品

男士在职业场合的首饰要减到最少,至多戴一枚婚戒。

西装手帕是由熨烫平整的各种单色丝质手帕折叠而成的,可以折叠成三角形、三尖峰形、V形等,插于西装上衣左上侧的胸袋,可起到锦上添花的效果。

课堂笔记

阅读材料

奥运扣子风波

由于2012年奥运会在伦敦举办,因此作为当时伦敦市市长的约翰逊在北京奥运会闭幕式上从北京市市长手中接过了奥林匹克会旗。不过,不少观众和网民都注意到:约翰逊在登上交接仪式的台上时西装扣子没有扣上,三步并作两步地跃上了台阶。在仪式举行期间,他还不时地把手插在口袋里。

由于这场"扣子风波"成为闭幕式后不少网民的谈资,约翰逊28日特别在英国《旁观者》杂志上撰文进行解释。

约翰逊写道,在参加交接仪式前,曾有中国官员提示他把西装扣子扣上。他说:"我注意到一个家伙眉飞色舞地用手指着他的肚子中间。然后,另外一个人又指着我,把他的手指朝着我的腹部。难道我太胖了吗?难道我穿得不符合奥林匹克标准吗?"

他接着写道:"这时,有人说,'扣子'。"约翰逊这时才注意到,周围的官员个个西装笔挺,西装扣子无一例外都是扣上的。他说:"我本能地摸了摸我的西装中扣,然后想,算了吧。"约翰逊在文中半开玩笑地表示,他当时想表达的是一种"开放、透明和个人自由的理念"。

约翰逊也提到了中国网民对此事的议论,他说:"看到一些中国博客携手攻击我在交接仪式中的表现'缺乏尊重',这让我有点难过,因为这当中根本就没有牵涉尊不尊重的问题。"不仅如此,约翰逊还说,在离开北京时,他已成为"一个确实的亲华派"。

英国在北京奥运会闭幕式上8分钟的表演和约翰逊在会旗交接仪式上的表现成为中国和英国网民关注的焦点。有中国网民称伦敦市市长的表现"粗鲁傲慢""目中无人",因为他在如此盛大的场合连西装扣子也不扣,太散漫自在。很多英国网民也表达了同样的看法。约翰逊曾是英国保守党议员,他的个人风格较为随意,讲话常因口无遮拦而引发争议。因为发表争议性言论,他曾向利物浦和巴布亚新几内亚做出过公开道歉。

课堂笔记

微课：女士社交场合着装规范

微课：女士在不同商务场合的着装

三、女士职业套裙的穿着要领

女士在职业场合的服装以职业套裙最为规范和常见，一方面是因为这种形式和线条的职业套裙，会给职业女性以权威感；另一方面，职业套裙早已被具有国际影响力的大集团、大公司所采用，并已赋予它更强的职业符号性和标记功能。

（一）职业套裙的分类

职业套裙的上装一般为西服式样，也可以变形为圆领、"V"字领、"U"字领、青果领等式样。上衣的长度既可短至腰际，也可长至臀部以下。下装是长短不同的各式裙子，西装上衣和裙子的面料和剪裁风格应该一致。

20世纪30年代，法国时装设计师克里斯蒂安·迪欧，以拉丁字母为原形，创造了"H"形、"X"形、"A"形、"V"形等四种造型式样的职业套裙，这四种造型各有各的特点。

1. "H"形套裙

"H"形套裙是指上下无明显变化的宽腰式服装，上衣较为宽松，裙子多为筒式。上衣和裙子浑然一体。其形状如一个上下等粗的拉丁字母"H"。穿着此种服装，给人以自由、轻松、洒脱之感，既可以让穿着者显得含蓄和英气，也可以掩盖身材较胖的缺点。

2. "X"形套裙

"X"形套裙是根据人体外形的自然曲线：肩宽、腰细、臀围大的特点而设计的服装，它符合人体的体型特征。"X"形套裙上衣多为紧身式，裙子则大多是喇叭式，穿着起来能够充分展现出人体的自然曲线美，突出着装者腰部的纤细，给人以活泼、浪漫之感。

3. "A"形套裙

"A"形套裙指上小下大的服装造型，基本特点是肩部下塌、贴体，裙子下摆宽大，有的还呈波浪形。20世纪50年代后流行于欧美各国的连袖式服装即属于这种类型。由于此种服装肩部窄小，裙摆宽大，穿着时给人以优雅、轻盈、飘逸之感。

4. "V"形套裙

"V"形套裙是与"A"形套裙恰恰相反的服装造型，呈上宽下窄的形状，如同拉丁字母"V"。上衣为松身式，裙子多为紧身

式,并且以筒式为主。其造型结构简练,穿着起来舒适、利落,往往会令着装者看上去亭亭玉立、端庄大方。

除了以上四种造型外,还有一种职业套装是无袖连衣裙加外套。这样的两件式套装,一起搭配穿着时符合职业场合的着装要求。如果下班后要去参加社交活动,可以把外套脱下来,只穿着无袖连衣裙,再配上相应的配饰,可以展现出和白天不一样的女性魅力。

(二)职业女性的着装要领

(1)正式的西装套裙,首先应注重面料,最佳面料是高品质的毛纺和亚麻,最佳的色彩是黑色、灰色、棕色、米色等单一色彩。

(2)职业套裙讲究合身,太宽松的衣服显得人不干练。

(3)在正式的商务场合中,无论什么季节,正式的商务套裙都必须是长袖的。

(4)职业套裙的裙子应该长及膝盖,坐下时裙子会自然向上缩,如果裙子上缩后离膝盖的长度超过10厘米,就表示这条裙子过短或过窄。

(5)职业女性日常上班时不一定天天都要穿套装,上衣和裙子可以用不同的颜色来搭配,也可以穿着大方的针织衫来搭配裙子。

(6)职业套裙最好与衬衣相配。

(三)女士职业套裙配件的搭配要领

1. 衬衫

(1)与职业套裙搭配的衬衫颜色最好是白色、米色、粉红色等单色系,也可以有一些简单的线条和细格图案。

(2)衬衫的最佳面料是棉、丝绸面料。

(3)衬衫的款式要裁剪简洁,不带花边和褶皱。

(4)穿衬衫时,衬衫的下摆必须放在裙腰内,不能放在裙腰外,或把衬衣的下摆在腰间打结。

(5)除最上端一粒纽扣按惯例允许不系外,其他纽扣不能随意解开。

(6)在穿着职业套裙时,不能在外人面前脱下西装,直接以衬衫面对对方。身穿紧身而透明的衬衫时,特别要注意这一点。

> 课堂笔记

2. 皮鞋

(1) 与职业套裙配套的鞋子,应该是高跟、半高跟的船式皮鞋或盖式皮鞋。黑色的高跟或半高跟船鞋是职场女性必备的基本款式,几乎可以搭配任何颜色和款式的套裙。

(2) 系带式皮鞋、丁字式皮鞋、皮靴、皮凉鞋等,都不宜在商务场合搭配职业套裙,露出脚趾和脚后跟的凉鞋和皮拖也不适合商务场合。

(3) 皮鞋的颜色最好与手袋一致,并且要与衣服的颜色相协调。任何有亮片或水晶装饰的鞋子都不适合商务场合,只适合正式或半正式的社交场合。

(4) 皮鞋要上油擦亮,不留灰尘和污迹。

3. 袜子

长筒袜和连裤袜,是职业套裙的标准搭配。穿袜子时应注意以下问题:

(1) 中筒袜、低筒袜,绝对不能与职业套裙搭配穿着。让袜边暴露在裙子外面,是一种公认的既缺乏着装品位又失礼的表现。

(2) 穿长筒袜时,要防止袜口滑下来,也不可以当众整理袜子。

(3) 正式场合穿职业套裙时,要选择肉色长筒丝袜。

(4) 丝袜容易划破,如果有破洞、脱丝,要立即更换。可以在办公室或手袋里预备好一两双袜子,以备替换。

(5) 不能同时套穿两双袜子,也不能把健美裤、羊毛裤当成长筒袜来穿。

4. 佩饰

女士的饰物有戒指、项链、耳环、手镯(手链)、胸针、头饰等。在职业场合,女士佩戴的饰物与服装要协调,款式应简洁、精致,同时佩带的饰物不要超过三种,否则会造成焦点过多,影响整体效果。

(1) 胸针

胸针是职业套裙最主要的饰品,穿职业套裙时,别上一枚精致的胸针,能使观察者视线上移,从而让身材显得高挑一些。胸针一般别在左胸襟,胸针的大小、款式、质地可根据个人的爱好决定。

(2)戒指

戒指的佩戴隐含了一定的意义,佩戴时不能随心所欲。一般情况下,一只手上只戴一枚戒指,戒指通常戴在左手上。

(3)项链

佩戴项链时,可以利用项链的长短来调节视线,起到锦上添花的作用。例如,又细又长的项链,可以拉长观察者的视线,弥补脖子短粗的缺陷。项链上的挂件,也能够体现佩戴者的个性和气质:椭圆形的挂件体现佩戴者成熟圆润的个性;菱形和方形的挂件体现佩戴者独立自信的个性。

(4)耳环

在职业场合,不要佩戴造型夸张的耳环,应该选择比较低调的耳钉或耳坠。戴耳钉时,一只耳朵只能戴一只耳钉,不能出现一只耳朵同时戴好几只耳钉的前卫造型。穿礼服时可以佩戴装饰性较强的耳环,但是要注意和脸形相协调。

(5)手镯及手链

一只手腕不要既戴手表,又戴手链或手镯,也不要同时戴两只手链或手镯,如果戴手链或手镯妨碍工作(如办公室文员经常要打字复印),就不要佩戴。

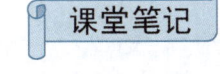

张小礼的成长

对于刚刚步入职场的张小礼来说,年轻有活力是优势,但是有时难免会显得幼稚、脆弱,让人怀疑其肩上能否挑得起重担。特别是在参加重要的商务洽谈时,稳重感和专业度很重要。所以陈经理提醒张小礼穿"老气一点"就是这个意思。深色的职业套裙是张小礼正确的选择,张小礼的这一身装扮,可以应付很多重要的商务场合。

思考与训练

1. 领带打法训练。

(1) 两人一组,每组准备一条领带,在教师的示范指导下,以对方为模特,分别练习平结、双环结及温莎结的打法。

(2) 男生在教师的示范指导下,为自己打平结、双环结及温莎结。然后由女生检测效果。

2. 男士西服套装及配饰搭配训练。

(1) 在教师指导下,学生选择西装、衬衣、领带、皮鞋、手表等进行搭配训练。

(2) 道具可以由礼仪实训室提供,也可以由学生自备。

3. 女士职业套裙及配饰搭配训练。

(1) 在教师指导下,学生选择职业套裙、衬衣、皮鞋、长筒袜、首饰等进行搭配训练。

(2) 道具可以由礼仪实训室提供,也可以由学生自备。

06

ZHICHANGGOUTONGLIYI

项目六
职业素养与沟通

素质点

◆ 了解职业素养对于未来职业发展的重要性和必要性。

◆ 培养职业态度和敬业精神。

◆ 养成尊重他人、换位思考的沟通思维模式。

◆ 领会"工作之美"。

任务一　职业素养

张小礼的思考

转眼张小礼已经工作两年了,被提拔为副主任。和张小礼一起进入公司的小兰有些不服气,认为自己和张小礼同样的学历,同样的资历,为什么提拔张小礼不提拔她。小兰来到陈经理的办公室,委婉说出想法,陈经理指着桌上的一堆文件对她说,你先把这堆文件整理一下。小兰走到桌前,很快就把桌子上的文件码放整齐。陈经理说你再把文件恢复到原来的样子,小兰不解,但是也照办了。陈经理打电话叫小礼过来,同样让小礼把文件整理一下。张小礼先按照收文日期把文件顺序调整好,然后再摆放整齐,还提醒陈经理里面有两份文件是要加急处理的。看到一样的指令,不一样的执行结果,小兰明白为什么张小礼的成长比自己要快了。

任务目标

☆ 了解工作与职业
☆ 了解职业素养的含义
☆ 了解职业素养提升的方法

课堂笔记

一、工作与职业

(一)工作

工作是指通过劳动(包括体力劳动和脑力劳动)将生产资料转换为生活资料以满足人们生存和继续社会发展的过程。它是需要投入时间和精力并持续一定时间的任务与活动。

对个人而言,工作使个人生理和心理上的能量得以发挥,技术与技能得到锻炼与提高。人们通过工作建立目标,并在实现目标后得到心理上的满足。工作把人们带到新的环境中,使人们有机会接触工具、设备、环境等各种新事物,感受新的体验。

课堂笔记

人们通过工作与不同的人进行接触,了解不同的观点、经验、思想,在工作中得到同事的支持,解决许多靠个人难以解决的问题。工作把每个人的时间区隔为工作时间与休闲时间,从而使人们在紧张与休闲之间相互调节。人们主要通过工作获得生活来源,得到社会承认,并获得一定的社会地位。

(二)职业

职业是性质相近的工作的总称,是人们参与社会分工,利用专门的知识和技能,为社会创造物质财富和精神财富,获取合理报酬作为物质生活来源,并满足精神需求的活动。《现代汉语词典》(第七版)中将职业解释为:个人在社会中所从事的作为主要生活来源的工作。在特定的组织内它表现为职位(岗位)。

1. 职业的要素

职业有五个要素:一是职业名称;二是职业活动的工作对象、内容、劳动方式和场所;三是特定的职业资格和能力;四是职业所提供的报酬;五是在工作中建立的各种关系。

2. 职业的特征

(1)社会性。职业是社会分工的产物,不同的职业承担着不同的社会责任。

(2)经济性。职业活动的基本目的是获得谋生的经济来源,人们在承担职业岗位职责并完成工作任务的过程中要获得经济报酬。

(3)技术性。不同的职业都有相应的知识和技术要求,要求从业人员具备一定的专业知识和技术。

(4)稳定性。在职业的生命周期内,职业保持着一定的稳定性,但是职业的稳定性是相对的,随着社会发展和科技进步,一些新的职业会应运而生,还有一些职业则会被淘汰。

(5)规范性。不同的职业在其劳动过程中都有一定的操作规范性,这是保证职业活动的专业性要求。当不同职业在对外展现其服务时,还存在一个伦理范畴的规范性,即职业道德。这两种规范性构成了职业规范的内涵与外延。

(6)群体性。每一种职业都要求达到一定的从业人员数量,否则不能称为职业。从业人员在不同的工作流程中表现出来的协作关系以及由此而产生的人际关系也是群体性的体现。同一种职业的从业者会形成语言、活动等方面的共同特征,从而形成群体认同感。

二、职业素养的含义

(一)职业素养

素养一词在我国的传统文化中有两种解释。一是指修习涵养,《汉书》中说:"马不伏枥,不可以趋道;士不素养,不可以重国。"二是指平素的修养,《后汉书》中说:"越有所素养者,使人示之以利,必持众来。"广义的素养涵盖了身体和心理素养、文化和艺术素养、思想道德素养、智力素养、劳动技能素养、社会交往和适应素养、学习和创新素养等。

职业素养是指职业内在的规范和要求,是职业人在职业活动中表现出来的综合品质。

(二)职业素养的构成

职业素养包括职业意识、职业道德、职业能力、职业行为习惯等方面。

1. 职业意识

职业意识是指为做好某个职业应该具备的主体观念意识,包括如何选择职业、对职业的了解与认识、对职业的情感与态度,对职业价值和意义的判断、对职业生涯的规划等,是围绕职业活动所形成的价值认知与评判标准。

2. 职业道德

职业道德是指从事一定职业的人,在职业活动中形成的具有职业特征的道德观念、行为规范和伦理关系的总和,是在职业活动中应该遵循的具有职业特征的道德要求和行为准则。

社会主义职业道德是社会主义社会各行各业的劳动者在职业活动中必须共同遵守的基本行为准则,是判断人们职业行为优劣的具体标准,也是衡量个人职业行为和职业品质的基本准则。《中共中央关于加强社会主义精神文明建设若干重要问题的决议》规定了职业道德的五项基本规范,即"爱岗敬业、诚实守信、办事公道、服务群众、奉献社会。"

3. 职业能力

职业能力是指完成特定职业活动所必须具备的能力,包括专业能力、方法能力和社会能力。

专业能力是指从事该职业要求的基本知识和基本操作技能。方法能力是对学习方法和工作方法的理解与掌握能力。社会能力是指环境适应能力以及如何与他人交往与共事的能力。专业能力是外在的显性能力,方法能力和社会能力是内在的隐性能力,是泛化的职业能力,也称通用能力。职业素养的高低,

---

小看板

实际上,每一个阶级,甚至每一个行业,都有各自的道德。

——恩格斯

资料卡

社会主义核心价值观:富强、民主、文明、和谐;自由、平等、公正、法治;爱国、敬业、诚信、友善。

不仅体现在专业能力所涉及的专业知识、操作技能上，也体现在方法能力和社会能力上。

4. 职业行为习惯

职业行为习惯是在长期的职业活动中养成的不易改变的行为，是经过长时间的学习、练习与改变，最后变成习惯的一种职场综合素质。职业行为习惯有好坏之分，作为职业人要有意识地加以训练，养成良好的职业行为习惯，如守时、整洁、耐心、细致、专注、严谨、自律、换位思考等。

（三）职业素养的特征

1. 普适性

每一个行业都对从业人员有基本职业素养要求。如爱岗敬业、诚信务实等，这是针对任何职业的基本要求，也是每个人进入职场必备的基本素养。

2. 行业性

用于职业的特殊性，不同的职业其职业素养要求是不同的。例如对教师的职业素养要求不同于对护士的职业素养要求；对商务人员的职业素养要求不同于对律师的职业素养要求等。

3. 稳定性

一个人的职业素养是在长期的职业实践中日积月累形成的，它一旦形成，便不会轻易改变，具有相对的稳定性。但是，随着从业者继续学习，或受到工作和环境的影响，这种素养可以继续提高。

4. 内在性

从业人员在长期的职业活动中，经过学习、认识和亲身体验，悟出怎样做是对的、怎样做是不对的，从而有意识地内化、积淀和升华的这一心理品质，就是职业素养的内在性。

5. 发展性

个人的职业素养是通过教育、自身社会实践和社会影响等逐步形成的，它具有相对性和稳定性。但是，社会发展对人们不断提出新的要求，人们为了更好地适应、满足、促进社会发展需要，总是不断地提高自己的职业素养，因此，职业素养具有发展性。

三、职业素养提升的方法

（一）职业素养的作用

1. 职业素养是个人事业成功的保障

良好的职业素养有助于人们树立正确的择业观，把职业当做事业来对待,增加对职业的情感认同,做到爱岗敬业;有助于自觉遵守行业规范,形成稳定的职业道德品质;有助于人们正确处理公与私、个人与集体、企业与客户之间的关系;能够驱动人们自觉学习,掌握和提高适应职业需要的技能、知识、能力,有助于人们养成良好的职业行为习惯,从而保障事业成功。

2. 职业素养是提高企业竞争力的重要因素

员工具备良好的职业素养,能够胜任岗位要求,履行岗位职责,完成岗位任务,促进企业提高产品和服务质量,节省成本,提高效益。较高的职业素养能够让员工不断探索和创新,促进企业创新发展。能够让员工正确处理好与企业、与顾客之间的关系,诚实守信,主动服务,提高顾客满意度。能够让员工建立和谐的人际关系,提高团队协作能力,形成良好的工作氛围。员工较高的职业素养能提升企业形象,提高企业的知名度和美誉度,形成企业的无形资产,提高企业的市场竞争力。

3. 职业素养是形成全社会职业风气的基础

职业素养是人类社会化分工和发展的产物,每一个行业都对从业人员有基本的职业素养要求,是一种比较稳定的身心发展的基本品质。良好的职业素养能够使全社会每个从业人员有正确的劳动态度和敬业精神,有事业心和责任感,以主人翁态度热爱本职工作,树立崇高的职业理想,干一行、爱一行、精一行,对本职工作精益求精,自觉养成全心全意为人民服务的良好职业道德,从而形成全社会良好的职业风气。

(二)提高职业素养的方法

1. 做好职业生涯规划

帕森斯的特质因素理论提出,个体差异是普遍存在的,每一个人都有自己独特的人格特质;与之相对应,每一种职业也有独特的要求,一个人的能力、性格、气质、兴趣与所从事职业的性质和条件要求越接近,工作效率就越高,个人成功的可能性也越大,反之,则工作效率就越低,职业成功的可能性就越小。因此个人在选择职业,进行职业生涯规划时,最好根据自己的个性特征来选择相应的职业种类,使个人特质与职业所需要的素质与技能协调匹配,有利于提高工作态度和绩效水平。同时,进行职业生涯设计还要考虑职业发展潜力、竞争性、社会需求与企业的需求等因素。

做好职业生涯设计是提高职业素养的前提条件,一个人进行了职业决策,明确了个人职业发展的状态、过程及结果,才能有目的地进行职业素养修炼。

课堂笔记

2. 热爱本职工作

拥有积极的工作心态，热爱本职工作，发现工作的价值，尽职尽责做好本职工作，对工作的结果负责，是职业人极其珍贵的品质，其核心就是爱岗敬业。爱岗就是热爱自己的工作岗位，并引以为豪，在工作中感受到愉悦和幸福；敬业就是敬重自己的工作，在工作中力求精益求精，不断钻研创新，多做一点，驱策自己进步。爱岗敬业能够激发职业人的主观能动性，自觉提升职业素养。

3. 注重职业实践

职业素养是教化的结果，它是在先天素质的基础上，通过教育和社会环境影响逐步形成与发展起来的。职业素养也是自身努力的结果，一个人的职业素养的高低，是通过学习、实践，并把它变成自觉行为的结果。所以，职业实践是职业素养提升的基本途径，要想提高职业素养，必须参加职业实践，在职业活动中学做结合，知行合一。

张小礼的成长

爱岗敬业是非常珍贵的职业素养，工作中的很多细节体现了这种职业素养。整理文件虽是小事，但是小兰和小礼的做法反映出他们对待工作的差异。在工作中要尽职尽责，多做一点，才能驱策自己进步。

思考与训练

1. 结合未来的就业岗位，谈谈工作对于个人的意义。
2. 结合所学专业和未来的就业岗位，谈论如何养成良好的职业行为习惯。
3. 思考职业道德与社会主义核心价值观的关系。

任务二　掌握沟通技巧

张小礼的思考

中午十二点,张小礼准备下楼去吃午饭,早餐没来得及吃,忙了一上午,到现在只喝了一杯咖啡,感觉饥肠辘辘,刚走到电梯口,被陈经理叫住了。陈经理告诉张小礼给她邮箱里发了一份资料,让她校对一遍然后打印12份,下午开会的时候要用。

张小礼只好回到办公室,打开文件,仔细校对一遍,然后打印复印好,放到陈经理的办公室。忙完后已经一点多了,张小礼也不想去吃饭了,从抽屉里拿出一包饼干啃着。陈经理看到她,问:"你怎么吃饼干?中午没有吃饭吗?"张小礼说:"中午在准备您要的文件呢。"陈经理说:"下午四点才开会呢,这些资料三点半之前准备好就行了。"张小礼觉得这次她和陈经理的沟通出了问题。

任务目标

☆ 了解沟通的含义
☆ 了解和掌握倾听的技巧
☆ 了解和掌握非语言沟通的技巧
☆ 了解和掌握语言沟通的技巧
☆ 了解和掌握与同事沟通的技巧

课堂笔记

一、沟通的含义

沟通是重要的基本技能之一。美国普林斯顿大学曾经对1万份人事档案进行分析,结果显示,专业技术和经验占成功的25%,其余75%取决于良好的人际沟通。哈佛大学就业指导小组在早期的一份调查显示,在500名被解雇的人员中,因为人际沟通不好而导致工作不称职者占82%。可见在我们的社会生

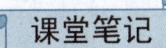

活和商务交往活动中,沟通是我们的工作和人际关系取得成功的关键。

(一) 沟通的定义与特性

沟通是为了一个设定的目标,把信息、思想和情感,在个人或群体间传递,并且达成共同协议的过程。用通俗简单的语言来说,沟通就是信息交流,是主体将某一信息传递给客体,并期望客体能做出相应反馈的过程。沟通包含了以下特征:

1. 双向互动

沟通是双向互动的,在一个完整的沟通过程中,沟通的参与者在轮流充当着信息发送者和接受者的双重角色,双方互换角色进行信息的反馈和理解。

2. 统一符号

沟通是信息的传播,要使用统一的符号进行表达,如统一的语言文字、约定俗成的表达方式等。如果传播符号不统一,肯定会造成沟通障碍和误会。

3. 多元交流

沟通是多元的信息交流,在沟通过程中人们传递的内容不仅仅是符号信息,还包含了一定的思想和情感。如"您好"是单纯的文字信息,但是伴随着微笑和握手,就会传达丰富的情感。

4. 社会普遍性

沟通普遍存在于我们的日常生活和工作中,我们的所有活动几乎都和沟通有关,如打电话、看电视、交谈、写邮件、发微信、听课、汇报工作、开会等。

5. 特定情境

沟通场合和沟通情境,包括时间、地点、环境、设施、参加人、话题、氛围等因素,影响着人们的话题选择、表达方式。

(二) 沟通的要素

完整的沟通包含信息、发送者、编码、渠道、解码、接受者、反馈七个要素。

1. 信息

信息是沟通双方进行交流的内容,由语言信息和非语言信息组成。语言信息包括口头语言和书面语言;非语言信息包括语音、语调、语速、眼神、表情、仪表、手势、姿势、距离、接触、气味等。交往者的表达能力、接受能力、理解能力和认知能力将影响信息的发送和接受的质量。

2. 发送者

发送者是信息的发送方,负责对信息进行收集、加工、传递、反馈。

课堂笔记

名人说礼仪

己所不欲,勿施于人。
——孔子

这句话揭示了处理人际关系、进行良好沟通的重要法则,就是学会换位思考。

3. 编码

编码是指沟通者把需要传递的信息进行加工与理解,转变成双方共知的适当的符号的过程,例如语言、文字、图片、身体姿势、表情、动作等。

4. 渠道

渠道是指信息传递和反馈的媒介或通道,信息可以通过不同的渠道发送,而不同的信息渠道适用于传递不同的信息。例如公司正式的人事任命要通过组织的正式渠道传达,如任命文件、公告公示等;而市场部的小张结婚,就可以通过非正式渠道告诉大家。

5. 解码

解码是指信息的接受者接受信息的思维过程,接受者接受信息符号以后,搜索大脑中已有的知识和经验与之相匹配,翻译成接受者理解的形式。

6. 接受者

接受者是指接受并解码信息的人。对于同一个信息,不同的接受者会有不同的理解。即使是同一个接受者,由于接受信息时的情绪或者场合不同,也会对信息做出不同的解释和反馈。

7. 反馈

接受者收到信息,通过解码,再根据自己的理解、消化和吸收,传达给发送者。在沟通中,反馈是不可或缺的一个环节,因为反馈让信息的发送者知道思想和情感是否按照预期的方式被接受和理解。

(三)沟通的形式

人际沟通分为以下几种形式:

1. 单向沟通和双向沟通

(1)单向沟通

信息只朝着一个方向流动和传递,信息发送者和接受者的地位不变,一方发送信息,另一方接受,是没有反馈的信息沟通。例如电话通知、书面文件、领导在台上讲话等,都是单向沟通形式。这种沟通形式的传递速度快、没有干扰,但是不能了解接受者的接受情况。

(2)双向沟通

双向沟通是指有反馈有互动的信息沟通,如当面谈话、讨论、谈判等。在双向沟通中,信息的发送者可以随时检查接受者如何理解信息,判断接受者是否正确地理解了信息,并根据情况进一步进行信息的重新编码传递,以确认沟通有效。在双向沟通过程中,信息的发送者和接受者的地位是可以转换的,沟通的

课堂笔记

信息可以往返多次进行反馈。这种沟通形式气氛活跃、有反馈、接受率较高,但是由于要随时反馈调整,所以对信息发送者会产生一定的压力。

2. 直接沟通和间接沟通

(1)直接沟通

直接沟通是指不经过中间环节,沟通者双方当面直接进行的信息交流。例如课堂讲课、现场演讲、面对面谈话、谈判协商等。

(2)间接沟通

间接沟通是指沟通双方不直接接触,需要借助第三方媒介实现的信息交流。这些媒介包括中间人、文字、电话、互联网等。例如以文件形式下达的指示,电话通知,邮件通知,在工作微信群中下发的通知,总经理通过部门经理向员工传达命令等。

3. 语言沟通和非语言沟通

(1)语言沟通

语言沟通是指以语词符号为载体实现的沟通,又分为口头沟通和书面沟通两种方式。

①口头沟通。口头沟通是通过讲话的方式实现信息传递,如讲话、讲课、谈心等。口头沟通是传递信息的最基本方式,沟通者可以根据接受者的面部表情、反馈等情况判断信息接受者的接受效果,并立刻进行调整和纠正,降低理解的失误,提高沟通效果。面对面的口头沟通,令人感到灵活、自如、亲切,但是比较花费时间。电话也是口头沟通的一种方式。

②书面沟通。书面沟通是以书面文字、图片、图形、数字等符号传递信息的方式,如文件、通知、公告、电子邮件、信件、报告、论文、板书等都属于书面沟通方式。书面沟通最大的好处就是能够留下"白纸黑字"的证据,书面文本可以复制,同时发送给许多人,传达相同的信息。沟通的时间一般不长,沟通成本也比较低。但是,由于书面文件一般比较正式,所以需要花费一定时间充分准备,甚至需要字斟句酌。不同的接受者阅读同一份文件,可能会产生不同的反应,例如谁发的文件,接受者个人的观点,当时的心情,收到文件的时间、环境等。

(2)非语言沟通

非语言沟通主要是指以肢体动作、着装、表情、语音语调等非语言符号为媒介的沟通形式。非语言沟通既可以伴随着语言沟通一起出现,也可以单独出现。伴随着口头语言一起出现的非语言行为能够强化、夸大,或否定、减弱口头传达的信息。非语言沟通中的肢体动作、表情等媒介往往和文化习俗有关,传递着约定俗成的信息。

4. 正式沟通和非正式沟通

（1）正式沟通

正式沟通是组织中按照明文规定的渠道进行的信息传递，如会议传达、文件传达、工作汇报会等，因为发布的是"官方消息"，所以具有一定的严肃性、强制性。沟通者事先做好充分准备，并对发出的每一条信息负责任。

（2）非正式沟通

非正式沟通是指在正式沟通渠道以外，以个人身份进行的信息交流活动，通俗地说就是发布"小道消息"。非正式沟通往往带有一定的感情色彩，传播速度快，具有闲聊的特征，容易被滥用，有一定的消极性。非正式渠道客观存在于组织中，具有不可忽视的作用，可以作为正式渠道的补充，弥补正式渠道传递的不足，满足人们情感方面的需要。

（四）沟通的作用

1. 沟通是人际关系的构成条件

人们通过沟通与周围的社会环境相联系，而社会是由人们的相互沟通关系所组成的网络，所以沟通是一种在社会网络中自然而然的、无所不在的、必不可少的活动。

2. 沟通贯穿于社会生活的所有领域

在社会生活中，人们的绝大多数活动都是通过沟通来完成的，人们通过沟通来协调关系、分享资源、达成共识。良好的沟通是人们的工作和相互关系取得成功的关键。

3. 沟通是人们获得知识和信息的重要途径

人们通过上课、阅读书籍、演讲、讨论、聊天等形式学习知识，了解信息，获取经验。这些都是重要的沟通形式。

4. 沟通是情商的体现

情商是人们对于自我情绪的认知、控制并进行自我激励，对他人情绪的理解并与他人相处与合作的能力。人际沟通能力是判别个人情商水平的重要尺度。情商高的人，一般都具有较高的沟通能力，善于理解他人，善于合作，易于得到他人的认同和协助，获得良好的人际关系。

二、沟通中的倾听

绝大多数人天生就有听力（听得见声音的能力），但听得懂别人说话的能力，则需要后天学习才会具备。在工作中，在倾听上的疏忽，轻则影响工作质量和效率，重则可能酿成重大事故。

（一）倾听的重要性

1. 倾听是获得信息的重要方式

在日常生活中，交谈是人们获得大量有关信息的最主要渠

课堂笔记

小看板

我们几乎随时随地都在听,可是听的效果却未必那么理想。据权威人士推测,日常生活中的口头信息,只有一半左右得到了充分的理解。专家说人们的倾听效率只有25%,也就是说在人们听到的话中,有75%的内容被忽略、遗忘、扭曲或者误解了。在日常生活中,倾听能力较弱可能导致对信息的误解,产生误会。

道,在交谈中人们通过听觉媒介获得信息,在别人的话语中找出有效信息,同时还要调动其他感官去接受言语和非言语传达的信息。

2. 倾听可以增进人际关系

认真的倾听是对对方的尊重和肯定,别人自然喜欢这样的交谈,良好的关系也就建立起来。很多情况下,听比说更为重要。比如,面对情绪激烈的客户向客服抱怨产品问题的时候,客服最好的办法不是据理力争地反驳,而是静静地听他抱怨,以免激怒客户,使事态更加恶化。

3. 善听才能善言

在倾听的过程中,我们理解别人的情感和需要,了解他们的需求,当我们在与之交谈的时候才会有的放矢,才能瞄准目标,才有说的内容,才能打动对方。不听就很难明白问题的症结所在,也就无法说服别人,只有一方愿意听,讲的一方才有说的动力。

4. 倾听才能真正理解他人

倾听的过程就是一个理解对方的过程,从对方的语言里,我们可以听出他们想告诉倾听者怎样的想法和情感,想表达怎样的观点和立场。

5. 倾听可以提高工作效率

在工作中,听明白指令才能正确完成任务,对指令或命令的理解越准确,对工作的方向和目标就越有把握。而且在工作过程中还要及时汇报沟通,倾听上级、同事和下属在工作中的各种反馈,及时纠偏,提高工作效率。

(二)影响有效倾听的因素

虽然我们用大量的时间与精力来倾听,然而现实中有很多因素会干扰我们的倾听效果。影响倾听的因素主要有以下几个方面。

1. 环境因素

环境因素对倾听的效果影响很大,而且影响方式很复杂。诸如时间地点、环境布置、谈话者的衣着打扮、谈话时双方的位置远近、讲话者的行为方式等因素,都会以不同的方式影响倾听的效果。

2. 语言表达因素

如果是用语言为载体传递信息,那么不同语种的人交流,肯定比在同一语言沟通下沟通遇到的障碍更多,因为在语言背后有着不同的文化背景。事实上,即使使用同一种语言,不同的年龄、职业和教育背景的人使用语言的能力与风格也是不一样的。

> **阅读材料**
>
> ### 影响有效倾听的语言因素
>
> (1)使用过分精炼的语言,可能会导致接受方很难猜测对方的意图。如果发送信息方在较短的时间里发出了太多的信息,超出接受方理解的能力范围,也不能取得好的倾听效果。
>
> (2)如果发送信息者使用不恰当的省略,或高频率使用只有少数人理解的专业术语、习惯用语等,其发送的信息也可能很难被人理解,除非双方经常交流,达成了某种"默契"或"共识"。
>
> (3)发送信息者的口头语与体态语不符合的情况也经常使倾听的一方感到困惑,影响倾听效果。
>
> (4)发送信息的吐字发音是否清晰,语言组织的逻辑性是否很强,语言表达能力如何都会影响倾听的效果。
>
> (5)讲话速度也是一个原因。大多数人以每分钟260到300字的速度讲话。而听者却可以以每分钟超过400字的速度进行处理,这中间存在的时间差很容易使听者分心,反过来会降低倾听的效果。

3. 倾听者的理解能力

人们很少像重视阅读、口头表达和写作能力那样重视倾听能力的培养,大多数人在接收教育的过程中缺少如何进行有效倾听的训练。缺乏训练,让倾听能力自然生长,限制了倾听者的理解能力提升。

4. 情绪、性格与态度

抱着尊重对方的态度去听就能收到良好的效果,如果很不情愿地去听,效果往往不理想。倾听者必须在比较平静的心态下,倾听他人并试图理解他人。极端的情绪体验会阻碍倾听者进行客观而理性地倾听,在极度暴躁或焦虑不安等不稳定的情绪下是不可能很好地倾听的。

倾听者的性格特征影响倾听效果,有些人倾向于用刻板印象去预先设定讲话者,这种假定会导致倾听者偏离正确理解的轨道。控制性的倾听者不愿意倾听而喜欢说;被动倾听者往往缺乏用积极的心态用心去倾听,把信息当耳边风,不在心中,这些都可能导致沟通过程中的理解错误。

5. 生理差异

倾听是身体感知的一部分,它的效果受听觉器官和视觉器官的限制。如果身体有缺陷,必然会影响我们的倾听效果。对具有正常听觉功能的人来说,不同的性别对倾听内容的关注焦

课堂笔记

课堂笔记

点是不同的,男人倾听在于提供建议,而女人倾听注意的是一种亲密关系的建立。

6. 选择性知觉

人人都有评估和判断是否接受信息的天生倾向。接受者会根据自己的需要、动机、经验、背景、个人特点,有选择地去接受信息。有时候人们甚至把自己的兴趣和希望也带入倾听的过程当中来。但是,当一个人在认知失调的状况下,即一个人具有两种或更多互相对立的态度时,就会感到矛盾,不能有效地倾听。

7. 文化因素影响

在不同文化和亚文化背景下的人,对事物的理解和评价不同,因而会带来倾听效果的差异。

(三)提高倾听能力的技巧

1. 检查自身的倾听习惯

倾听的效果不理想,可能是因为没有用心去听,也可能是因为倾听者存在不同程度的倾听障碍。倾听障碍就是那些受到倾听者个体心理因素、行为、习惯、经验等因素的影响,阻碍倾听者进行良好倾听的东西。

心理防御就是一种典型的倾听障碍,一般来说,人们都不愿意听到坏消息,会本能地排斥坏消息;有一些人具有强烈的个人成见,会影响思维,阻碍接受正确信息。

以自我为中心的人,在倾听过程中会过于关注自己的观点,喜欢听那些与自己观点一致的意见,对不同的意见往往置若罔闻,这样往往错过了聆听他人观点的机会。

2. 明确倾听的目的

倾听的目的越明确,倾听者就越能够掌握信息。预定的目标促使我们积极参与人际交流,主动搜寻自己所要的信息。同时在目标的驱动下,倾听者会对满足自己需要的信息更加敏感,记忆更加深刻,感受更加丰富。

3. 创造良好的倾听环境

倾听受到环境的干扰比较大,广义的倾听环境不仅包括自然条件,而且还包括社会因素,人的心理和生理因素。良好的沟通环境包括:让大家感到平等的环境,有安全感,适当的地点,没有无谓的打扰和噪声干扰,有利于反馈,能够观察到对方的眼睛和面部表情,有足够的时间,平和的情绪、状态和态度等。当然,最重要的是首先停止讲话,做好倾听准备。

4. 保持良好的心情状态

倾听者找一个让自己一定要注意听的理由,在思想上做好倾听准备,排除杂念。保持目光接触,因为眼睛所在,耳朵会相随。认识到自己的偏见可能在很大程度上会妨碍自己有效倾听,所以有意识地摒弃不利于倾听的先见与假设。在脑中把对方的话转换成自己能理解的话,努力倾听。边听边观察讲话者的非语言信息,以辅助自己倾听。

5. 建立信任关系

信任是双方交流的必要前提,沟通的双方应该敞开心胸向对方表达交流的诚意,随时注意控制自己的偏见,以免影响对信息全面准确的接受,应该以开放的心态来接受别人的意见,就事论事,尊重对方也是一个独立的个体。

6. 学会倾听过程中的反馈

在倾听过程中要及时做出各种非语言的反馈,如展示对方能理解的动作与表情,来表示自己的关注程度,以鼓励讲话者继续。倾听者的反馈对说话的人很重要,讲话人在接收到这些反馈信息后可以及时调整讲话的内容及方式。

三、非语言沟通技巧

(一)非语言信息在沟通中的作用

1. 重复语言

非语言沟通符号可以重复语言所表达的意思,起到加深印象的作用。人们使用自己的语言沟通时经常辅之以相应的表情和其他非言语符号,起到多重强化的作用。在宴会上别人向客人斟酒时,客人嘴上谢绝说"不,谢谢"的同时,用手掩住酒杯,这都是非语言重复信息的表现。

2. 否定语言

在语言和非语言信息出现矛盾的时候,非语言信息往往更能让人信服,因为很多非语言信息是下意识的行为,更能表达真实的想法。一个人受到打击后,尽管很坚强地嘴上说着"没什么",但是从他紧锁的眉头、失落的眼神中可以看出他说的并非真话,其实内心深处是很受伤的。

3. 替代语言

在人类的长期实践中,非语言行为形成了部分替代语言行为的独特功能,例如摇头表示"不",招手表示"来这儿"的意思

课堂笔记

资料卡

如何让对方知道你正在专注地听?

目光接触。显露出兴趣十足的模样。

适当地微笑一下。

用言语响应,用声音参与。说:"哦!""真的?""是啊!""对!"

用肢体语言响应。如点头、身体向前倾、面朝着说话者,换个姿势……

记下一些重要内容。

用说明的语句重述说话者刚谈过的话。如您的意思是不是说……或者换句话说,就是……

响应一下,在心理回顾一下对方的话,并整理其中的重点。例如:"您刚才说的这个……论点很棒,值得学习"。

等。非语言信息可以代替语言信息,有效地传递许多用语言不能传递的信息,而且作为一种特定的形象语言,它可以产生语言沟通所不能达到的交际效果。

4. 补充强化语言

非语言符号作为语言沟通的辅助工具,可以使语言表达更准确、有力、生动、具体。例如,我们安慰对方说"没关系"时,可以轻拍对方的手臂。

5. 调整和控制语言

通过目光接触、变换姿势等非语言信息来表示交流沟通中不同阶段的意向,传递自己意向变化的信息,控制语言交流的过程。例如,当对方欲言又止时可以用目光给予鼓励;在对方讲到重点时,可以身体前倾,表示重视;在谈判间隙,可以放松一下坐姿,缓解气氛。

(二)非语言信息沟通的种类和方式

1. 辅助语言

辅助语言是由伴随着口头语言的有声暗示组成的,包括语速、音调、音量、音质。

(1)语速

通过控制和变化语速能够增加语言的魅力和分量。正常速度下,人们的语速是每分钟 260 字左右,语速过快,会给人留下急躁、缺乏耐心、不稳重的感觉;语速过慢,给人拖沓、沉闷之感。

(2)音调

音调可以决定一种声音听起来是否悦耳。过高的音调让人感到紧张,听上去更像是训斥而不像谈话。所以除非迫不得已,在日常交谈中尽量不要提高讲话的声音。太低的音调让人听起来费劲,甚至听不清楚,低音调还给人留下底气不足、害羞的感觉。

(3)音量

音量是声音的大小,演讲和做报告时,音量要大一些,确保听众都能够听见;一般的交谈场合,音量以对方能够听见为好,营造局部的、相对私密的交谈氛围,同时也避免妨碍他人。

(4)音质

音质是声音给人的总体感觉,人声音好听与否,由声带结构、发声位置、胸腔和口腔的共鸣决定。研究人员发现声音有吸引力的人被视为更有能力,更为诚实可靠。

小看板

心理学家梅拉西比认为,人际交流的总效果=7%言语+38%语音语调+55%形体语言,也就是说,非语言信息影响了绝大部分的人际交流效果。可见,非语言沟通是一种重要的沟通形式。非语言信息复杂、深刻并且独具特点,在多数情况下它是在语言沟通的环境中与语言相互交织共同产生作用的,这些非语言信息都有着丰富的含义,在不同的场合下也有着不同的作用。

2. 面部表情

有专家估计人类面部可以显示两万五千多种表情。虽然有些人在想隐藏自己感情的时候能够控制住自己做到面无表情,但是大多数人还是把感情写在了脸上。

(1) 目光接触

眼睛被称为心灵的窗户,目光的接触也是灵魂的接触,有时读懂对方的眼神,也就是读懂了他的内心。大多数人无法盯着别人眼睛撒谎,所以我们更愿意相信那些能够直视我们眼睛的人,而不太相信不能够同我们保持目光接触的人。持续的目光接触表示信任和尊敬,而短暂的目光接触则流露出胆怯或感到有压力。

(2) 眉毛的运动

眉毛的运动可以传递惊讶、恐惧等多种信息。一般西方人比东方人更会用眉毛来传达信息,当然其中一些眉毛的运动被认为是东西方共有的,像紧锁眉头表示焦虑,眉毛扬起表示惊讶。

(3) 嘴巴的运动

嘴巴的运动也能从各个方面反映人的内心。嘴巴紧闭,而且不敢与他人进行目光接触,可能是由于心中藏有秘密而不愿透露。嘴巴不自觉地张着变成疲倦状,说明可能对自己和对自己所处的环境感到厌倦了。

3. 肢体语言

肢体语言主要是指四肢语言,通过对动作的分析,可以判断心理活动或心理状态。但是在不同的文化中同一肢体动作,可能代表不同的含义。

(1) 手的动作语言

用手指指向对方是极其具有冒犯性的手势;在与人交谈的时候不断用手整理自己的头发和衣服等会让对方觉得这种行为过于自我;把手伸到嘴里咬指甲会让人觉得这个人在谈话的时候缺乏安全感或者比较紧张。手臂动作的幅度也很重要,它能准确地反映一个人的态度和情绪。当我们高兴和满足时,我们的手臂会自由挥舞、透着喜悦。遇到消极情绪时,我们通常会收回手臂。比如,当我们受到伤害、威胁或虐待时,或当我们感到焦虑时,我们的手臂就会垂直地搭在一边。人们走路时将双手放在背后,传递的第一种信息是"我的地位更高",第二种信息是"请不要靠近我,我不想和你接触"。下意识地叉腰动作是一种强有力的权力象征,同时也是一种领地宣言。身体后倾、双手交叉于脑后抱头,表明舒适感和支配地位,好像在对别人说:"这是

> **课堂笔记**

我的地盘",这在商务会议很常见。

(2)腿部语言

分开的双腿是最明显的"捍卫领地"式行为,传递了明显的支配意思。而双腿交叉则表达了顺从、保守或者戒备。坐的时候无意识地抖动小腿或脚后跟,或用脚尖拍打地板,表示焦躁不安,不耐烦或为了摆脱某种紧张感。双腿摆出立正的姿势表达了中性的态度;稍息的时候,脚尖所指向的方向,往往意味着内心的所向。

4. 时间与空间

在沟通过程中,时间和空间感也表达了一定的非语言信息。沟通时间的选择,间隔的长短,次数的多少以及是否按时赴约,往往显示出行为主体的个性和态度。例如,及时回复邮件体现了对发件人的重视。

空间距离的沟通意义在于它显示了人的地位和亲密程度。例如,总经理办公室的空间大小和办公桌的尺寸要比普通员工大得多,人与人的亲疏程度可以用空间距离来衡量。

> **阅读材料**
>
> **不同的时间与空间习俗**
>
> 北美人与拉丁美洲人在交谈时有不同的空间要求。在北美洲,进行商务交谈时,双方合适的距离大约是0.6米,而拉丁美洲人会认为这个距离显得不友好,所以在谈话过程中他们会不知不觉地接近对方。如果一个北美人和一个拉丁美洲人交谈的时候,可能会出现拉丁美洲人追着北美人走的有趣现象。
>
> 另外,在时间的约定上,北美人严格遵守时间,认为迟到是对他人的不尊重,而拉丁美洲人则不太习惯严格遵守。

(三)提高非语言沟通的效果

在非语言沟通过程中,为了提高沟通效果,需要对非语言沟通进行有效控制。

1. 善于学习观察

了解和熟悉非语言沟通的一般规律,加以练习和实践,同时利用看电视、听演讲和朋友交谈等机会多观察他人是如何使用肢体语言的。

2. 认识个体之间的差异

不同国家、不同文化和亚文化背景的人在非语言沟通信息方面会产生差异;在使用和解读非语言信息的时候要把对方的年龄、文化、地区、性别、情绪状态考虑进来。

3. 使用与所讲内容一致的非语言信息

非语言信息能强调所讲的内容,而不是与之相反。如果所讲内容是一个意思,但肢体语言却表达的另一个意思,听众会感觉说话者不诚实。比如,说话者不能在说"欢迎"的时候面无表情。

4. 使用肢体语言来传递积极的感受

行为方式在很大程度上决定了交流效果,所以经常使用积极的肢体语言来展示自信。进入房间的时候,不要低着头,眼神躲闪,而要挺胸站直,面带微笑,保持眼神交流,有力地与别人握手,这样能让自己感觉更加自信,而这种自信一定能够传递给对方,使对方产生可信、愉悦之感,减轻沟通障碍。

四、语言沟通技巧

(一)语言沟通的原则

1. 目的性原则

语言是信息交流的手段,说话人通过语言来表达自己的意图和目标,听话者则通过语言来领悟其意图。只有明确的目标才叫沟通,没有目标不是沟通而是闲聊。

2. 情境性原则

语言沟通要符合特定的情境,情境是由人际沟通过程中的时间和空间等因素构成的沟通环境,对语言行为有制约的作用和补充的作用。

3. 正确性原则

语言表达必须符合语言规范,才能使被听者或读者接受,违背语言规则,就会造成沟通障碍。所以语言表达要力求准确,符合语言的语法等规范要求。

4. 得体性原则

人的语言沟通展开于特定的人际关系中,起着建立和发展人际关系的作用,我们要注意语言委婉得体,避免直接伤人。若不顾接受者和自己的关系,沟通就可能出现障碍。

(二)语言沟通的技巧

1. 了解沟通对象

面对不同的说话对象,应该采用不同的说话方式。

> **课堂笔记**

> **资料卡**
>
> **雅语与敬语**
>
> 初次见面用"久仰"
> 好久不见用"久违"
> 请人批评用"指教"
> 请人原谅用"包涵"
> 请人帮忙用"劳驾"
> 请人勿送用"留步"
> 麻烦别人用"打扰"
> 向人祝贺用"恭喜"
> 求人解答用"请问"
> 请人指点用"赐教"
> 托人办事用"拜托"
> 赞人见解称"高见"
> 看望别人用"拜访"
> 宾客来临用"光临"
> 中途先走用"失陪"
> 等候客人用"恭候"

(1)面对不同性格的人

①面对强硬性格的人,这类人一般思想比较偏激、欠缺协调性、比较顽固、有一定的正义感、比较坚持原则。对他们说话时要注意证据、数据明确,用事实打动他,但措辞要委婉,不要当面和他对抗争辩。

②面对随和性格的人,这类人比较外向开朗,随和活泼,喜欢照顾他人,想法实际,有一定的决断力,但有时太过自信。这类人喜欢随众,特立独行会让他们感到不安,所以对他们说话时可以强调大家都是这样认为的,大家的看法基本都是这样的,并让他们多发表自己的见解。

③面对内闭性格的人,这类人羞怯胆小,有时不切实际,对周围的事物敏感度高,容易伤心和兴奋,缺乏果断力。对他们说话时以指导和说服的方式,用中性词,以防敏感,不要伤他们的自尊心,不要让他们做决定。

(2)面对不同性别的人

例如,男性往往比较理性,而女性往往比较感性,和男性说话时要注重逻辑、数据和事实,和女性说话时则更要关注她们的感受。

(3)面对不同年龄的人

对长者说话要注意使用尊称、敬语,语速可以稍慢一些,体现尊重;对年轻人说话切勿随意指责,也不要轻易好为人师,以免引起反感。

(4)对不同教育背景的人,不同社会地位的人,说话要因人而异

对受教育程度高、社会地位高的人,要注意拿捏分寸,多使用正式用语,多使用雅语,多使用专业词汇,尽量避免口语、俚语。而对于普通百姓,口语化的朴实语言更接地气,营造轻松融洽的沟通氛围。

(5)对不同文化背景的人

这是一个跨文化沟通的问题,涉及了一系列复杂的宗教、文化、习俗、惯例等问题,开口之前务必要慎重,做好功课。

2. 选择适当话题

和对方沟通时,为了引起对方的注意和兴趣,可以选择一个双方的共同点切入。例如,在开始正式内容之前,先从一个中性的话题开始,谈谈天气、昨天的球赛、对方喜欢的唱片、某个地方开了一家特色餐厅等,对对方了解越多,话题的选择就越容易吸引对方,形成好的开局,然后就可以比较顺畅地引入正题。

3. 注意情境场合

在庄重、正式的场合，说话要有稳重感、正式感。在热闹喜庆的场合，说话要体现出积极、愉悦的感觉。慰问他人时，语气要有体谅和同情感。在轻松的场合，说话可以像聊家常一样随性和放松。在肃穆的场合语速要适当放慢一些，而在喜庆的场合，语速就可以适当加快一点。

4. 注意表达技巧

(1) 少用否定句，多用肯定句

心理学家调查发现，在交流中不使用否定性的词语会比使用否定性的词语效果更好。因为使用否定性的词语会让人产生一种命令或批评的感觉，所以要尽量使用肯定的词语来表达。

举例一：

顾客：这种汤圆还有黑芝麻馅的吗？

售货员1：没有。

售货员2：真不巧，黑芝麻馅的刚卖完，不过什锦馅的和椒盐馅的也不错，您可以试试。

举例二：

顾客：汤圆还有吗？

售货员1：卖完了。

售货员2：由于需求很旺，我们暂时没货了。

举例三：

客服1：你没有必要担心这次修好以后又坏。

客服2：你这次修后尽管放心使用！

(2) 先贬后褒

在描述事物时，把话语的落脚点放在优点上，能给人留下好的感觉。简单来说就是先说缺点再说优点，最后的整体感觉是强化优点；而先说优点再说缺点，最后的整体感觉是强化缺点。

举例一：

这个商品质量虽然很好，但是价格贵了点！

这个商品的价格虽然贵了点，但是质量很好！

举例二：

湿地公园虽然好玩，但是路途远了点！

湿地公园虽然路途远了点，但是特别好玩！

(3) 多用"是……但是……"的说法

当对方的意见和自己不一致时，先肯定对方，体现对他的尊重和认同，然后再表达自己的观点，这样对方更容易接受。

课堂笔记

课堂笔记

举例一:

顾客:我一直想买一盆兰花,但是听说很难开花,我朋友买的那盆就从来没有开过。

售货员:是的,您说得对,很多人种这个品种的兰花的确不开花。但是,如果您按照我送给您的说明书去浇水养护,肯定会开的。如果您精心管理后还是不开花,您可以把花退回来。

举例二:

顾客:我一直想报个驾校班,考个执照开车上班,可是我胆小,肯定不敢开车。

教练:是的,您说得对,很多人都觉得开车很难。但是,您报了我们这个驾校,我们保证您能学会,到时候您就觉得开车不可怕了。万一您不想学了,我们还可以适当退费。

5. 避免坏习惯

说话时,避免出现过多的口头禅、地方口音、不文明的用语、轻佻的发音方式、眼神不定、动作过多、动作杂乱等习惯。

五、与同事沟通的礼仪

(一)与上级沟通的礼仪

1. 与上级沟通的原则

(1)知己知彼

在工作中多留意一下上级的言谈举止,兴趣偏好,沟通风格,不但可以减少相处过程中不必要的摩擦,还可以促进相互之间的沟通,促进上下级关系的协调,为自己的工作营造良好环境。

(2)理性对待

与上级有效沟通,可以让上级掌握工作进度和成绩,及时了解工作中的困难,可以让上级了解下属的工作态度和工作业绩,也可以消除上级对下属的误解。与上级沟通还可以增加对上级的理解,使上级能够更愉快和更加顺利地开展工作。经常进行和谐的上下级沟通,可以使团队更协调,管理更通畅,效率更高,无形中也创造了令身心愉悦的工作环境,促使工作更具有创造性与吸引力。另外,上级也是凡人,也会犯错误,而且他们的指示和命令也并不总是正确的,所以对上级的服从不是盲从,要在一定范围内(职权内)勇于提出不同意见,学会运用智慧对上级说"不"。

(3)权利不对等

绝大多数的上级在乎其权威和地位,需要别人的承认,需要他人维护自己的尊严。所以上级永远是上级,在工作场合不是下属的朋友,这是一条铁的纪律。上级即使其私下里跟下属关系密切,在公司里也最好把这种关系定位为简单的上下级关系。

(4)注重细节

下属在和上级沟通的过程中应注意自己的言谈举止和工作中的细节问题,越是随意的场合越要加以小心,生活中的细节会暴露一个人的很多秘密,潜意识的行为是很难伪装的。

(5)建设高于对抗

在很多组织里面总有那么一种员工,他们觉得跟上级对着干,就了不起,其实这种想法是非常幼稚的。在这种沟通心态下的交流,不会有什么建设性的成果,只会加深双方的反感。在组织中上下级沟通应该本着真诚的心态,为的是把共同的工作做好。沟通的双方不是收获自己的立场,而是收获共同利益的过程。沟通,不是为了对抗,而是为了取得建设性的成果。

2. 与上级沟通的技巧

(1)正确领会上级的意图

确保上级的指示具体明确,对指示中能用数据和标准衡量的地方,尽量用数据说话。在自己和上级之间,就指示的关键指标达成共识,如金额、规模、时间、范围等,从而充分了解上级希望执行的程度,可以承受的程度。不要顺从地接受一个非常笼统的指示,如果确实没有弄清楚的,要向上级询问、请教,切忌不懂装懂、凭空想象,这样反而会违背上级的意图,从而给自己带来更多的麻烦,出力不讨好。

(2)按时完成上级指派的工作

按时完成工作是基本的职业道德,要了解上级的时间期望,工作完成后汇报的形式,是否需要书面汇报,是否要做演示等。因为下属的绩效是由外部或直接上级来评价的,良好的汇报展示,不仅能够提高沟通效率,更会为下属的工作加分。

(3)及时向上级汇报工作进展

从上级那里接到任务之后,要做到任务完成就立即报告。如果是长期的工作,应该在过程中定期或者不定期报告进展情况,让上级随时掌握进度,并对此放心。

(4)为上级分忧

能够在工作中协助上级把事情办好,这是所有的上级都喜欢的部下。遇到上级有棘手的工作,员工应及时协助;遇到上级工作或决策中有失误,应及时提醒、善意参谋,不能袖手旁观。

(5)只听不传

在面对多个上级的情况下,必须协调和处理好上下左右的关系,而这其中一条重要的原则就是"只听不传"。也就是说,有碍于领导之间团结的话,只可听不能传。

(6)理智对待上级批评

如果上级错怪了下属,下属不要在公共场合与其反驳或针锋相对。合适的做法是找个方便的时机解释真实的情况。当上级大发雷霆时,不要试图马上解释,暂时接受之后,总会有解释清楚的机会。

(二)与下属沟通的礼仪

1. 与下属沟通的原则

(1)合理授权

授权就是上级将权力和责任赋予下属,使下属在一定的监督范围之类具有一定的自主权。授权应该合理适度,不可以过分授权,使得下属的工作和行为缺乏必要的监督;授权也要真实切实可行,让下属真正有自主决策的权力,才能起到调动下属工作积极性和主动性的作用。

(2)对事不对人

要维护下属的尊严,避免伤害下属的自尊心。工作中就事论事,不涉及对个人的价值评价。如果工作中产生差错,也应该本着解决问题的态度进行沟通,对事不对人进行沟通处理。

(3)理解宽容原则

在工作中不少上级都可能遇到过不听话或者不服气的下属,面对这些下属如果处理欠妥很容易使双方的关系搞僵,甚至激化矛盾。作为一个上级要有胸怀和足够的自信,对这些下属的合理言词予以肯定,正确的意见要采纳,以便尽快地拉近与其感情距离。上级要能有效控制自身的情绪和态度,不被对方偏激的情绪和语言所左右。

(4)原则客观公正

上级应该坚持用实事求是的态度客观地评价下属。

(5)自我批评原则

具有自我批评精神的上级往往在沟通中能赢得下属的信任和支持,也有助于下属说出自己真实的想法,双方只有在负责任的态度下才能找到解决问题的办法,上下级的成功沟通要基于互相的尊重和信任。

2. 与下属沟通的技巧

(1)尊重下属,善于激励

尊重可以使下属认识到自己的价值,培养下属的自信心。

对下属的鼓励与表扬要及时、具体、准确。经常在公开场合驳斥下属的领导，可能会给人留下工作方式简单、粗暴的印象。

(2) 沟通应该具有针对性

不同下属因为年龄、接受的教育和文化背景不同而具有不同的性格、不同的理解水平。与不同的下属沟通时，上级应该认识到沟通对象的个别差异，不要对所有的下属使用同一种语言、同一种方式进行沟通，而是在对沟通对象分析的基础上，采取对方能接受的方式、方法和语言，这样沟通才能取得切实的成效。

(3) 尽可能多地聆听下属

专心的聆听是双方沟通的关键，不仔细听完下属的发言就下结论，往往给下属留下不负责任和敷衍的印象。耐心地倾听可以发现问题的所在，并找到说服对方的关键点，倾听之后上级应该对下属的发言给出有效的回应，提出建设性的意见和建议，表达自己对事件的内心感受。

(4) 注意克制情绪

当下属和自己的意见和看法相左时，作为上级切忌勃然大怒，用权力去压倒下属，这样会导致上下级关系恶化，不利于问题的解决。高明的上级要做到以柔克刚，让事实来证明自己。对于上级的克制和忍让，下属会由衷地佩服上级的度量，这样的上级常常能赢得下属真诚的拥护与尊重。

(三) 与平级同事沟通的礼仪

(1) 公平竞争，平等互助

职场中切忌抱着与同事是对手的态度，与同事和谐共处的原则是彼此尊重、配合，然后尽量施展自己的才华，在公平竞争中求发展。大家喜欢和光明正大、诚实正派的人相处。那种人前人后两张面孔，领导面前办事积极主动、充分表现自己，而在同事或下属面前推三阻四、拒人于千里之外的人是最不受欢迎的。

(2) 尊重同事，不要打听他人的隐私

现代人大都有较强的个人观念，同事比其他群体更注意自己的隐私权，所以不要轻易打探同事的家庭、情感等方面的隐私，除非对方主动说起，过分关心别人的隐私是趣味低下、没有修养的行为。

(3) 不要把个人好恶带入办公室

每个人都有自己的个性，都有自己独特的眼光和喜好。也许他人的衣着打扮或者言谈举止不是自己所喜欢的，这时可以保持沉默、不加评论，更不要以自己的好恶当面批评他人。相反，这样的包容可能会赢得他人的尊重。

课堂笔记

(4) 培养和谐人际关系

工作中要善于寻找志趣相投的朋友,培养和谐的人际关系。在工作之余,大家结伴郊游、运动、唱歌等,可以放松心情,缓解压力,也可以缓和在工作中造成的紧张关系,从而在工作中合作得更愉快。

在工作中,男女同事要把握好交往尺度,不可以把工作以外的私人感情带到办公室。职场中的女性也要具备防范意识和自我保护的能力,保持自尊和自重,与男性同事之间建立一种健康、得体的异性同事关系。在工作中,男女各有优势,如果与异性能够相处得体,互相辅助,互相帮助,工作的效率一定会更高。

张小礼的成长

张小礼在听的时候不够专注,也没有及时进行沟通的反馈,所以漏掉了下午四点开会才要资料这个关键信息,没有明白陈经理真正的需求,也导致自己牺牲了一顿午饭。所以在工作中,认真倾听,注意沟通才能提高工作效率。

思考与训练

1. 如何理解倾听的重要性?
2. 同学之间沟通要注意什么问题?
3. 定出若干沟通的主题,大家不许说话,信息的发送者只允许用身体语言来表达某个主题,然后和对方交流,印证一下自己的身体语言表达是否准确,对方是否进行了正确的解读和理解。

任务三　掌握求职面试礼仪

张小礼的思考

张小礼的一位好朋友最近正在找工作,她做了一份厚厚的简历到处投递,终于有一家不错的公司愿意提供一个面试机会,她又高兴又紧张,非要把张小礼从公司拉出来陪她去面试。可能因为太紧张了,好几个问题都回答不出来,还是张小礼帮化解了尴尬。最后公司表示可以先让她在一些基础岗位实习一段时间,还问张小礼愿不愿意过来工作。

任务目标

☆ 掌握个人简历与求职信的书写礼仪
☆ 掌握英文履历表的书写礼仪
☆ 掌握面试各环节的礼仪

课堂笔记

求职面试礼仪是求职者在求职过程中应具有的礼貌行为和仪表规范,是求职者整体素质的一个重要体现。特别是对于初次找工作的应届毕业生来说,掌握一定的求职面试礼仪规范,会给用人单位留下良好的第一印象,为找到理想的工作打好基础。

一、个人简历与求职信的书写礼仪

个人简历是一种书面的自我介绍,是对求职者生活、学习、工作、业绩等方面的概括,写好个人简历非常重要。一份适合职位要求、内容简洁、打印装订整齐的个人简历对于求职者来说无疑是一个无声的推销员和广告,可以增加面试的机会。个人简历一般很少被单独寄出,它总是作为求职信的附件,呈送给用人单位。

> 课堂笔记

(一)个人简历书写礼仪

一般来说,个人简历应包括四部分内容:

1. 个人基本信息

个人简历中的个人基本信息包括姓名、性别、年龄、籍贯、政治面貌、毕业院校及专业、家庭住址、电话号码、E-mail 等内容。

2. 教育背景及接受培训情况

(1)如果求职者已经有全职工作经验了,一定要把工作经历放在此项前面;如果是刚刚毕业的求职者,就把教育背景放在第一位。从最高学历开始写起,依次往下类推,例如,博士、硕士、学士等,并注明取得学位的日期。

(2)列举出接受过的相关培训,写这一项时要注意与所申请职位的关联性。

3. 工作经历及工作业绩

(1)工作经历。要从最近的工作经历写起,依次列出曾经就职过的公司名称、担任过的职务、主要工作内容、起止时间等。

在填写这一项时,刚毕业的学生可以把在校期间参加的社会实践、社团活动、兼职实习和担任学生干部等经历写上去。

(2)工作业绩。主要填写工作期间取得了哪些成绩,这些成绩的取得和自己的哪些能力和特长相关联。例如,在大学期间担任过系学生会体育部部长,成功策划和组织了三届系级篮球联赛,并带领本系篮球队获得一届冠军和两届亚军,体现了一定的沟通、协调、组织能力。

4. 求职意向

求职意向即求职目标或个人期望的工作职位,表明求职者通过求职希望得到什么样的职位,以及未来3~5年的职业发展目标。

(二)个人简历书写注意事项

1. 简历的长短要适度

据了解,招聘者平均在每份简历上花费1.4分钟阅读,一般只阅读一页半材料。因此过长的简历毫无作用,而且不容易突出重点。

2. 传统投递方式更可靠

通过 E-mail 和网络投递的电子简历,得到的关注比通过传统信件方式寄送的简历要少。此外,约5%的电子简历会由于网络或其他问题没有被招聘者看到。因此,通过传统的信件方式投递个人简历效果更可靠,除非雇主明确表示出偏向性。

3. 硬性指标要过硬

约有20％的招聘人员承认他们会使用一些级别较低的助理人员来处理简历,这些人员会有一些硬性的选择指标。另有45％的雇主认为他们进行初选时,基本只看这些硬性指标。一般来说常见的硬性指标包括:毕业院校、学历、专业背景、在校成绩等。值得注意的是,这些指标不一定会在招聘要求中明确注明。

4. 简历要有针对性

应聘不同的企业、不同的职位,招聘者关注的相关指标以及知识与能力是不同的,中国的企业和外资企业的关注点也有一定区别。因此针对不同的企业和职位,要制作不同的简历来突出不同的要点。

5. 注重总体印象

据调查,只有23％的招聘人员能在阅读完简历半小时后大体描述出他所看过的求职者的具体活动和职位意向。绝大多数招聘人员只有一个对求职者性格的总体印象。所以,是学生会副主席还是部长并不重要,关键是不要给人留下一个书呆子的印象。

6. 表达要专业规范

同一个人的简历,经过专家修改,可以增加43％的面试机会。因此,在简历的书写中要注意表达的专业性和规范性,必要时可以请人帮助修改完善。通常容易出现的表达问题是:表达不简洁,用词带过多感情色彩,格式不规范等。

(三) 求职信书写礼仪

求职信表达了本人希望获得工作机会的意愿。求职信中的文字一定要简洁,书写篇幅控制在两页以内。求职信一般由以下几方面内容构成:

(1) 个人情况简介和获得招聘信息的来源。

(2) 所申请的职位。

(3) 胜任工作的条件。

(4) 表示面谈的愿望。

(5) 提醒收信人留意所附呈的个人简历,并请求对方做进一步回应。

(6) 选择自己满意的照片附上。

(7) 附件(个人简历及有关证书的复印件)。

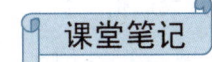

微课:三种常见的英文信函写作方式

【求职信一】

尊敬的先生/小姐：

　　您好！

　　本人欲申请贵公司网站上招聘的网络维护工程师职位。我自信符合贵公司的要求。今年7月，我将从××大学毕业，我的硕士研究生专业是计算机开发及应用，论文内容是研究Linux系统在网络服务器上的应用。这不仅使我系统地掌握了网络设计及维护方面的技术，同时又使我对当今网络的发展有了深刻的认识。

　　在大学期间，我多次获得各项奖学金，而且发表过多篇论文。我还担任过班长、团支书，具有很强的组织和协调能力。强烈的事业心和责任感使我能够面对任何困难和挑战。

　　互联网促进了整个世界的发展，我愿为中国互联网和贵公司的发展做出自己的贡献。

　　随信附有我的简历。如有机会与您面谈，我将十分感谢。此致

敬礼！

××
2021年2月1日

【求职信二】

尊敬的先生/小姐：

　　您好！

　　我从报纸上看到贵公司的招聘信息，我对网页兼职编辑一职很感兴趣。

　　我现在是出版社的在职编辑，从1998年获得硕士学位至今，一直在出版社从事编辑工作。多年来，对出版社编辑的工作已经有了相当的了解和认知。经过出版社工作协会的正规培训和多年的工作经验，我相信我有能力承担贵公司的网页编辑一职。我对计算机有着非常浓厚的兴趣，能熟练使用FrontPage、DreamWeaver和PhotoShop等网页制作工具，本人自己做了一个个人主页，日访问量已经达到了100人。

　　编辑业务的性质决定了我拥有灵活的工作时间和方便的办公条件，这一切也在客观上为我的兼职编辑工作提供了必要的帮助。基于对互联网和编辑事务的精通与喜爱，我相信贵公司能给我提供施展才能的另一片天空，而且我也相信我的努力能让贵公司的事业更上一层楼。

　　随信附上我的个人简历，如有机会与您面谈，我将十分感谢。即使贵公司认为我还不符合你们的条件，我也将一如既往地关注贵公司的发展，并在此致以最诚挚的祝愿。此致

敬礼！

××
2021年2月1日

二、英文履历表的书写礼仪

如果求职者申请的工作单位是外资企业，一般要递交英文履历表。求职者在书写英文履历表时，要注意它与中文简历表的异同。

(一) 英文履历表包含的信息

一般的英文履历表应包含以下信息：

1. Objective(目标)

首先求职者必须了解目前想应聘的岗位、工作内容，并能具体写出这份工作吸引自己的地方。切忌漫无目标，目标越具体越有取胜的把握。

2. Personal(个人资料)

只要写出生年月日即可，不用特别强调性别等。

3. Education(教育程度)

教育程度一栏只写最高学历。大学毕业生在写相关课程的时候，没有必要将所有科目都写在履历表上，只要写出几门有特色的、与所求岗位工作相关的科目即可。

4. Experience(工作经验)

对每一项工作都要言简意赅地介绍自己所担任职务的工作职责，但要突出自己的工作亮点。毕业生不要忘记自己在校期间参加的社会实践及社团活动等，它会弥补工作经验少的缺陷。例如，在担任团支书、学生会主席等职务时组织参与过什么活动，都可以一一列举。

5. Professional Qualities(专业技能)

针对想应聘的岗位明确地列出自己究竟拥有哪些专业技能、技术、知识或管理方面的能力。

6. Language & Skills(语言及其他技能)

在英文履历表中也要相应地列出自己拥有的资格考试证书，如国家四、六级考试分数、雅思分数或托福分数等；有关计算机技能要注明会使用的计算机软件等。

7. Interests(兴趣或爱好)

不要泛泛而谈，如爱好运动，要具体到哪一项运动。字数不宜太多，1~2 行即可。

小看板

履历表中所体现出的任何字句，都有可能成为面试中的话题，因此一定要把有把握的内容写上，没有把握的不要写，要实事求是，否则很容易失去进入该公司的机会。

（二）面向不同国家、公司求职的履历表写作要领

1. 英语国家

在英语国家（英国、澳大利亚等），人们喜欢干脆利落、开门见山，因此求职者应在履历开头就明确写出求职目标。同时他们喜欢求职者在语言上富有生气，履历表上最好能出现一些精确的信息，如具体的时间、体现本人特定方面能力的具体数字、本人为原来所在工作部门赢得的利润额等。

2. 美国公司

应聘美国公司的职位时，不要忘记在履历表上尽可能详细地写明工作经验，所有可以显示出能力及经验的信息都将在应聘中为求职者加重砝码。此外，还可以附上各种各样的证书以证明自己的能力，但是这些证书一定要与所申请的工作有关。最后，在履历表末尾应写上：本人将在某一时间打电话给用人单位以确定是否可能得到面试机会。美国公司对求职者的做事方式及其求职方式非常看重，对他们来讲，这些都是求职者综合能力的表现。

3. 欧洲国家

在欧洲国家，他们人们非常看重年龄，他们认为某些职业是有年龄限制的。如销售一职，如果求职者年龄过大，在欧洲几乎被认为是不可能胜任这一职务的。因此，在接受欧洲国家公司的面试时，在年龄和经验方面最好谨慎一些。

4. 日本公司

求职日本公司时，履历表必须用日文书写，语气一定要谦虚礼貌。日本公司的招聘者喜欢那些曾从事过团体活动的人，所以在开头最好写上求职者的处世能力、合作意识、性格特征、社会活动及体育运动特长。工作经验对于日本公司来说无关紧要，因为这在以后的工作中可以学到，在描述自己的能力时要注意，日本公司更看重合作精神。

【英文履历表示例】
Iris Zhang
Zhujiang Road 8#
Hexi District
Tianjin PRC
Tel：(022)12345678
E-mail：iriszhang@×××.com

OBJECTIVE:
Seeking a challenging position as System Analyst with a growth-oriented organization where my skills, experience will be utilized to their full potential.

EDUCATION:
2000~2004 Major：Computer and Control Engineering
Tianjin University
Bachelor of Science Degree in Computer Engineering

EXPERIENCE:
May 2006~Present：Great Wall INC., Tianjin
Position：System Analyst
Designed and implemented complex GUI and RDBMS applications under WINDOWS NT environment.
Redeveloped and reengineered several applications of serial communication and databases.

Apr. 2005~Apr. 2006：Sunny INTERNATIONAL INC., Tianjin
Position：Programmer Analyst
Designed, developed and tested communication software written in C for DOS and UNIX, based on custom communication protocol.
Designed relational database applications on UNIX environment.
Supported and managed the activity of a Novell network.

Professional Qualities:
Able to optimize programs, to use difficult algorithms and protocol specifications, to work in a team environment or unsupervised.
Able to co-ordinate the analysis.
Excellent programming abilities in C(DOS & UNIX), Visual C++, Visual Basic, SQL server, Access.
Very good working knowledge with computer networks(Novell and TCP/IP).
Well-organized, efficient, quick learner, self-motivated and excellent mathematics background.
Excellent ability to plan, organize, prioritize my work and to meet on time the deadlines.

LANGUAGES:
English(CET-4)

INTERESTS:
Hiking, tennis, music and reading.

三、面试各环节的礼仪

(一)面试前的准备环节

1. 对招聘单位的了解

在准备面试前,一定要搜集相关资料,对用人单位的基本情况做充分的了解,包括用人单位详细名称、经营项目以及近期所推出的各项活动等,还要明确自己所应聘岗位的工作内容。

2. 对面试细节的了解

在接到面试通知时,一定要询问清楚面试时间、面试地点和联络电话等细节。

3. 个人技能的准备

许多用人单位都会注明求职者应该具备的技能,如中、英文打字速度或软件应用技能等。面试时也可能会当场先做个笔试或相关能力测试,如果求职者对用人单位所要求的技能并不是很熟练,那么一定要提前演练一下。

4. 对面试提问的准备

在面试过程中,面试官会提问一些问题,要提前做好准备。毕业生在面试中经常会遇到的问题以及解析如下:

(1)问:请介绍一下你自己。

分析:这个问题看似简单,但回答时,决不能从出生到毕业平铺直叙。因为用人单位主要是想通过求职者对这个问题的回答来判断求职者的概括和语言表达能力。因此,求职者必须以精练的语言,简明扼要地介绍自己在校期间的学习情况以及掌握的知识和技能、取得的成绩,并表示自己的资格和能力能为用人单位做什么贡献。求职者在叙述时应根据想应聘的职位扬长避短,尽量突出自己的强项,淡化自己的弱点,并强调自己对职业的忠诚。

(2)问:你在学校学了哪些课程,成绩如何?

分析:回答这个问题不能面面俱到,应该把学习的主要课程,如主要的基础课、专业基础课、专业课等,特别是与应聘工作有关的课程讲出来,并稍做介绍。这个问题也能考察求职者在学校的学习情况,对学校学习所持的态度和将来的职业发展方向等。

(3)问:你是否有出国、考研的打算?

分析:有的单位希望职员将来继续学习深造,有的单位则希望职员安心工作。因此,回答这个问题时,可以表明自己有进一步深造的愿望,但将以工作为重,可以在工作中学习,不一定要脱产深造。

(4)问:你有什么特长和爱好?

分析:对这个问题要据实回答,有什么特长就讲什么特长,

有什么爱好就讲什么爱好,不要无中生有,也不要过分谦虚。

(5)问:你如何评价你的大学生活及室友?

分析:这个问题主要是考察求职者处理人际关系的能力,有的求职者会在不经意间流露出对他人的不满和抱怨,这会给面试官留下不好的印象,他们也会就此判断求职者的团队合作能力不好,而这一点正是所有用人单位都非常重视的。

(6)问:你懂何种语言,熟悉程度如何?

分析:这主要是考察求职者具有的语言能力是否符合工作的要求,一定要据实回答。

(7)问:你担任过何种社会工作,组织或者参加过什么社会活动?

分析:这主要是考察毕业生的动手能力、组织协调能力和工作积极性。

(8)问:你为什么应聘本单位?

分析:回答这个问题要从工作条件、工作性质、如何有利于发挥自己的才能、有利于为单位和社会多做贡献的角度来回答,一定要以事业和发展为主题。不能讲因工资高、福利好才来的,否则会给对方留下目光短浅的印象。

(9)问:你了解我们公司吗?

分析:这个问题主要是考察求职者对应聘公司关注的原因和程度,甚至在暗示该公司的福利不高,或工作很辛苦,以试探求职者是否有心理准备。对这个问题的回答应该坦率,不要胡编乱造,并表明自己看重的是工作本身和今后的发展,而不是福利待遇、工作条件等。

(10)问:如果单位的安排与你本人愿望不一致,你是否愿意服从?

分析:这有可能是暗示应聘的职位已经招满了,而应聘者又比较优秀,招聘单位不想放弃应聘者,也有可能是考验应聘者的组织纪律性和忠诚度。

(11)问:如果工作安排与你的专业无关,你怎样考虑?

分析:这是在考察求职者对专业、工作和再学习三者之间关系的看法。

(12)问:如果本公司与另一个公司同时聘用你,你如何选择?

分析:这是在考察求职者对人是否诚实,对事是否忠诚。

(13)问:谈谈你的家庭。

分析:和睦的家庭与培养一个人的健康心理和人格有密切的关系,而且与家人和睦相处、关系融洽也体现出求职者的健全人格以及关心他人、与人相处的能力。

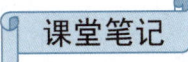

课堂笔记

(14)问:你还有什么想问的?

分析:这实际上是告诉求职者面试即将结束,对方的目的已经达到,再给求职者一个自由发挥的机会来阐述或提出自己没有提及但有意义的事情,求职者应把握住这个机会,通过提问或表态来强化对方对自己的印象,表现出自己对这个公司、这个职位的兴趣和关心,但发言不要离题,更不能长篇大论,回答完这个问题就应该主动称谢告辞。

(二)面试着装及仪表的准备

在面试之前,求职者应根据自己的实际情况考虑如何着装打扮。总的来说,求职者的面试着装应以整洁美观、稳重大方为原则,并考虑与所应聘企业的文化及职位要求相协调。

1. 女士面试着装

女士面试时最好选择职业套裙,这是最稳妥的着装。一套剪裁合体的职业套裙搭配一件色彩相宜的衬衫,会使女性求职者显得优雅而自信,给招聘人员留下良好的印象。如果天气比较寒冷,可以选择比较正式的外套搭配西裤。

面试时穿中、高跟皮鞋使人显得挺拔,增强自信。穿套裙时要穿长筒袜,不能露腿,袜子不能有脱丝。为保险起见,应在包里放一双备用丝袜,以备脱丝时能及时更换。

2. 男士面试着装

男士在求职面试时,穿西装是最佳选择。以深色西装为宜,搭配素色衬衫、黑色皮鞋,鞋面要保持亮洁。可以选择一条高品质的领带,这样可以提升一套普通西装的档次。

如果应聘的是广告业等创意行业,可以打扮得时尚前卫一些,以显示自己的创意能力。

大量的求职实践表明,不论应聘何种职业,穿着保守的求职者一般会被视为有潜力的候选人,相比穿着开放的求职者更容易被录用。

3. 面试仪表的准备

(1)女士在面试时要化淡妆。

(2)男士要剃净胡须。

(3)面试时保持头发的蓬松亮泽,提升面部的亮度。

(三)面试过程中的礼仪

1. 准时赴约

提前十分钟以上到达面试地点,调整好状态,并准时参加面试,这是最基本的要求。这关系到用人单位对求职者的第一印象。对于这一点,求职者切不可掉以轻心,如果临时发生了不可抗拒的意外情况而不能按时赴约或不能参加,应及时通知用人单位并表示歉意。这样可以得到用人单位的谅解,并有可能争

取到补试的机会。

2. 敲门进入

进入面试的房间之前,一定要有礼貌地通报。如果门关着,则轻叩门两三下,当听到允许进入的回答后,再轻轻地推门进入,进门后不要紧张,要等面试官示意可以就座时才能按指定位置入座,一般坐在面试官对面。

3. 坐姿端庄平直

面试时的坐姿可以选择正襟危坐式,这种坐姿男女皆宜,女士穿裙装落座时要注意用手整理一下裙边再坐下。在面试官面前不宜坐满椅面,以占 2/3 左右为宜,以示对面试官的尊敬。女士如果带有手袋,可以放在椅子后面,男士携带的大手袋可以放在座位右边。男士的双手平行搭放在双腿上,女士的双手手掌交叠轻放在双腿上。

4. 目光真诚,面带微笑

面试时,求职者与面试官的关系往往有两种情况:一是"一对一"的关系,即一位求职者面对一位面试官;二是"一对多"的关系,即一位求职者面对多位面试官。

在"一对一"的情况下,求职者的目光要注意:第一,注视对方,目光要自然、真诚,既不要死盯对方的眼睛,也不要东张西望,左顾右盼,显得心不在焉;第二,在谈话过程中双方目光难免会相遇,这时注意不要慌忙移开,顺其自然地对视几秒钟,再缓缓移开,这样显得心里坦荡,容易取得对方的信任,一遇到对方目光就慌忙移开的人,会引起对方的猜疑。

在"一对多"的情况下,求职者的目光不能只注视其中的一位面试官,而要兼顾在场的所有面试官。具体方法是,以正视面试官为主,并适时地把视线从左至右,再从右至左地移动,达到与所有面试官同时交流的目的,避免冷落任何一位面试官,但注视的次数不宜过多,这样容易获得他们的一致好评。

面试时要面带微笑。真诚、自然的微笑,能够向面试官传达真诚、友好、自信的信息,能够缓和面试过程中的紧张气氛,获得面试官的认同。

5. 材料齐全有序

带上个人简历、证件、介绍信或推荐信等必要的材料。在面谈时,一定要保证不用翻找就能迅速取出所需的材料。

6. 谈吐从容清晰

讲话时要充满自信,语气要从容,吐字要清晰。回答提问要尽量详细,但不要随意展开发挥,要按面试官的话题进行交谈,也可以大胆询问有关未来的工作。

7. 及时告辞

有些面试官以起身表示面谈的结束,另一些人则用"同你谈话我感到很愉快"或"感谢你前来面谈"这样的辞令来结束谈话,对此求职者应该会意并及时起身告辞。

(四)面试结束后的礼仪

面试结束并不意味着求职过程就此结束了,也并不意味着求职者可以袖手以待聘用通知的到来,对于求职者来说,面试结束后还有以下礼仪。

1. 表示感谢

面试后 1~2 天内,给面试官打个电话或写封信表示感谢。感谢面试官给予自己面试机会,感谢电话要简短,最好不超过 5 分钟;感谢信要简洁,最好不超过一页。感谢信应提及本人的姓名及简单情况,然后提及面试时间,并对面试官表示感谢,感谢信的重点是重申自己对企业和职位的兴趣、本人的愿望和信心。这样做可以加深面试官对求职者的印象,增加求职成功的可能性。

2. 不要过早打听面试结果

一般情况下,面试官在面试结束后,都要表明自己的看法,然后送人事部门汇总,最后确定录用人选,整个流程大概需要 3~5 天。求职者在这段时间内一定要耐心等候消息,不要过早打听面试结果。

3. 查询结果

一般来说,如果求职者在面试两周后或面试官许诺的通知时间到了后,还没有收到对方的答复,就应该写信或打电话给招聘企业,询问结果。

(五)面试礼仪应注意的细节

(1)面试当天应提前 10 分钟到场,不要迟到,不守时是很多企业无法忍受的坏习惯。

(2)面试当天不要找他人陪伴,否则面试单位会认为求职者不能独立。

(3)面试当天不喝酒、不吃刺激性食物,保持口气清新。如果感觉说话有气味,可以在面试前嚼口香糖去除异味,但是面试开始之前一定要吐掉。

(4)关注细节。在整个面试环节中要充分表现出自己较高的素养。不要大声喧哗,不要随地扔垃圾,自觉维护环境的整洁有序,给招聘企业留下一个好印象。

阅读材料

不带介绍信的男孩

一位老板登报为公司招聘一名勤杂工,大约有30人前来应聘,这位老板从中挑了一个男孩,他的合伙人问他:"你为什么单单挑选了这个男孩?他既没有带介绍信,也没有人推荐他。"

"实际上,他带了不少介绍信。"这位老板说:"他进门前,先在门口蹭掉了鞋上的土,进门后随手关上了门,说明他做事仔细小心。当他看到那个跛脚的老人时,立刻起身让座,说明他心地善良,关心别人。进了办公室,他先将帽子脱去,我让他坐下时,他道谢后才入座,我问他的几个问题,他都回答得干脆果断,说明他是个懂礼貌、有教养的人。还有,我故意放了今天的报纸在地板上,其他的应聘者不是从报纸上迈过去,就是看到了没有反应,只有他捡起报纸把它放到桌子上。而且,他虽然不是衣着光鲜,但十分整洁,不仅头发梳得整整齐齐,而且连指甲都修剪得干干净净。这样的一个年轻人,你难道会认为他没有带介绍信吗?我相信,勤杂工对于他而言只是一个开始,将来他一定大有前途。"

林晖的故事

有一批应届毕业生,实习时被导师带到北京国家某部委实验室里参观。全体学生坐在会议室里等待部长的到来,这时有位秘书给大家倒水,同学们表情木然地看着她忙活,其中一个还问了句:"有绿茶吗?天太热了。"秘书回答说:"抱歉,刚刚用完了。"林晖看着有点别扭,轮到给他倒水时,他轻声说:"谢谢,大热天的,辛苦了。"秘书抬头看了他一眼,满含着惊奇,虽然这是很普通的客气话,却是她今天听到的唯一一句。

门开了,部长走进来和大家打招呼,不知怎么回事,静悄悄的,没有一个人回应。林晖左右看了看,犹犹豫豫地鼓了几下掌,同学们这才稀稀落落地跟着拍手,由于不齐,越发显得零乱起来。部长挥了挥手:"欢迎同学们到这里来参观。平时这些事一般都是由办公室负责接待,因为我和你们的导师是老同学,非常要好,所以这次我亲自来给大家讲一些有关情况。我看同学们好像都没有带笔记本,这样吧,王秘书,请你去拿一些我们部里印的纪念手册,送给同学们作纪念。"接下来,更尴尬的事情发生了,大家都坐在那里,很随意地用一只手接过部长双手递过来的手册。部长脸色越来越难看,来到林晖面前时,已经快要没有耐心了。就在这时,林晖礼貌地站起来,身体微倾,双手握住手册,恭敬地说了一声:"谢谢您!"部长闻听此言,不觉眼前一亮,伸手拍了拍林晖的肩膀:"你叫什么名字?"林晖照实作答,部长微笑点头,回到自己的座位上。早已汗颜的导师看到此景,微微松了一口气。

两个月后,毕业分配表上,林晖的去向栏里赫然写着国家某部委实验室。有几位颇感不满的同学找到导师:"林晖的学习成绩最多算是中等,凭什么选他而没选我们?"导师看了看这几张尚属稚嫩的脸,笑道:"是人家点名要的。其实你们的机会是完全一样的,你们的成绩甚至比林晖还要好,但是除了学习之外,你们需要学的东西太多了,修养便是第一课。"

张小礼的成长

求职面试其实是在短时间表现个人能力的最佳机会,需要在正式面试之前多次演练,保持良好的职业形象,并在面试时放松心态,避免让家人和朋友跟随,否则会让面试官对求职者的独立性产生怀疑。

思考与训练

银行客户服务中心社会招聘启事

银行客户服务中心(以下简称客服总中心)面向全国客户提供业务咨询、信息查询、客户投诉、账户挂失、产品营销及客户关怀等专业服务。客服总中心下设业务运营、品质管理、技能培训、综合行政等多个职能部门,根据业务发展需要,现面向社会公开招聘各类客服专业人员。有关人员招聘事宜公告如下:

一、招聘需求及资格条件

招聘岗位	客户服务业务代表
招聘数量	100人
专业要求	专业不限
工作内容	面向全国客户通过电话、互联网、邮件等方式提供7×24小时金融业务咨询、辅助交易、疑难问题解答、外呼营销和客户关怀等专业服务
资格条件	1.教育部认定的全日制大学专科及以上学历 2.语言表达能力强,思维敏捷,普通话标准(取得二级乙等以上证书者优先) 3.能够接受夜班及节假日工作安排,年龄在25周岁以下 4.具备良好的电脑操作和汉字录入技能(60字/分钟及以上者优先) 5.身体健康,遵纪守法,诚实守信,具有良好的个人品质和职业道德,无不良记录 6.综合素质较高,善于沟通,具有较好的敬业态度和良好的团队协作精神

二、报名方式

登录银行官网后单击社会招聘进行网上报名,并如实填写报名表。

三、报名截止日期:2021年6月24日

四、有关注意事项

(1)招聘程序包括报名、笔试、面试、体检、录用五个步骤。

(2)每位应聘者只可申请一个岗位。

(3)笔试、面试时间另行通知,地点均设在天津。应聘者各项招聘日程安排以网上最新公布的信息为准。请留意银行官网以及北方人才网发布的有关通知。

（4）获得面试资格的人员在参加面试时需携带身份证、学历证书、学位证书、其他各类证书和其他相关材料的原件。

（5）应聘者需对个人信息的真实性负责，如与事实不符，本行有权取消其应聘资格。

任务要求：

1. 根据该招聘启事，为自己撰写一份中文求职信。

2. 为自己制作一份中文简历。

3. 为自己选择一套参加面试的服装。

参 考 文 献

[1] 文泉.国际商务礼仪.北京:中国商务出版社,2003
[2] 金正昆.涉外礼仪教程.4版.北京:中国人民大学出版社,2014
[3] 曹浩文.如何掌握商务礼仪.北京:北京大学出版社,2004
[4] 刘玉学,刘振强.涉外礼俗知识必读.北京:中国旅游出版社,2000
[5] 马飞.现代商务礼仪规范手册.北京:金城出版社,2013
[6] 吕维霞,刘彦波.现代商务礼仪.3版.北京:对外经济贸易大学出版社,2016
[7] 何伶俐.高级商务礼仪指南.北京:企业管理出版社,2003
[8] 劳斯(英).商务会议技巧.北京:人民邮电出版社,2008
[9] 张晓梅.晓梅说礼仪.北京:中国青年出版社,2014
[10] 傅济锋,黄丹.职业素养提升.苏州:苏州大学出版社,2021